Paul Dong / Thomas Raffill

Indigo-Schulen

Chinas Trainingsmethoden
für medial begabte Kinder

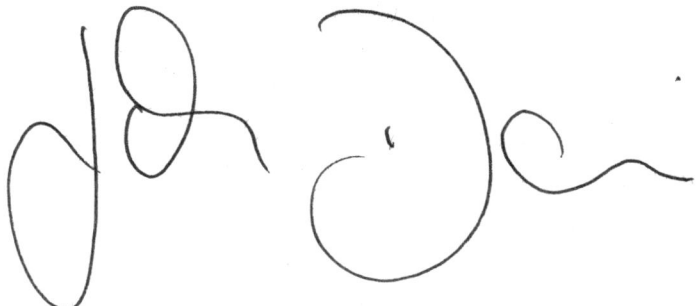

KOHA-Verlag

Paul Dong / Thomas Raffill

Indigo-Schulen

Chinas Trainingsmethoden
für medial begabte Kinder

Titel der Originalausgabe:
»China's Super Psychics«, printed 1997
Marlowe & Company, New York
Aus dem Englischen von Silvia Autenrieth
Die Deutsche Bibliothek – CIP-Einheitsaufnahme
Deutsche Ausgabe: © KOHA-Verlag GmbH Burgrain
Alle Rechte vorbehalten – 1. Auflage: Februar 2001
Lektorat: Franz Simon
Gesamtherstellung: Karin Schnellbach
Druck: Wiener Verlag
ISBN 3-929512-62-9

Anmerkung des Verlags

Nachdem das Thema der Indigo-Kinder oder einfach der »neuen Kinder« auf so viel Interesse stößt, wollten wir auch Paul Dongs Buch über die chinesischen Kinder auf Deutsch herausbringen. China hat aus seiner Tradition die weitreichendste Erfahrung mit dem Thema »Mediale Fähigkeiten«. Dazu kommt die politische Situation, in der diese Kinder besonders gefördert werden, um sie für militärische Dienste einzusetzen. Uns erschien dieses Buch wichtig, weil es zeigt, welche Möglichkeiten sich eröffnen, wenn man Kinder mit diesen Begabungen fördert. Andererseits ist China weit weg und der kulturelle Hintergrund ist völlig anders, so dass man die Gegebenheiten nicht so ohne weiters auf unsere Verhältnisse übertragen kann.
Da es inzwischen jedoch auch bei uns die allerersten Bewegungen gibt, das Potential unserer Kinder in dieser Hinsicht zu fördern, haben wir mit Erlaubnis des amerikanischen Verlages einen zweiten Teil eingefügt. Darin kommen Personen zu Wort, die hierzulande mit Kindern und deren besonderen Fähigkeiten arbeiten.

Da das Buch von Chinesen in Englisch verfasst wurde und dann weiter ins Deutsche übertragen, ist die Sprache in diesem Buch an manchen Stellen etwas ungewöhnlich. Wir bitten um Verständnis.

INHALT

Vorwort
von Karen S. Kramer, Ph. D.

Schon von Kindheit an waren paranormale Phänomene für mich Teil meines Lebens. Mit Qigong kam ich 1988 zum ersten Mal in Berührung, und zwar in Zusammenhang mit einem gesundheitlichen Problem. Die Beziehung zwischen diesen beiden, Qigong und dem Übersinnlichen, stellte sich für mich bei meiner ersten Chinareise 1992 her. Die Geschichte beginnt 1987. Damals musste ich nach einer Dickdarmspiegelung, bei der die Drahtschlinge, die man zur Beseitigung von Polypen verwendet, sich in dem fibrösen Polypen in meinem Dickdarm verfangen hatte, notoperiert werden. Man hatte keine andere Wahl, als das Instrument chirurgisch zu entfernen. Das erwies sich als Glück, da sich zeigen solle, dass der Polyp karzinomatös war. Zusammen mit dem Kolonoskop und der Schlinge wurden mir also rund 22 Zentimeter Dickdarm sowie das gesamte befallene Gewebe entfernt. Es ist an dieser Stelle wichtig, zu berichten, dass ich seit dem chirurgischen Eingriff bis heute immer frei von Krebs geblieben bin. Meinen hervorragenden heutigen Gesundheitszustand, der nun schon so lange vorhält, führe ich auf Qigong zurück.
Nun zur Schilderung meiner ersten Bekanntschaft mit Qigong. Bei der Vorbereitung der ersten Darmspiegelung, die im Rahmen der Nachsorge fällig war, machte ich mir Gedanken, ob ich denn auch wirklich nicht die Beruhigungsmittel nehmen müsste, die bei dieser Prozedur oft verabreicht werden. Außerdem war mir bekannt, dass mein aufsteigendes Kolon ziemlich stark verdreht war und Verwachsungen aufwies, die auf allzu wildes Herumtollen kurz nach einer Blinddarmoperation in meiner Kindheit zurückgingen. Aus diesem Grund bestand der behandelnde Arzt darauf, dass ich mich bereit erklärte, das Medikament zu nehmen. Nachdem ich diese Auflage mit einem befreundeten Hypnotherapeuten besprochen hatte, befolgte ich dessen Rat und suchte jemanden auf, der Akupressur praktiziert. Ich erklärte ihm das Problem und erhielt zur Antwort: »Ich werde ihren Dickdarm wieder gerade drehen.« Nun ja, was hatte ich schon zu verlieren? Ich ließ mir also einen Termin geben und kam dadurch vier Tage vor dem ange-

setzten Termin für die Dickdarmspiegelung in den Genuss einer wunderbar sanften Akupressurmassage. Ich spürte bei dieser Massage wenig, nahm aber wahr, dass der Mann mehrmals seine Hände über meinem Unterleib hin und her bewegte.

Dann kam der Tag der Dickdarmspiegelung, und ich wurde in der Klinik vorstellig. Nachdem er noch einmal darauf hingewiesen hatte, dass mein Dickdarm aber auch wirklich entsetzlich verdreht sei, gab der Arzt schließlich nach und gestattete mir, während der weiteren Prozedur nur meine Hypnosekassette einzusetzen. Kurze Zeit später baute sich der Arzt mit in die Hüften gestemmten Armen vor mir auf und berichtete in feindseligem Ton: »Ich weiß nicht, was Sie gemacht haben, jedenfalls ist Ihr Dickdarm nicht mehr verdreht!« Als ich zurückgab: »Das kann ich Ihnen sagen«, schnitt er mir das Wort ab, indem er im Eilschritt rückwärts aus dem Raum ging und mit den Worten: »Ich will es gar nicht wissen«, abwehrend mit den Händen vor seinem Gesicht herumfuchtelte. Vielleicht hatte er den Eindruck, ich hätte so etwas wie Schwarze Magie praktiziert.

Ich brauche wohl kaum zu sagen, dass ich sofort »überzeugt« war von dem, was äußerliche Qi-Behandlung und Qigong vermögen. Ich besuchte die Praxis des Akupressurs noch häufiger und wurde schließlich Qigong-Schülerin. 1992 ergab sich eine Gelegenheit, in China Qigong zu studieren. Das war dann der Anlass, bei dem ich den Zusammenhang zwischen Qigong und paranormalen Phänomenen erfahren konnte, und gleichzeitig machte ich bei dieser Reise mit Paul Dong Bekanntschaft. Auf der Liste der empfohlenen Vorbereitungslektüre für die Chinareise im Jahr 1992 stand auch sein Buch *Chi Gong – The Ancient Chinese Way to Health*, von Marlowe & Company 1990 herausgegeben.

Der Kontext für meine Erfahrungen mit paranormalen Phänomenen beginnt unmittelbar vor meine Abreise nach China. Ein Kater von mir erkrankte damals heftig. Er verhielt sich ganz seltsam, wirkte verängstigt, seine Augen schienen nur noch aus Pupille zu bestehen. Anfangs schien es, als könne der Tierarzt ihm helfen, aber bei meiner Abreise nach China kehrten die Probleme zurück. Ich ließ den Kater bei guten Freunden. Diese mussten mit ihm noch einmal zum Tierarzt, und ich musste ihn anrufen, um über das weitere Vorgehen zu entscheiden. Als ich ihn am Apparat hatte, berichtete er, dass die verabreichten Medikamente leicht anschlugen und dass das Tier vierundzwanzig Stunden zur Beobachtung dableiben würde. Sollte es in dieser Zeit zu keiner deutlichen Verbesserung beziehungsweise gar zu einer Verschlechterung seines Zustands kommen, so die Empfehlung des Tierarztes, solle man den Kater wohl besser einschläfern. Schweren Herzens gab ich dem Tierarzt meine Einwilligung, so zu verfahren, wie er es für richtig hielt.

Am Morgen nach meinem Telefonat mit ihm stand unsere Gruppe bereits früh auf, um eine Tagesexkursion zu unternehmen. Wir waren schon vor fünf Uhr morgens unterwegs. Während unserer Fahrt durch die Dunkelheit begann ich auf meinen Kater zu meditieren und schickte ihm dabei heilende Energie. Die Frau, die neben mir saß, unterstützte mich in diesem Bemühen. Dann sah ich meinen Kater auf dem metallenen Untersuchungstisch liegen *und erschlaffen*. Es wühlte mich ziemlich auf, aber ich schickte ihm weiterhin liebevolle Energie. Sofort sah ich ihn vor mir, wie er sich hinsetzte, sein Fell schüttelte und sich zu putzen begann. Auch meine Begleiterin spürte ein Aufwallen von positiver Energie in ihrer Meditation. Ich hoffte wider besseres Wissen, dass die Energie bei ihm angekommen war und dass er sich auf dem Weg der Besserung befand. Natürlich erhielt ich ein paar Tage später einen Anruf, durch den ich erfuhr, dass man den Kater hatte einschläfern müssen. Da wurde mir schlagartig klar, was ich da gesehen hatte. Ich war tatsächlich bei meinem süßen Schmusekater gewesen, als er die Todesspritze erhielt, und ich war auch Zeugin gewesen, wie sein Geist sich aus dem Gefängnis seines kranken und jetzt toten Körpers befreite. Ich spürte wahrhaftig, dass der Kater wieder ein freies und glückliches Geschöpf geworden war.

Nach meiner Rückkehr hatte ich die Gelegenheit, mich noch einmal mit dem Tierarzt zusammenzusetzen. Während wir über meine Visionen sprachen und ich berichtete, wie spät es dabei in China gerade gewesen war, rechnete ich nach, wieviel Uhr es zu diesem Zeitpunkt eigentlich in Kalifornien gewesen war. Der Tierarzt war verblüfft, als ich es ihm sagte. Mein Erlebnis hatte exakt zu dem Zeitpunkt stattgefunden, als er meinem Kater die Spritze gab. Ich bin sicher, dass die Arbeit mit Qi bei unseren täglichen Übungen sowie mein Aufenthalt im Qi-reichen Umfeld China, neben der Tatsache, dass mir das Tier so sehr am Herzen lag, meine paranormalen Sinneskanäle offen gemacht hatte, so dass ich zu dieser Zeit bei ihm sein konnte.

Nach Hause zurückgekehrt gelang es mir, ein Exemplar von Paul Dongs

Buch aufzutreiben, und ich verschlang es begierig. Es inspirierte mich zutiefst, und ich sehnte mich danach, diesen einzigartigen Menschen doch einmal kennen zu lernen. Obwohl er in einer Nachbarstadt lebt und arbeitet, bot sich die Gelegenheit, ihm zu begegnen, erst Anfang 1996. Man hatte mich gebeten, mit einem Qigong-Meister aus Hangzhou zu arbeiten, der Stadt, die ich mittlerweile fünfmal besucht habe, um Qigong zu studieren. Als ich eines frühen Morgens im Büro dieses Qigong-Meisters in San Francisco ankam, war noch ein weiterer Mann dort anwesend. Es war mir eine Ehre und große Freude, dass man mir Paul Dong vorstellte, den Mann, den ich bewundert hatte, seit ich 1992 sein Buch las. Seitdem tauschen wir untereinander Informationen zu übersinnlichen Erfahrungen, unabhängig von Qigong und in Verbindung mit Qigong, aus. Ich freue mich von daher sehr, das Vorwort zu seinem neuesten Buch über übersinnliche Phänomene und Qi zu verfassen.

Bei meinen diversen Reisen nach China und meiner Qigong-Praxis hier in Kalifornien habe ich festgestellt, dass die Verbindung mit der universellen Energie durch das Praktizieren von Qigong gefördert wird. Es ist sogar in der Tat so, dass man dadurch die Gelegenheit hat, viele ungewöhnliche Erfahrungen zu machen, die sich nur als übersinnliche Phänomene beschreiben lassen. Die chinesischen Wissenschaftler befassen sich schon seit Jahrzehnten mit diesen Verbindungen. Ich möchte alle anregen, sich mit dem vorliegenden Bericht über das wissenschaftliche Studium derartiger Phänomene auseinanderzusetzen, das man in China schon seit langem betreibt und das bis zum heutigen Tag fortgeführt wird.

Ich danke Paul Dong für die Gelegenheit, eines meiner persönlichen Erlebnisse mit ihm erzählen zu können. Er ist ein wunderbarer Wissenschaftler und langjähriger Qigong-Praktizierender. Es ist eine große Inspiration, ihn zu kennen.

Chinas übersinnlich begabte Genies

Wir schreiben den 3. Januar 1987. Schauplatz: Peking. Im Schulungszentrum des Zentralkomitees der Kommunistischen Partei Chinas, in dem sonst Führungskader für die einzelnen Provinzen ausgebildet werden, findet vor den Augen der zirka dreißig Zeugen im Raum ein merkwürdiges Spektakel statt.
»Bringt die Flasche herein!«
Auf dieses Kommando hin wird eine Medizinflasche gebracht, die mit Pillen diverser Art gefüllt ist. Der diensttuende Beamte inspiziert die Flasche und bestätigt, dass sie noch nicht geöffnet gewesen war, dass der Korken fest in ihrem Hals steckt, die Wachsversiegelung intakt ist und die Kunststoffkappe fest aufsitzt.
»Gut, es kann losgehen!«
Man übergibt die Flasche einem Mann, der sich schweigend mit jeder Faser seines Seins auf sie konzentriert.
Wenig später haben vierundvierzig Tabletten die Flasche verlassen. Das Experiment in »Psychokinese« (mit der Kraft des Geistes Objekte zu bewegen) ist geglückt. Hauptfigur in dieser Szene ist Zhang Baosheng, ein Mann um die Dreißig, eine der paranormalen Superbegabungen des chinesischen Festlands. Baosheng, dessen schalkhafte Art allgemein bekannt ist, hat nicht nur, wie von ihm erwartet, die Pillen aus der Flasche hinausbefördert, sondern dieses Mal zusätzlich ein Bonbon in die Flasche hineinwandern lassen.
Die chinesische Regierung misst Menschen wie Zhang Baosheng große Bedeutung bei. Menschen seines Schlags, die mit Begabungen ausgestattet sind, für die man in China den Begriff »außergewöhnliche

Abb. 1-1. Der Autor, Paul Dong

menschliche Funktionen« (»*exceptional human functions*«, von jetzt an in diesem Buch kurz EHF genannt) geprägt hat, gelten als nationales Kulturgut.

Zhang Baosheng selbst demonstriert seine erstaunlichen Fähigkeiten oft vor zu Besuch weilenden ausländischen Würdenträgern und im chinesischen Fernsehen, und er ist in China eine landesweite Berühmtheit. Als nationales Kulturgut genießt Baosheng nicht nur die Hochachtung seiner Landsleute, sondern erhält zudem eine Reihe von Privilegien, darunter den Status, unter staatlichem Schutz zu stehen. Das bedeutet unter anderem, dass ihm für seine Fortbewegung Bodyguards des chinesischen Geheimdiensts zur Verfügung stehen, die ihn in den neuesten Einsatzwagen herumchauffieren – in der Tat ein seltenes Privileg auf dem chinesischen Festland.

Der mittelgroße Baosheng wirkt wie ein ganz gewöhnlicher Mann, und doch begegnet man ihm und seinen phantastischen Fähigkeiten allgemein mit Ehrfurcht. Daran tun alle auch durchaus gut, denn Baoshengs Lieblingsvergnügen besteht darin, Leuten Streiche zu spielen, die ihm nicht genug Respekt bezeugen. Man erzählt sich, wie er jemandem auf die Schulter klopfte und dabei seine Kräfte dazu einsetzte, den Abdruck seiner Hand in die Haut des anderen einzugraben. Er ließ sich nicht wieder abwaschen.

Einmal stand, als Baosheng ausgehen wollte, keine der neuen Limousinen zur Verfügung, nur ein altgedientes Auslaufmodell.

»Was ist mit meinem Wagen?«, erkundigte sich Baosheng enttäuscht bei dem Bodyguard, der als sein Chauffeur fungierte.

»Ich – ich bedaure, Genosse Zhang, Herr«, erklärte der Bodyguard, »aber hohe Beamte von der Staatssicherheit haben gerade alle neuen Wagen. Da – da kann ich nichts machen.«

»Ach, wirklich? Na, pass gut auf. Wenn das noch einmal vorkommt, wirst du wirklich nichts machen können.« Baoshengs Stimme nahm einen noch drohenderen Klang an. »Und du machst da besser keine Schwierigkeiten, denn wehe, wenn ich etwas davon mitbekomme, dann hast du bald eine Münze im Magen!«

Kaum hatte er das gesagt, forderte er den anderen Bodyguard, der neben ihm saß, auf, er sollte doch einmal nach dem Wechselgeld in seiner Tasche fühlen. Kleinlaut musste dieser feststellen, dass die Münzen, die er gerade noch in der Jackentasche gehabt hatte, spurlos verschwunden waren. Sie tauchten statt dessen in der Tasche des Fahrers auf. Die

15

beiden Bodyguards wurden halb verrückt vor Angst und wagten es nicht mehr, einen Ton zu sagen.

Baoshengs übersinnliche Kräfte sind jedoch mehr als nur eine amüsante Spielerei. Der chinesischen Regierung ist es sehr ernst mit ihren topgeheimen wissenschaftlichen und militärischen Forschungsprogrammen zu paranormalen Fähigkeiten. Neben dem zuvor beschriebenen Versuch im Schulungszentrum des Zentralkomittees ist noch mindestens eine weitere psychokinetische Demonstration Baoshengs dokumentiert. Für das chinesische Raumfahrtministerium (Chinas Pendant zur NASA) ließ Baosheng Pillen aus der Öffnung einer fest versiegelten Arzneiflasche wandern. Die Wissenschaftler filmten diese Demonstration mit Hilfe von Hochgeschwindigkeitsaufnahmen (400 Bilder pro Sekunde). Die Filme zeigten bei einer Tablette, wie sich diese auf halbem Weg zur Flaschenöffnung befand.

Eine persönliche Bekannte von mir (hier, wie auch im gesamten Buch, ist der Sprecher Paul Dong), Frau Chyung Yao, hatte eine bemerkenswerte Begegnung mit Zhang Baosheng. Chyung Yao, eine bekannte, in Taiwan lebende Schriftstellerin, schreibt mir des öfteren. Ihr literarisches Werk nötigt mir große Hochachtung ab (sie hat mehr als fünfundzwanzig Romane geschrieben, von denen über die Hälfte als Kino- und Videofilme adaptiert wurden), und ebenso ihre moralische Integrität. Chyung Yao ist so populär, dass man auf dem chinesischen Festland ankündigte, mehrere Verlage würden sich zusammentun, um gemeinsam ihre Romane herauszubringen, mit einer geschätzten Auflage von zehn Millionen Exemplaren. Ihr Ehemann Ping Syin-Tau ist der Verleger und Manager von *Crown*, einer angesehenen Monatszeitschrift in Taiwan. Diese beiden hochgradig verlässlichen und qualifizierten Zeugen berichteten über die folgende kleine Begebenheit mit Zhang Baosheng.

Als Romanautorin verspürte Chyung Yao schon immer eine tiefe Sehnsucht, in ihre Heimat zurückzukehren, die dörflichen Szenen zu sehen, die Landschaft und die Natur, wo ihre Wurzeln lagen. Für über dreißig Jahre jedoch war das aufgrund der miserablen Beziehungen zwischen dem chinesischen Festland und Taiwan nicht möglich gewesen (sowohl das kommunistische Regime auf dem Festland wie auch das nationalistische Regime Taiwans erheben den Anspruch, die rechtmäßige Regierung von Gesamtchina zu sein). In neuerer Zeit jedoch sind die Beziehungen zwischen den rivalisierenden Regierungen Chinas ein wenig aufgetaut. Auf dem chinesischen Festland ging man in eine neue Offensive, die »Charme-Offensive«, die darauf abzielte, gegenüber Taiwan ein freundlicheres Bild Chinas zu zeichnen, und 1987 hob Taiwan das dort bis dahin bestehende Verbot von Reisen auf das chinesische Festland für Privatpersonen auf. Infolgedessen wurde Chyung Yaos Traum von einer besuchsweisen Heimkehr zum Festland Anfang Frühjahr1988 wahr.

Chyung Yao beschreibt in ihrem Artikel »My Trip Mainland China« (Meine Reise zum chinesischen Festland) (*Crown* 414), wie sie nach ihrer Landung dort von Verwandten begrüßt wurde. Natürlich hatten sie sich bei diesem gefühlsintensiven Wiedersehen eine Menge zu erzählen, doch schließlich kam das Gespräch auf die Frage, was sie als Besucherin denn unbedingt sehen solle.

Chyung Yao hat eine Verwandte namens Chu Xia, die vorschlug, sie müsse sich unbedingt Zhang Baosheng ansehen. Man könne nur staunen. Er habe besondere Kräfte, könne mit bloßer Gedankenkraft Gegenstände an einen anderen Ort versetzen – er könne einen mehrere Kilometer weit entfernten Apfel in seine Hand fliegen lassen – und überhaupt könne er auch noch vieles mehr, was schwer zu beschreiben sei. Jedenfalls solle sie sich das nicht entgehen lassen!

Chyung Yao wandte ein, dass sie eigentlich nach China gekommen war, um ihre Heimat zu besichtigen, nicht um irgendeinen legendären Wundermann zu bestaunen. Am Ende gab sie den eindringlichen Appellen ihrer Verwandten dann aber doch noch nach und ließ sich darauf ein, Zhang Baosheng zu sehen.

Tatsache war, dass Chyung Yaos Verwandte Zhang Baosheng schon immer einmal persönlich sehen wollten, aber es erhielt nicht jeder ohne weiteres die Chance dazu. Nun, wo sich Chyung Yao mit ihrem Sonderstatus als Ehrengast bei ihnen aufhielt, waren die Behörden auf dem chinesischen Festland eifrig darauf bedacht, der einflussreichen Schriftstellerin zu geben, was immer sie wollte, denn so entsprach es ihrer »Politik des lächelnden Gesichts«, der jüngsten Taktik in ihrem Umgang mit Taiwan. Als Chyung Yao also den Wunsch äusserte, Zhang Baosheng zu sehen, willigten die offiziellen Stellen ein.

Chyung Yao und ihre Angehörigen warteten schon eine geraume Zeit auf Zhangs Erscheinen, doch er ließ sie weiter warten. Nach und nach wurden sie ein wenig nervös. Während sie warteten, kamen ihr noch viele weitere Geschichten über Zhang Baosheng zu Ohren.

Dann teilte der Koordinator dieses Treffens Chyung Yao und ihrer Familie mit, das Zhang Baosheng Schwierigkeiten mache. Er wolle unbedingt durch den Tiananmen (das Tor des Himmlischen Friedens) kommen, doch nur zu Besuch weilenden ausländischen Würdenträgern sei es erlaubt, dort hindurch zu gehen. Sie hätten mit ihm debattiert, er jedoch weigere sich geradeheraus, zu kommen, wenn er nicht durch den Tiananmen kommen könne.

Chyung Yao erstaunte das Ganze sehr. Der Tiananmen ist für die Chinesen oberstes Autoritätssymbol. Von dem Mongolenherrscher Kublai Khan 1271 errichtet, war dieses gigantische Eingangsportal zum kaiserlichen Palast von Chinas Diktatoren schon immer als ein Platz genutzt worden, an dem sie ihre absolute Macht über das Volk demonstrierten. Unter den Kommunisten wurde es von hochrangigen Staatsbeamten und Parteifunktionären als Standort genutzt, von dem aus sie die endlosen Militärparaden abnahmen, mit denen ihr mächtiges Regime gefeiert wurde. Von daher konnte es Chyung Yao kaum fassen, dass Zhang Baosheng verlangte, durch dieses Tor hindurchgelassen zu werden.

Die Situation faszinierte Chyung Yao. Mittlerweile brannte sie ebenfalls darauf, diesen erstaunlichen Menschen persönlich kennen zu lernen. Schließlich fand sich Zhang Baosheng doch noch ein, zusammen mit seiner Frau. Sie begaben sich alle zusammen in einen Raum, der für die Zusammenkunft zur Verfügung gestellt worden war, brachten ihre Bewunderung für Baosheng zum Ausdruck und äußerten respektvoll den Wunsch, er möge ihnen doch ein wenig von seinen Fähigkeiten vorführen. Zhang zögerte kurz, und dann zeigte er auf eine junge Frau unter ihnen und befahl ihr, sich auszuziehen!

Die junge Frau war, wie Chyung Yao berichtete, völlig perplex. Einerseits wagte sie es nicht, sich gegen Zhang Baosheng zu stellen, andererseits konnte sie sich auch nicht vor aller Welt entkleiden. In der chinesischen Kultur sind die Frauen konservativer und mehr auf ihre »Reinheit« bedacht als im freieren Westen. Die junge Frau stand einfach nur da und wusste nicht, was sie tun sollte. Zum Glück überzeugte Chyung Yaos Ehemann Baosheng, für die Demonstration die Kleidung einer anderen Dame zu wählen. Zhang schoss der Frau einen ärgerlichen Blick zu, dann jedoch berührte er das ihm angebotene Kleiderbündel und knetete es in seinen Händen. Zuerst begann es zu qualmen, dann ging es in Flammen auf.

In ihrer dreißigseitigen Reportage »Meine Reise auf das chinesische Festland« widmete Chyung Yao zehn Seiten den erstaunlichen Fähigkeiten Zhang Baoshengs. Eingebettet in den Bericht findet sich natürlich auch eine Schilderung seiner EHF-Kräfte, die es ihm ermöglichten, Tabletten aus einer fest versiegelten Flasche hinaus zu befördern. Diese Fähigkeit findet sich nicht nur bei Zhang Baosheng. Viele paranormal Begabte in China können Pillen aus versiegelten Behältern entfernen. Interessanter finde ich es, dass Baosheng, nachdem er sämtliche Tabletten mit Gedankenkraft aus der Flasche entfernt hatte, ein zerknülltes Stück Papier in die Flasche hineinwandern ließ, auf dem das chinesische Schriftzeichen *Shuang* (»Paar«) stand. Diesen Zettel brachte Chyung Yao mit nach Taiwan zurück, und jetzt kommt es immer wieder vor, dass sie in einem stillen Moment die Flasche hin und her wendet und sie eingehend untersucht. Es ist ihr noch immer ein Rätsel, wie die Tabletten heraus- und der Zettel hineingekommen waren.

Zhang Baoshengs eigenartige EHF geben Menschen oft Rätsel auf. Hier ist Chyung Yao nicht die Einzige. Der bekannte chinesische Wissenschaftler Qian Jiaju hat allen unter uns, die sich für EHF interessieren, eine ähnliche Geschichte zu erzählen. Freunden gegenüber gab er preis er, dass er unter Ausschluss von Zeugen ein paar Worte auf ein leeres Blatt Papier geschrieben habe, das er dann in einen Umschlag steckte, der von ihm zugeklebt wurde. Nicht genug damit, dass Zhang Baosheng wusste, was auf dem Zettel stand – er beförderte auch noch ein Bonbon in den Umschlag hinein. »Ich hebe diesen Umschlag noch heute als Andenken an dieses unerklärliche Ereignis auf«, sagte Qian. Zhang Baoshengs EHF sind außergewöhnliche Fähigkeiten ersten Ranges. Dennoch verfügt China über Menschen mit noch erstaunlicheren Kräften, die der Kategorie »topgeheim« zugeordnet werden. Es gibt mehrere solcher »topgeheime«-Persönlichkeiten mit hochgradigem EHF. Sie sind in der Öffentlichkeit nicht sehr bekannt, sie treten nie öffentlich auf und stehen unter dem »besonderen Schutz« der Regierung. Sie dienen als Versuchspersonen für die wissenschaftliche und militärische Forschung. Gerüchteweise kann einer dieser Menschen riesige Gegenstände versetzen, und ein anderer kann aus einer Entfernung von Hunderten von Kilometern den Blutdruck eines ganz normalen Menschen auf eine gefährliche Höhe ansteigen lassen oder bewirken, dass ihm Blut aus Augen, Ohren, Nase und Mund spritzt.

Bei ihrer Stippvisite auf dem chinesischen Festland war Chyung Yao lediglich die Zeit geblieben, kurz an der Oberfläche zu kratzen. Was sie zu sehen bekam, war nur ein winziger Bruchteil von Zhang Baoshengs seltsamen Fähigkeiten. Jeder hofft, eine gefeierte Persönlichkeit wie Zhang Baosheng einmal selbst zu Gesicht zu bekommen, und so ging es auch mir. In dieser Hinsicht weiß ich die Unterstützung des Vaters der jungen Yao Zheng, die selbst EHF aufweist (siehe Kapitel 11), sehr zu schätzen. Im November 1990 war er mir dabei behilflich, ein Treffen mit Zhang Baosheng im Gästezimmer seiner Residenz zu arrangieren. Als ich dort ankam, war Zhang gerade draussen, um Gäste zu unterhalten. Ich musste die gesamten fünfundvierzig Minuten lang auf ihn warten, bis er wieder zurückkehrte – in Begleitung seiner beiden Bodyguards in Militäruniform, die Pistolen und schnurlose Telefone bei sich trugen.

Ebenfalls anwesend waren sein Organisator, Herr Zhai (ein politischer Kommissar einer Armeeeinheit) sowie mehrere weitere Militärangehörige. Sie unterhielten sich und beachteten mich nicht weiter. Ich bat Herrn Zhai wiederholt um eine Demonstration von Zhang Baoshengs Fähigkeiten. Mir hätte es sogar nichts ausgemacht, wenn er meinen dreihundert Dollar teuren Anzug verbrannt hätte. Das wäre für mich ein nettes Souvenir gewesen.

Herr Zhai bat Zhang Baosheng in meinem Namen darum, doch Zhang ignorierte ihn. Also konnte Herr Zhai nicht mehr tun, als sich für ihn zu entschuldigen, indem er anmerkte, Herr Zhang sei vielleicht müde, nachdem er mit den Gästen ausgegangen sei. Wenn er müde ist, funktionieren seine Kräfte nämlich nicht. Die Erklärung schien mir recht vernünftig. Gewöhnlich kommt Baosheng mit Berühmtheiten zusammen. Da ich nicht mit Berühmtheit dienen konnte, war es nur logisch, dass er für mich keine Vorführung starten würde. Außerdem wusste ich um seine Temperamentsausbrüche und seinen Hang zu Szenen. Wenn er jemanden nicht mag, lässt er sich einfach nicht fotografieren. Versucht man dann dennoch, Fotos zu machen, kann er seine Kräfte dazu einsetzen, dass die Kamera streikt oder ganz den Geist aufgibt. Deshalb habe ich, wo ich nun dieses Buch schreibe, nicht einmal ein Foto von ihm.

Zhang Baosheng weigerte sich, für mich eine Demonstration vorzuführen, aber es enttäuschte mich nicht. Ich bin nicht der erste, dem das von ihm abgeschlagen wurde. Er ist für seine Ausbrüche und seine

Diva-Allüren berüchtigt. Man sagt, ein Anfall dieser Art habe sich sogar gegen die oberste Führungsspitze gerichtet. Informanten zufolge wartete eines Tages in Zhongnanhai (dort wohnt in Peking die gesamte Führungsspitze Chinas) eine Gruppe hochrangiger Beamter darauf, dass Zhang Baosheng seine außerordentlichen Fähigkeiten unter Beweis stellen würde. Vielleicht war er gerade nicht in Stimmung oder sein Temperament ging wieder einmal mit ihm durch. Jedenfalls warteten die Beamten dreißig Minuten lang auf ihn, ohne dass sie seine Demonstration zu sehen bekamen. Damit hatte er in seiner Respektlosigkeit den Bogen überspannt.

Daraufhin ordnete der ranghöchste Beamte unter den Anwesenden an, dass Zhang Baosheng in einem Raum eingeschlossen werden solle. Als dieser Beamte nach Hause ging und die Haustür öffnete, stand dort Zhang Baosheng und wartete auf ihn. Der Beamte war wie vom Donner gerührt. Von da an arbeitete Zhang Baosheng für Chinas Verteidigungsministerium. Wer glaubt, dass man unmöglich durch Wände hindurchgehen könne, dem würde ich die folgende Frage stellen: Wenn Pillen durch Flaschenwände wandern können, warum kann dann ein menschlicher Körper nicht durch Wände hindurch? Da Zhang Baosheng über derart hochkarätige Fähigkeiten verfügt, schickte eine ausländische Regierung einen Agenten nach China, der ihm zwanzig Millionen Dollar anbieten solle dafür, dass er zu »Forschungszwecken« in dieses Land käme. Er lehnte ab.

Seit den achtziger Jahren erforscht Professor Song Kongzhi wissenschaftlich den menschlichen Körper, und hierbei unternahm er auch zahlreiche Versuche an Menschen mit EHF. Er konnte zeigen, dass Zhang Baosheng in der Lage ist, Schuhe, Wärmflaschen, Schlüssel und andere Gegenstände durch Holz und Mauerwerk wandern zu lassen sowie große Objekte hin und her zu bewegen. Bei einer Gelegenheit beförderte Zhang einen 50-Kilo-Sack Zucker durch die Mauern eines Lagerhauses und ließ ihn direkt vor den Versammelten ankommen. Dies wurde von dem EHF-Forscher He Ren von der Universität Heilonjiang sowie von Dr. He Yannian vom Pekinger Forschungsinstitut für chinesische Heilkunde beobachtet. Einer der Informanten für diese Geschichte ist Assistenzprofessor Lin Weihuang von der Physikalischen Fakultät des Lehrerkollegs in Peking. Man sagt, er habe dieses Phänomen im Frühjahrssemester 1988 in einem neu eingerichteten Kolloquium besprochen, das sich wissenschaftlich mit dem menschlichen

Körper befasst, und es sei bei den Studierenden, die die Lehrveranstaltung besuchten, auf großes Interesse gestoßen.

Zu Zhang Baoshengs heftigem Temperament und seiner Neigung zu Szenen kommt seine Vorliebe für Streiche. Mitunter jedoch geht er dabei zu weit und spielt anderen Streiche, bei denen sich einem schon der Magen umdrehen kann oder sich einem die Haare sträuben. Tao Le, ein ehemaliger Kolumnist der Hongkonger Zeitung *Ming Pao* und Mitglied des Forschungsinstituts für altorientalische Anomalien in Hongkong, hat viele Reisen nach Peking unternommen, sowohl individuell als auch als Organisator von Gruppen, um Personen mit EHF zu interviewen. Einmal brachte er eine Gruppe nach Peking, um dort Zhang Baosheng aufzusuchen. Nach dem Essen spielte ihnen Zhang Baosheng einen Riesenstreich. Ein dreikarätiger Diamantring, den eine Dame aus der Gruppe, ein Filmstar aus Hongkong, getragen hatte, flog ihr ganz von selbst vom Finger. Sie war in hellster Aufregung und wusste nicht, was tun. Sie dachte sich, dass das Ganze wohl auf Zhang Baoshengs Konto ging, der seine Tricks demonstrierte, also bat sie Tao Le, ihm gut zuzureden. Lachend zeigte Zhang Baosheng auf einen Punkt unter einem nicht weit entfernt stehenden Blumentopf und sagte, dort sei der Diamantring jetzt gelandet. Der Diamantring, im Wert von mehreren zehntausend US-Dollar, wurde seiner ursprünglichen Eigentümerin zurückgegeben, die noch einmal Glück gehabt hatte.

Man nennt Zhang Baosheng auch »der kleine Gott«. Nachdem ihm der Hongkonger Milliardär Li Jiacheng (der reichste Mann Hongkongs) eine Luxuslimousine geschenkt hatte, brauste er damit durch die Stadt, verletzte aber oft die Verkehrsregeln und handelte sich Strafzettel ein. Baosheng nimmt seine Strafzettel zwar lächelnd in Empfang, doch wenn die Verkehrspolizisten zu ihrer Dienststelle zurückkommen, können sie die Strafzettel nicht wiederfinden, sie sind jedes Mal spurlos verschwunden. Seit er hierfür berüchtigt geworden ist, ziehen sich die Beamten zurück, wenn sie seinen Wagen kommen sehen. Niemand wagt es mehr, ihn zu behelligen. Er ist ein »nationales Kulturgut«, und er kann auch Strafzettel zum Verschwinden bringen. Wer wollte sich mit ihm anlegen?

Zhang Baosheng war in Armut aufgewachsen und hatte nie genug zu essen gehabt. Obwohl er zwischenzeitlich in den Stand eines »nationalen Kulturguts« avanciert ist, den Status eines Regimentskommandeurs hat, Besitzer einer Luxuslimousine und Gegenstand eines Forschungsprojekts mit einem Budget von zehn Millionen Dollar ist, hat er die ärmlichen Verhältnisse seiner Kindheit nicht vergessen.

Wenn er zum Abendessen eingeladen wird, gedenkt er des weisen alten Spruchs: »Ein Stück Tuch, eine Schale Reis – wisse, wie schwer sie zu bekommen sind.« Aus diesem Grund dürfen in seiner Gegenwart nie zu viele Gänge auf einmal bestellt werden. Tischt man sie aufgrund einer Vorbestellung auf, so besteht er darauf, dass kein Essen zurückgeht. Niemand wagt dabei zu widersprechen. Falls doch, erfährt die Person einen kleinen Schubs und das verweigerte Essen landet direkt in ihrem Magen. Chyung Yao, die eingangs erwähnte Schriftstellerin, konnte das leidvoll am eigenen Leib erfahren.

Alle, die Zhang Baosheng begegnet sind, wissen, dass eine seiner bemerkenswerten Fähigkeiten in der »Wiederherstellung einer Visitenkarte« besteht. Bei einer Gelegenheit boten ihm mehrere Personen ihre Visitenkarte an. Er griff sich eine heraus und sagte: »Gut, stecken Sie die Karte in den Mund. Schön, und jetzt zerkauen Sie sie. Fertig? Dann spucken Sie sie jetzt aus.« Baosheng nahm die aufgeweichten, zerkauten Fetzen der Visitenkarte und rollte sie zu einer Kugel zusammen. Nach einer Weile bemerkte er: »Oh-oh, mir fehlt etwas von der Karte. Sie müssen noch Teile davon im Mund haben!«

Der Betreffende fuhr sich mit der Zunge durch den Mund und schaffte es tatsächlich, noch ein paar weitere Kartenreste zutage zu befördern, und im Nu war der Ausgangszustand der Karte wieder hergestellt. Die umstehenden Zuschauer applaudierten begeistert.

Heute ist Zhang Baosheng Regimentskommandeur (dem Rang und Privilegien nach, doch ohne ein tatsächliches Regiment). Gemeinhin nicht bekannt ist jedoch die Tatsache, dass er auch schon im Dienste der öffentlichen Sicherheit tätig gewesen ist. Vor etwa acht Jahren hatten sich seine umfangreichen paranormalen Kräfte noch nicht manifestiert. Damals verfügte er nur über einige unbedeutendere Fähigkeiten wie etwa, mit dem Ohr lesen und durch Kleidung hindurchsehen zu können. Als die örtlichen Behörden diese Fähigkeiten entdeckten, wies man ihm einen untergeordneten Job in den Reihen des Sicherheitspersonals zu. Seine Aufgabe bestand lediglich darin, Bus zu fahren und dabei Diebe zu erwischen. Da seine Augen und Ohren extrem empfänglich sind, registriert er die Bewegungen der Diebe oder kann sie beobachten, und oft machte er von seinen außergewöhnlichen Fähigkeiten Gebrauch, wenn es darum ging, die Ganoven im Bus zu fassen. Eines Tages versah Zhang Baosheng wieder einmal seinen Dienst in einem Bus. Plötzlich tat sich vor seinem geistige Auge ein Bild auf, wie auf einem Monitor. Das Bild zeigte eine Hand, die sich in die Jackett-tasche eines Mannes senkte und langsam ein Bündel Banknoten daraus hervorzog. Sofort quetschte sich Baosheng durch das Gedränge (die Busse auf dem chinesischen Festland sind in der Regel völlig über-füllt) und packte den Dieb am Schlawittchen. An dieser Stelle möchte ich einflechten, dass viele mit EHF begabte Menschen vom chinesi-schen Festland berichtet haben, wenn sie mit den Händen oder mit dem Ohr lesen, Dinge erraten oder durch Objekte hindurchsehen, ent-stünde vor ihrem geistigen Auge eine Art Monitor, auf dem das Bild des Gesuchten auftauche. Manchmal blitzt das Gesuchte nur kurz auf, manchmal ist es recht verschwommen, dann ist es wieder scharf zu erkennen und klar.

Zu Beginn seiner Arbeit in den Bussen fasste Zhang Baosheng eine Menge Diebe. Allmählich machte er sich einen Namen, er bekam einen guten Ruf. Das sprach sich herum, und so wollten Gestalten aus der Unterwelt ihm »eine Lektion erteilen«. Dann folgte dicht auf den Fersen des Erfolgs die Tragödie.

Baosheng lernte im Bus ein Mädchen kennen, das seine Freundin wurde, sie hieß Xiao Yuan und arbeitete als Laborantin in einer Fabrik. Sie begannen miteinander auszugehen. Eines Tages sah Zhang Baos-heng eine junge Frau die Straße hinuntergehen. Sie trug Schuhe mit hohen Absätzen. Die Schuhe standen ihr ausgezeichnet, sie passten zu ihrer attraktiven Figur. Zhang Baoshengs Gedanken wanderten zu sei-ner Freundin.

»Mit hohen Absätzen würde Xiao Yuan noch schöner aussehen«, dachte er, aber von seinem Lohn konnte er sich nicht einmal eine Klei-nigkeit wie ein solches Paar Schuhe leisten. Jedenfalls war ihm danach, ein Schuhgeschäft aufzusuchen, um sich dort umzusehen. Er gab dem Bedürfnis nach und ging zu einem Schuhgeschäft namens Xihu Shoe Store. Die Regale dort standen voll mit allen erdenklichen Schuhen, aber da war ein Paar Damenschuhe, die er ganz besonders mochte. Diese Schuhe gingen ihm gar nicht mehr aus dem Kopf, er dachte pausen-los an sie ...

Er dachte so intensiv an dieses Paar Schuhe, dass ihm beim Verlassen den Ladens auffiel, dass seine Tasche schwerer geworden war. Er schaute hinein, und siehe da, zu seiner großen Verblüffung steckte das bewusste Paar Schuhe darin. In seiner momentanen Verwirrung konnte er gar keinen klaren Gedanken fassen. Er ging gerade durch die Ladentür, da ertönte auch schon eine Stimme von hinten – der Verkäufer, der laut »Haltet den Dieb!« rief. Im Handumdrehen war er von einem Pulk von Verkaufspersonal und Kunden umstellt. Zhang Baosheng wäre vor Scham am liebsten in den Boden versunken, und er wusste nicht, wie er den Vorfall erklären sollte. Alle hielten ihn für einen Dieb. Man rief die Polizei, und Zhang wurde auf das Revier gebracht.

Immer war Zhang Baosheng derjenige gewesen, der Diebe gestellt hatte, doch nie hätte er sich träumen lassen, dass man ihn selbst einen Tages für einen Dieb halten und festnehmen würde.

Als er handlungsunfähig im Gefängnis saß, fühlte er sich schrecklich gedemütigt. Doch die Beweislage war zum damaligen Zeitpunkt eindeutig. Dazu kam, dass ihn seine Kräfte ja selbst verwirrten und in Angst und Schrecken versetzten. Wie sollten diese Damenschuhe in seine Tasche hineingewandert sein? Er konnte sich in diesem Moment keine Antwort hierauf vorstellen.

Erst nachdem er seine Haftstrafe verbüßt hatte und freigelassen worden war, klärte ihn ein EHF-Forscher darüber auf, dass er möglicherweise seine außergewöhnlichen Fähigkeiten durch die ständige Anwendung bei seiner Arbeit in den Bussen verstärkt und die Fähigkeit zur »Psychokinese« entwickelt habe. Und wenn er nun »Apfel« dächte, so flöge ihm ein Apfel in die Hand. Wenn er an etwas denke, stelle es sich ein.

Ein Freund von mir in Hongkong, Zhang Qunmo, schreibt Kolumnen und Science Fiction. In seinem Science-Fiction-Roman Yi Ren (Ungewöhnliche Person), in Hongkong 1990 veröffentlicht, kommt eine Figur mit Namen Jin Xiaobao vor, die in vielerlei Hinsicht auf Zhang Baosheng zurückgeht. Das Buch ist voll von EHF-Episoden, die sich auf tatsächliche Fakten stützen, die man von Zhang Baosheng weiß. In einer Szene verkauft ein alter Mann Persimonen*. Als Jin Xiaobao im Vorübergehen »Ksch-ksch!« macht, beginnen die Persimonen im Korb des Alten eine nach der anderen zu verschwinden. »Er versucht sie festzuhalten, doch es ist zwecklos.« Am Ende befindet sich keine einzige Persimone mehr im Korb.

*Orientalisch-japanische, intensiv orangefarbene Frucht (Anm. d. Übers.)

Solche Macht hat Zhang Baoshengs EHF. Es gibt gewiss genug Material, um ein ganzes Buch über ihn zu füllen.

Z w e i

Professor Qian Xuesen unterstützt die Erforschung paranormaler Fähigkeiten

Seit März 1979, dem Zeitpunkt, an dem die Chinesen erstmals die Existenz von EHF anerkannten, haben Forscher aus dem ganzen Land das Thema aufgegriffen. Unter ihnen befand sich eine große Zahl von Wissenschaftlern, einer von ihnen Qian Xuesen, auch als der chinesische »Vater der Missile« bekannt. Qian Xuesen ist einer der führenden Wissenschaftler Chinas und nimmt auf dem nationalen Parkett zahlreiche wichtige Aufgaben wahr. Woher nahm er die Freizeit, um sich für dieses Phänomen zu interessieren? Sehen wir uns an, wie Qian Xuesen auf eine Frage antwortete, die ein Reporter der Hongkonger Zeitung *Wen Hui Bao* ihm stellte.

»Ich habe gehört, sie glauben an EHF, also möchte ich Ihnen einige Fragen dazu stellen«, sagte der Reporter.

»Zunächst habe ich durchaus nicht daran geglaubt. Ich bin dazu gelangt, daran zu glauben, nachdem ich mich mit eigenen Augen davon überzeugt habe«, sagte Qian Xuesen. Dann erklärte er dem Journalisten, dass er eine EHF-Demonstration mit einer fest verschlossenen Arzneiflasche gesehen hätte, die jemand in der Hand hielt. Die Flasche enthielt 100 Tabletten. Dann fielen 33 Tabletten auf die Hand des Mannes, der die (ungeöffnete) Flasche hielt. Als Qian Xuesen die Flasche öffnete und nachzählte, befanden sich noch 77 Tabletten in ihr. Es war einfach eine Tatsache, und sie überzeugte ihn. Er erwähnte auch eine EHF-Demonstration, die sein Team für einen leitenden Regierungsbeamten stattfinden ließ. Dieser machte eine hochgradig wissenschaftliche Bemerkung hierzu: »Es gibt Dinge, die man noch nicht versteht, aber nichts, was jenseits allen möglichen Verstehens ist.« (Eigentlich stammt dieses Zitat von Lenin.) Das heißt, dass wir an den Dingen weiterforschen müssen, die wir noch nicht verstehen. Qian Xuesen sagte auch, wer hartnäckig weiterforsche, würde mit Sicherheit eine Entdeckung machen. Wenn es dazu käme, würden die Forscher wissen, dass sie die Grenzen des Wissens, über das die Wissenschaft aktuell verfügt, weit überschritten haben.

Qian Xuesen ist Wissenschaftler. Er gehört definitiv nicht zu der Sorte Mensch, die an Dinge wie EHF glauben würde, nachdem er gerade ein oder zwei Demonstrationen gesehen hat. Er ist fest davon überzeugt, dass EHF real sind, da er persönlich bei vielen Demonstrationen, Versuchen und Experimenten dabei war. Der oben erwähnte Test ist nur ein Beispiel von vielen. Ein weiteres beeindruckendes Beispiel war ein Anlass, bei dem Qian Xuesen mit den Quantenphysikern Professor Tang Jiaoyan und Professor Zhang Weijiao zusammenkam. Zhang Baosheng deutete mit dem Finger auf Zhang Weijiao, und auf dessen Hemd zeigte sich ein Brandfleck. Professor Tang sagte im Nachhinein, er könne sich dieses Brandphänomen vielleicht als eine Art Auswirkung elektromagnetischer Wellen erklären. Zum Beispiel könnten die elektromagnetischen Wellen, die Zhang Baosheng aussandte, ja die Moleküle im Hemd anregen, was zu einer Luftreibung führen mochte, die dann Hitze erzeugte und ein Loch ins Hemd brannte. Wo Qian Xuesen das doch mit eigenen Augen sah, wie konnte er da Zweifel haben?

Qian Xuesen glaubt nicht nur an EHF, sondern er ist auch davon überzeugt, dass EHF-Phänomene sich mit der heutigen Physik erklären lassen. So zum Beispiel könnte Psychokinese eine Auswirkung elektromagnetischer Felder und Wellen sein. Er weiß eine Geschichte zu erzählen, die in dieser Hinsicht sehr interessant ist. Im Zweiten Weltkrieg machte man die Entdeckung, dass einige Männer, die in Radarstationen arbeiteten, in der Lage waren, Mikrowellensignale zu »hören«. Es schien eine unheimliche Begabung, später jedoch wurde der Grund für sie klar. Es stellte sich nämlich heraus, dass elektromagnetische Wellen im Kopf ungleichmäßig absorbiert werden. So entstanden Schallwellen, die hörbar waren. In diesem Beispiel wird das »Außergewöhnliche« an dieser seltsamen Begabung rationalisiert und aufgezeigt, dass es möglich ist, durch entsprechende Forschung die Ursachen für EHF herauszufinden.

Wenn wir hier Energien des menschlichen Körpers diskutieren, müssen wir uns auch dem Thema Qigong (Energiemeditation) zuwenden. Qigong ist derzeit in China sehr populär. Ich selbst praktiziere Qigong und habe in England und den USA bereits zwei Bücher hierzu veröffentlicht. Wie in einem von ihnen erklärt, es trägt den Titel *Chigong – The Ancient Chinese Way to Health* (Marlowe & Company, 1990), dient Qigong in erster Linie der Förderung der Gesundheit. Ein langes Praktizieren von Qigong jedoch kann durchaus paranormale Phänomene hervorrufen. Yan Xin, auf den wir in Kapitel 6 noch eingehen, ist ein lebendes Beispiel für einen Menschen, der durch Qigong paranormale Fähigkeiten von Weltrang erlangte.

Wenn jemand in seiner Qigong-Praxis ein hohes Stadium erreicht hat, produziert sein Körper im Innern einen starken Fluss von Qi-Energie. Diese Energie kann über die Augen, Handflächen oder Finger abgegeben werden. In der Terminologie des Qigong bezeichnet man das als Energieheilung. Diese Kraft lässt sich zwar für Heilzwecke einsetzen, kann aber auch dazu verwendet werden, dem Körper Schaden zuzufügen. Das ist dann die »leere Energie«, die im Qigong bei der Kampfkunst zur Anwendung kommt. Die hilfreiche oder schädliche Ausrichtung der Kraft wird vom Geist bestimmt und die Intensität der »Qi«-Energie, hängt von der Übung des Praktizierenden ab.

Wir wissen, dass das »Qi« des Qigong eng mit dem Qi oder der Energie der EHF verwandt ist. Da Zhang Baosheng ein Spitzenmann ist, wenn es um EHF geht, sind seine Geisteskraft und seine Qi-Energie weitaus stärker als bei den meisten Menschen. Wenn er also seine Gedanken darauf richtet, Kleidungsstücke von jemandem zu verbrennen, so erzeugt sein Qi (oder erzeugen die elektromagnetischen Wellen) Reibung zwischen den Luftmolekülen, Rauch steigt auf, und schon steht der Stoff in Flammen.

Als Qian Xuesen sich mit dem Reporter in obigem Interview unterhielt, ging er auch auf die Verbindung zwischen Qigong und EHF ein. »Wir haben herausgefunden, dass Menschen mit EHF in mancher Hinsicht Ähnlichkeiten mit Menschen aufweisen, die Qigong praktizieren. Wenn jemand mit EHF etwas vorführt, rötet sich sein Gesicht und Schweiß tritt ihm auf die Stirn, genauso wie bei jemandem, der Qigong praktiziert und dabei Energie freisetzt.« Wie Qian Xuesen erklärt: »Wir haben Experimente durchgeführt, bei denen Elektroenzephalogramme erstellt wurden, und dabei entdeckten wir, dass die Muster der Gehirn-

Abb. 2-1.
Professor Qian Xuesen (Vierter von links in der vorderen Reihe) sprach im Juli 1980 in Peking vor Medienvertretern von der Wichtigkeit einer wissenschaftlichen Erforschung von EHF. Das vorliegende Foto entstand im Anschluss an die Konferenz. (Foto mit freundlicher Genehmigung von Zhou Wen Bin.)

wellen bei den Qi-Meistern, die Energie nach Außen abgeben, sehr ähnlich sind wie die von Menschen mit EHF, wenn sie ihre Fähigkeiten unter Beweis stellen. Das verweist auf einen Zusammenhang zwischen Qigong und EHF.«

Qian Xuesen glaubt ferner, da Qigong ja auf der gleichen Theorie basiert wie die chinesische Heilkunde, müssten Qigong, die chinesische Heilkunde und EHF ein und dasselbe sein, und EHF sei nur eine der augenfälligeren Manifestationen dieser »Sache«. Er verwies darauf, dass wir, um aus EHF, Qigong und traditioneller chinesischer Heilkunde wirklich wissenschaftliche Theorien zu entwickeln, einen Durchbruch vollziehen müssten, der die Grenzen der derzeitigen Wissenschaft sprengt.

Er machte die weitreichende Aussage: »Das Ergebnis der Arbeit in chinesischer Heilkunde, Qigong und EHF wird am Ende eine neue wissenschaftliche Revolution sein. Wenn es dazu kommt, könnte man sie die wissenschaftliche Revolution des Morgenlands nennen!« In ähnlicher Weise erstattete er im Planungsgremium zur wissenschaftlichen

Erforschung des menschlichen Körpers einen Bericht mit dem Thema »Stehen wir vor einer neuen wissenschaftlichen Revolution?« In diesem Bericht sagte er abschließend: »Die Wissenschaft, die sich mit dem menschlichen Körper befasst, mag im einundzwanzigsten Jahrhundert zu einer neuen menschlichen Revolution führen, die größer sein könnte als die Umwälzungen, die Quantenmechanik und Relativitätstheorie im frühen zwanzigsten Jahrhundert herbeiführten. Wer unter uns wird mit zu den Begründern dieser zukünftigen Revolution gehören?

Lesen wir die obigen Berichte, wird klar, welch wichtige Rolle Qian Xuesen spielt, wenn es darum geht, die EHF-Forschung in China voranzutreiben. Von daher müssen wir, um zu einem tieferen Verständnis von Chinas EHF-Forschung zu gelangen, zuerst verstehen, wer Qian Xuesen ist. Lapidar zu sagen: »Qian Xuesen ist einer der führenden Wissenschaftler Chinas«, ist nicht genug. Wir müssen uns seinen kompletten Hintergrund ansehen, wenn wir die allgemeine Ausrichtung und den Schwerpunkt von Chinas EHF-Forschung betrachten.

Qian Xuesen (während seiner Studienzeit in den USA gebrauchte man für seinen Namen die Schreibweise »Tsien, Hsue Shen«) wurde 1911 in Shanghai geboren. 1934 graduierte er in der Fakultät für Eisenbahn-Maschinenbau an der Jiaotong Universität in Shanghai. 1935 ging er in die USA, um am Massachusetts Institute of Technology (MIT) Aerodynamik zu studieren, ein Studium, das er mit einem *Master*-Diplom abschloss. 1936 wechselte er zwecks Fortsetzung seiner Studien an das California Institute of Technology, wo er 1939 in Aerodynamik promovierte.

Sein Mentor war ein Begründer der modernen Dynamik, Professor Theodore von Karman. Dr. Qian war ein wichtiger Mitarbeiter des frühesten Raketenforschungsinstituts – wir sprechen hier von dem durch von Karman organisierten Guggenheim Jet Propulsion Laboratory im California Institute of Technology, und er fungierte gleichzeitig als der Direktor dieses Forschungszentrums. Das von ihm und von Karman erforschte Überschallströmungskonzept sollte zu einer der Grundlagen der Aerodynamik werden, und die weltweit bekannte Karman-Ghia-Formel wurde für die Aerodynamik bei Luftfahrzeugen eingesetzt, die bei hohem Unterschall operieren – ein bahnbrechender Beitrag.

Zusätzlich etablierte Dr. Qian in Zusammenarbeit mit Dr. F. Malina in den vierziger Jahren die theoretischen Grundlagen für Boden-Boden- und Überwachungsraketen und leistete in den USA Pionierarbeit für den Einsatz von mit Kompositreibstoff betriebene Raketenantriebe. In dieser Hinsicht schuf Dr. Qian dort eine wertvolle Basis für weitere Entwicklungen in der Aerodynamik und dem Raketenbau.

Während des Zweiten Weltkriegs war er Leiter der Lenkwaffeneinheit des wissenschaftlichen Beratungsgremiums für das US-Verteidigungsministerium. Als einer der offiziellen Repräsentanten der US-Regierung führte er ein Expertenteam in das Nachkriegsdeutschland, um die Rolle deutscher Wissenschaftler bei der Entwicklung von Lenkflugkörpern während des Krieges einzuschätzen. Aufgrund seiner Fähigkeiten zog die US-Regierung in Erwägung, ihn im Bereich Kernforschung einzusetzen, doch befand man sich damals gerade im Zeitalter der McCarthy-Hysterie, und Qian Xuesen hatte in einem früheren Zeitraum Verbindungen zur Kommunistischen Partei gehabt, also ließ man seine Ernennung fallen und beauftragte ihn stattdessen mit theoretischen Studien für die bemannte Raumfahrt zum Mond.

Als Qian Xuesen sich um die US-amerikanische Staatsbürgerschaft bewarb, lehnten die Behörden seinen Antrag ab, ohne jedoch einen Beweis dafür in der Hand zu haben, dass er ein kommunistischer Agent war. Es schadete Qians Ruf und seiner beruflichen Karriere. Folglich fassten Dr. Qian und seine Ehefrau Jiang Ying im Herbst 1949 den Entschluss, in ihre Heimat China zurückzukehren. Auch hier jedoch begegnete ihnen massiver Widerstand der US-Behörden. Dr. Qian hätte nie gedacht, dass seine enormen Leistungen und Verdienste sich als Hindernis für seine Heimkehr nach China erweisen würden. Im Frühjahr 1950, als Dr. Qian und seine Frau in Los Angeles ein Flugzeug besteigen wollten, um nach Kanada abzureisen, wurden sie von der Einwanderungsbehörde festgehalten. Seine mehr als zehn Taschen voller Bücher und Notizen wurden beschlagnahmt.

Fünf Jahre später ließ der Premierminister des kommunistischen China, Zhou Enlai, gegenüber den USA sein Verhandlungsgeschick spielen und schaffte es, Dr. Qian im Austausch gegen elf US-Piloten frei zu bekommen, die im Koreakrieg in Gefangenschaft geraten waren. Damals sagte ein Admiral des US-Verteidigungsministeriums: »Dieser Tausch ist wie fünf amerikanische Divisionen gegen elf Piloten.« (Aus dieser Bemerkung könnte man schließen, dass Qian Xuesen ein Kapital darstellte, das für die nationale Verteidigung fünf Divisionen wert war.)

Nachdem Dr. Qian in seine Heimat zurückgekehrt war, traf sich der

Vorsitzende Mao Tse-Tung mit ihm und bat ihn, Wissenschaftler für China auszubilden. Premierminister Zhou Enlai bat ihn um seine Meinung darüber, wie man Wissenschaft und Technik weiterentwickeln solle, und das erste, was General Chen Geng zu ihm sagte, war: »Kann China seine eigenen Raketen bauen?« »Das chinesische Volk ist nicht dumm«, gab Dr. Qian zurück. »Natürlich kann es das.« Also legte er der chinesischen Regierung einen *Entwurf für die Entwicklung der Luftfahrtindustrie zu Verteidigungszwecken* vor. Von da an war er langfristig in die Beratung von Chinas Raketen-, Marschflugkörper- und Raumfahrttechnologieforschung und -entwicklung involviert.

Oktober 1966, im elften Jahr nach Dr. Qians Rückkehr, erprobte China erfolgreich einen atomaren Gefechtskopf, der auf einem Lenkflugkörper eine Entfernung von 644 Kilometern zurücklegte. April 1970 schickte China seinen ersten Satelliten ins All. Im Mai 1980 startete China eine ballistische Interkontinentalrakete, die eine Entfernung von 10.000 Kilometer zurücklegen konnte, was im Handumdrehen die Welt erschütterte. Aus einem Editorial in einer US-amerikanischen Zeitung ging hervor, dass Chinas Abfeuerung von Interkontinentalraketen Qian Xuesens Sieg gewesen sei. 1981 schoss China dann erstmals drei Satelliten gleichzeitig ins All. Im Oktober 1982 feuerte China erfolgreich einen Lenkflugkörper von einem U-Boot in Gewässern nördlich von Taiwan ab. Seit dieser Zeit ist China nach den USA und Russland die drittstärkste Macht in Sachen Missiles.

Heute ist Dr. Qian Vorsitzender des chinesischen Wissenschaftlerverbandes, Vorsitzender der chinesischen Akademie der Wissenschaften und Präsident der Gesellschaft für Systemforschung sowie der chinesischen Gesellschaft für Astronautik. Daneben ist er Ehrenpräsident der chinesischen Gesellschaft zur Erforschung des menschlichen Körpers. Er hat sich auf fast allen Wissenschaftsgebieten in China als führend hervorgetan. Die chinesische Bevölkerung mag vielleicht nicht wissen, wer derzeit die politischen Machthaber Chinas sind, Qian Xuesen jedoch kennt jeder.

Und was ist mit seinem internationalen Ruf? Im August 1989 gewann Qian Xuesen die Willard.-F.-Rockwell-Jr.-Medaille, die höchste Auszeichnung, die das International Technology Institute der Vereinigten Staaten erteilt. Andere außer ihm, die die Ehre hatten, diese Auszeichnung zu erlangen, waren »der Vater der Wasserstoffbombe«, Dr. Edward Teller aus den USA, sowie der französische Physiker Robert

Klapisch. Wer diese Medaille erhält, muss in internationalen Wissenschaftlerkreisen schon einen außerordentlich hohen Rang einnehmen und auf dem Gebiet von Maschinenbau, Wissenschaft und Technik ein Kandidat sein, der in der Ruhmeshalle durchaus Anspruch auf einen Platz von Weltrang haben könnte. Mit diesen Auszeichnungen wurde Dr. Qian für seine enormen Pionierleistungen auf dem Gebiet der Raketentechnik, der Lenkflugkörper, Luftfahrttechnologie und Systemforschung in China anerkannt.

Als Ehrenpräsident der chinesischen Gesellschaft zur Erforschung des menschlichen Körpers (Chinese Human Body Science Research Society) leitet Dr. Qian persönlich Forschungsprojekte zu EHF oder paranormalen Fähigkeiten. Uns über seinen Hintergrund sowie sein Wissensniveau im Klaren zu sein, kann uns helfen, die Aussichten der EHF-Forschung in China zu beurteilen und ihre breite Basis und ihren Tiefgang zu würdigen.

Nachdem wir nun Dr. Qians beruflichen Werdegang betrachtet haben, sind wir in der Lage, uns seine Erklärungen und Publikationen anzusehen sowie die Aktivitäten, durch die er Chinas EHF-Forschung unterstützt.

Seit dem Beginn des EHF-Booms in China 1979 ist Qian Xuesen als Autor zahlreicher wissenschaftlicher Arbeiten und Vorlesungen in Erscheinung getreten. Es folgt nun eine Kurzbiografie, damit wir eine Vorstellung von seinem Denken und seinen Ansichten bekommen.

Berichte über EHF

»EHF Research Has Great Meaning« (EHF-Forschung kommt große Bedeutung zu), Beijing Keji (*Beijing Science and Technology News*), 18. Juli 1980.

»This is the Birth of a New Scientific Revolution« (Dies ist die Geburt einer neuen wissenschaftlichen Revolution), *EHF Yanjiu (EHF Reseach)*, Bd. 1, 1983. (Hinweis: Die Zeitschrift dieser Forschungseinrichtung ist nur für die interne Weiterverbreitung bestimmt. Sie ist nicht verkäuflich, und ihre Ausfuhr ins Ausland ist untersagt.)

»EHF and Society« (EHF und die Gesellschaft), *EHF Yanjiu*, Bd. 3, 1983.

»Our Research Work Should Give Equal Weight to Experiment and Theory« (Unsere Forschungsarbeit sollte Experiment und The-

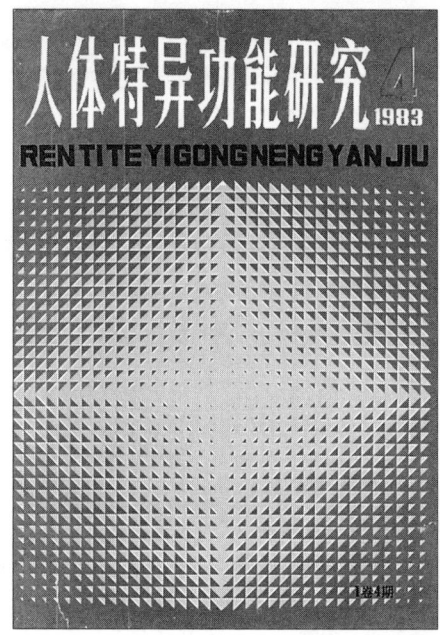

Abb. 2-2.
Ein alle zwei Monate erscheinendes Magazin über außergewöhnliche menschliche Körperfunktionen, das nur für Mitglieder bestimmt ist, nicht für den Verkauf an Dritte, und dessen Versendung ins Ausland untersagt ist. Es handelt sich um eine Schwester des Chinese Journal of Somatic Science.

orie gleich gewichten), *EHF Yanjiu*, Bd. 1 und 2, 1985. »EHF and New Scientific Fields« (EHF und neue Gebiete der Wissenschaft), *Renmin Zhengxie Bao (Reports of the People's Political Consultative Conference)*, 23. Mai 1986.

»On EHF Research« (Zur EHF-Forschung), Vortrag beim Organisationstreffen für den Verband der Spezialisten in der wissenschaftlichen Erforschung des menschlichen Körpers, 9. Oktober 1987.

Berichte über die traditionelle chinesische Heilkunde und Qigong-Theorie

»Three Letters on Research to Modernize Chinese Medicine« (Drei Briefe zur Forschungsarbeit zur Modernisierung der chinesischen Medizin), 3. August 1980 (Drei Briefe Qian Xuesens an EHF-Forscherinnen und -Forscher).

»Chi Gong Can Raise Body Functioning to Its Peak« (Qigong kann Körperfunktionen auf Höchststand bringen), *Dongfang Qigong (Oriental Qigong)*, Bd. 1, 1986.

»On Strategies for Modernizing Chinese Medicine« (Über Strategien für die Modernisierung der chinesischen Medizin), Vortrag beim Seminar für die Modernisierung der chinesischen Heilkunde, März 1986.

»Join Together and Greet the New Scientific Revolution« (Tun wir uns zusammen, die neue wissenschaftliche Revolution zu begrüßen), Vortrag bei einem Gründungsempfang für die Chinese Chi Gong Science Research Association, 30. April 1986.

»Establishing the Empirical Study of Chi« (Die empirische Studie von Ki etablieren), *Ziran Zazhi (The Nature Journal)*, Mai 1986.

»Outline of Chi Gong, Chinese Medicine and EHF« (Die chinesische Heilkunde und EHF), *Qigong yu Kexue* (Qigong und Wissenschaft), Bd. 5, 1986.

Berichte über die Wissenschaft vom menschlichen Körper

»Dialectics of Nature, Cognitive Science and Human Potential« (Dialektik der Natur, kognitive Wissenschaft und das menschliche Potential, *Zhexue Yanjiu* (Philosophische Studien), Bd. 4, 1980.

»We Humans Must Do Deep Research on Our Own Bodies« (Wir Menschen müssen eingehend unseren eigenen Körper studieren), *Beijing Keji*, 18. Juli 1980.

»Systems Science, Cognitive Science and Human Body Science« (Systemforschung, Erkenntniswissenschaft und die Wissenschaft vom menschlichen Körper), *Ziran Zazhi*, Bd. 1, 1981.

»Develop Fundamental Research in Human Body Science« (Entwicklung von Grundlagenforschung in der Wissenschaft vom menschlichen Körper), *Ziran Zazhi*, Bd. 7, 1981.

»On Human Body Science« (Über die Wissenschaft vom menschlichen Körper), Vortrag bei der Konferenz des Aerospace Medical Engineering Institute, 4. April 1983.

»The Anthropologic Principle, Human Body Science and Physiology« (Das anthropologische Prinzip, die Wissenschaft vom menschlichen Körper und die Physiologie), *Ziran Zazhi*, Bd. 4, 1983.

»Research Prospects for Human Body Science« (Forschungsaussichten für die Wissenschaft vom menschlichen Körper), Vortrag bei der 14. Jahreskonferenz des Aerospace Medical Engineering Institute, 22. Jan. 1985.

»Conduct Research on Man from a Holistic Perspective« (Betreiben wir Forschung am Menschen aus ganzheitlicher Sicht), Vortrag bei der Konferenz des Aerospace Medical Engineering Institute, 17. Juni 1985.

»Visions of Human Body Science Waver Around Us« (Visionen der Wissenschaft vom menschlichen Körper in unserem Umfeld kommen ins Wanken), *Dongfang Qigong*, Bd. 2, 1986.

»Use Systems Science Techniques to Study Human Body Science« (Einsatz der Techniken der Systemforschung im Rahmen der Wissenschaft vom menschlichen Körper), *Dongfang Qigong*, Bd. 3, 1986.

»Strategies for Human Body Science Research«, (Strategien für die Erforschung des menschlichen Körpers in der Wissenschaft vom menschlichen Körper), Vortrag bei der Delegiertenkonferenz des chinesischen Verbandes für die Erforschung des menschlichen Körpers, 26. Mai 1986.

»On Human Potential« (Über das Potential des Menschen), Vortrag bei der Konferenz des Aerospace Medical Engineering Institute, 29. Dezember 1986.

»More on Human Potential« (Mehr zum Potential des Menschen), Vortrag bei der Konferenz des Aerospace Medical Engineering Institute, 9. März 1987.

»Human Potential and an Educational Revolution« (Das menschliche Potential und eine Revolution im Bildungswesen, Vortrag bei der 16. Jahreskonferenz des Aerospace Medical Engineering Institute, 11. Februar 1987.

»Discussion of Human Body Science Research« (Diskussion der Wissenschaft vom menschlichen Körper), Vortrag beim chinesischen Verband für die Erforschung des menschlichen Körpers, 1987.

»Human Body Science Research in Proper Perspective« (Die Wissenschaft vom menschlichen Körper aus einer angemessenen Perspektive), Vortrag bei der Konferenz des Aerospace Medical Engineering Institute, 25. Mai 1987.

»On the Scope of Human Body Science Research« (Zum Inhalt der Wissenschaft vom menschlichen Körper), Vortrag bei der Konferenz des Aerospace Medical Engineering Institute, 15. Juni 1987.

»The Large-Scale System Perspective is the Basis for Human Body Science« (Breitangelegte Perspektive bildet die Grundlage der Wissenschaft vom menschlichen Körper), Vortrag bei der Konferenz des Aerospace Medical Engineering Institute, 29. Juni 1987.

»Let Marxist Philosophy Guide Human Body Science Research« (Lassen wir uns in der Wissenschaft vom menschlichen Körper von der marxistischen Philosophie leiten), Vortrag beim Vorstandstreffen der chinesischen Gesellschaft zur Erforschung des menschlichen Körpers, 25. September 1987.

»Human Body Science Is a Major Discipline in Modern Science and Technology« (Wissenschaft vom menschlichen Körper ist zentrale Disziplin in der modernen Wissenschaft und Technik), (Co-Autor Qian Xuesen mit Chen Xin), *EHF Gongneng Yanjiu* (Erforschung von EHF-Fähigkeiten), Bd. 2, 1986.

»The Human Body is a Complex Macrosytem« (Der menschliche Körper ist ein komplexes Makrosystem), Vortrag bei der Konferenz des Aerospace Medical Engineering Institute, 25. April 1988.

Im ersten der obengenannten Abschnitte, »Berichte über EHF«, im zweiten, »Berichte über die traditionelle chinesische Heilkunde und Qigong-Theorie«, und im dritten, »Berichte über die Wissenschaft vom menschlichen Körper« finden sich siebzehn wissenschaftliche Arbeiten und sechzehn Referate im Rahmen von Tagungen. Für einen gewöhnlichen Forscher gälte das nicht als viel, doch bei einem, auf dem zahlreiche Aufgaben lasten, zeigt es sehr klar, dass er einen beträchtlichen Teil seiner Zeit und Gedanken der Entwicklung der EHF-Forschung Chinas widmet.

Qian Xuesen glaubt, dass wir uns zum Studium von EHF mit Qigong und chinesischer Heilkunde befassen müssen, und alle drei zusammen genommen sind Teil eines zusammengehörigen Systems. Die Wissenschaft, die sich mit dem menschlichen Körper befasst (auch Somatik genannt) wurzelt im fruchtbaren Boden aller drei. Qian Xuesen erklärte: »Unsere akademische Organisation trägt den Namen *Chinese Human Body Science Research Society* und sie hat in erster Linie den Zweck, den menschlichen Körper zu erforschen. Die moderne Wissenschaft ist in neun Hauptdisziplinen untergliedert worden (*Hinweis des Autors: Dr. Qian bezieht sich hier auf Naturwissenschaften, Sozial-*

wissenschaften, Mathematik, Systemforschung, Erkenntniswissenschaft, Somatik, Militärwesen, Ästhetik und Verhaltensforschung), und unter diesen ist die Wissenschaft, die sich mit dem menschlichen Körper befasst, ein zentrales Feld, das es von seiner Tragweite her mit Naturwissenschaften und Sozialwissenschaften aufnehmen kann. Die moderne Wissenschaft deckt eine große Palette an Themen ab, doch sollte dies empirisch festgestellt werden. Wir dürfen nicht zu schnell ein allzu breit gefasstes Forschungsziel anstreben. In der bevorstehenden Phase sollten wir EHF als einen Hauptschwerpunkt der Forschung erwähnen, zusammen mit der Wissenschaft des Qigong und der Modernisierung der traditionellen chinesischen Heilkunde.«

Dr. Qian hat bestätigt, dass der Grundgedanke der Wissenschaft vom menschlichen Körper darin besteht, den Menschen als komplexes System zu sehen, als ein offenes System, das in enger Verbindung mit dem gesamten Universum um es herum steht. Bringt man die makroskopische und die mikroskopische Ebene zusammen, so wird dieser Gedanke auch als »das Mensch-Universum-Paradigma« bezeichnet. Diese Theorie befasst sich mit den umfassenderen Systemen Mensch und Umwelt sowie Mensch und Universum. Von dieser Warte aus können wir drei Teile des Mensch-Universum-Paradigmas unterscheiden. Der erste Aspekt ergründet den Menschen als eine Größe im Universum, der zweite betrachtet die Beziehung zwischen den Vorgängen im Körper und in der Umwelt, und der dritte befasst sich mit der quantenmechanischen Basis des Mensch-Universum-Paradigmas. Dazu gehört Quantenmessung, unter Einbeziehung der Unschärferelation bei der Wahrnehmung auf Quantenebene. Auf der Makroebene greift das Paradigma die Prinzipien der traditionellen chinesischen Medizin auf. Die Philosophie hinter der Somatik oder Wissenschaft vom menschlichen Körper wurzelt in früheren Theorien des US-amerikanischen Arztes Robert H. Dicke von 1961. Diese wurden von dem britischen Astronomen Branden Carter 1974 beträchtlich erweitert und mit dem Namen »anthropisches Prinzip« bedacht. Qian Xuesen interessiert sich sehr hierfür. Er betrachtet es als »ein neues Gebiet der modernen Wissenschaft und Technik« – die Wissenschaft vom menschlichen Körper.

Qian Xuesens Ideen sind sorgsam ausgearbeitet. Er stellt die These auf, dass der menschliche Körper ein extrem komplexes Makrosystem darstellt, ein Makrosystem, das zur Außenwelt hin offen ist und zahllose

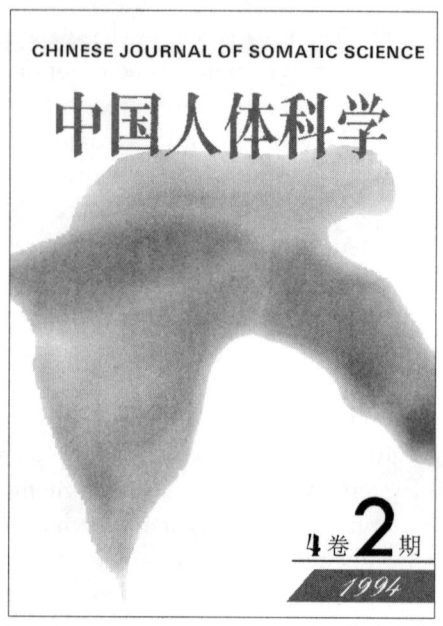

CHINESE JOURNAL OF SOMATIC SCIENCE

中国人体科学

4卷 2期

1994

Abb. 2-3.
Das quartalsweise erscheinende Chinese Journal of Somatic Science ist nicht frei verkäuflich und darf nicht ins Ausland verschickt werden.

Verbindungen mit der Umwelt hat. Dazu gehört der Austausch von Materie und Energie. Die Systemforschung lehrt uns, dass das Zerlegen in Teile allein nicht ausreicht, um die Abläufe in derart komplexen physischen Systemen zu verstehen. Der Reduktionismus analysiert bei jeder Ebene deren untergeordnete Ebene, man gelangt vom menschlichen Organismus zu den Subsystemen des Körpers, den Funktionsweisen der Organismen, hinunter zu den Zellen, Zellkernen und Chromosomen, bis ganz hinunter zur Ebene der Molekularbiologie... Aber wir müssen auch aus der Perspektive einer hohen Ebene die multidimensionale Struktur verstehen, die das Makrosystem des menschlichen Körpers von Natur aus ausbildet, die diversen Funktionen auf jeder Ebene, die Beziehung zwischen den Ebenen und so weiter. Von daher will Qian Xuesen reduktionistische Ansätze und die Ansätze der Systemforschung zusammenbringen und in die Erforschung des menschlichen Körpers und seines Umfelds integrieren. Das sind die Aufgaben der Wissenschaft, die sich mit dem menschlichen Körper befasst.

Wie zuvor erwähnt, umfasst die Wissenschaft vom menschlichen Körper Qigong, chinesische Heilkunde und EHF. Wenden wir uns nun der

Qigong-Forschung zu und der Frage, was Qian Xuesen zu deren Förderung unternommen hat. Er geht davon aus, dass die Forschung auf dem Gebiet von Qigong damit beginnen müsste, zunächst einmal das »empirische Studium von Qigong« zu etablieren. Was heißt das? Bei der empirischen Beschäftigung mit Qigong wird der Versuch unternommen, zu beschreiben, was Qigong ist, nicht, warum Qigong existiert. Mit anderen Worten, alles, was wir wissen ist, dass Qigong über Heilkräfte verfügt, aber wir verstehen nicht, warum Qigong funktioniert. Wenn wir schließlich herausfinden, warum es funktioniert, können wir das Ganze auf eine wissenschaftlichere Ebene bringen. Das bedeutet, dass der erste Schritt zunächst einmal darin besteht, zu zeigen, dass Qigong in der Tat funktioniert. Als Nächstes folgt das Bemühen, Qigong zu verstehen, wobei man Schritt für Schritt auf eine höhere Stufe weitergeht, bis man es mit wissenschaftlichen Methoden handhaben kann. Wie lässt sich das erreichen? Dr. Qians Antwort hierauf lautet: »Durch die Systemforschung.«

Die Systemforschung zu Qigong muss darauf abzielen, auf einer ganzen Reihe von Ebenen gleichzeitig zu arbeiten. Die erste ist die Beobachtung der tatsächlichen Auswirkungen der Qigong-Praxis. Eine zweite ist das Zusammenstellen von Erfahrungen, die in Sachen Qigong gesammelt wurden, das Sammeln von Material zu diversen Techniken und dessen Veröffentlichung. Die dritte besteht im Zusammentragen und in der Revision der uralten Werke über Qigong, die sich bei den Buddhisten, Taoisten und Konfuzianern finden. (Es gibt eine immense Zahl von Werken aus dem Altertum über Qigong.) Dann können wir uns ansehen, ob die alten Theorien und Überzeugungen mit den aktuellen Praktiken in Widerspruch stehen. Falls ja, sollte dies ein weiterer Forschungsbereich sein, der darauf abzielen würde, Konflikte zu lösen. Nachdem diese Punkte geklärt wären, würde man sich als Nächstes fragen: Widerspricht all das den uns heute bekannten Prinzipien, etwa denen der Biologie?

Nach Abschluss dieser vorbereitenden Arbeiten wäre ein letzter Schritt dann der, sich damit zu befassen, wie eine Klassifizierung all der Techniken erfolgen kann, die aus Experiment und Studium entwickelt wurden, wobei eine Untergliederung in Zielgruppen von Praktizierenden nach Alter, Geschlecht, Lebensweise (etwa orientalisch versus westlich) und Gesundheitszustand (ob krank oder schwach und so weiter) vorgenommen würde.

»Betrachtet man rückblickend die Geschichte«, sagt Dr. Qian, »so waren unsere Ahnen Wilde ohne Medizin und ohne das Vermögen, Krankheiten zu heilen. Alles, was sie hatten, war ihre natürliche Widerstandskraft gegen Krankheiten. Später entdeckte man Arzneimittel, und damit begann das erste Stadium in der Geschichte der Medizin als Wissenschaft. Im Zuge der weiteren Entwicklung der Medizin eröffnete sich uns die Immunologie. Dieser Übergang vom Heilen zur Krankheitsvorbeugung war das zweite Stadium in der Medizin. Nun hat die medizinische Fachwelt sich mit der auf Kräftigung hinwirkenden Medizin zu befassen begonnen. Das bedeutet, Krankheiten nicht nur zu heilen und ihnen vorzubeugen, sondern auch die Gesundheit soweit wieder herzustellen, dass ein hohes Maß an Funktionsfähigkeit gegeben ist. Das ist das dritte Stadium.« Qian Xuesen geht davon aus, dass hiermit noch nicht das Ende erreicht ist. Das nächste Stadium wird darin bestehen, die Gesundheit in Richtung optimale Funktionsfähigkeit zu fördern. Die Qigongpraxis könnte hierbei eine Rolle spielen, da Qigong Menschen helfen kann, ihr maximales Potential zu erreichen.

Warum nehmen die chinesische Regierung und Qian Xuesen Qigong so ernst? In so vieler Hinsicht umhüllt Qigong der Schleier des Geheimnisvollen. Neben seinen positiven Auswirkungen auf Gesundheit, Heilung und Lebensdauer kann Qigong auch die geistigen Kräfte verbessern. In den buddhistischen Texten steht: »Stille lässt Weisheit aufsteigen.« Mit anderen Worten, eine langjährige Praxis von Qigong schärft nach und nach den Verstand. Laut Qian Xuesen unterrichteten etliche Grundschullehrerinnen und -lehrer Chinas in ihren Schulklassen Qigong. Das Ergebnis war, dass die Noten der Kinder in allen Fächern in die Höhe schnellten, insbesondere in Mathematik. Statistiken konnten dies belegen. Erfreut stellte Qian Xuesen fest: »Das ist eine hochwichtige Angelegenheit. Die Welt des einundzwanzigsten Jahrhunderts wird ein Schlachtfeld des Wissens sein.«

Auf einen Faktor verwies er ganz besonders: »Eine weitere Sache von zentraler Bedeutung ist die, dass die Fakten dafür sprechen, dass das Praktizieren von Qigong EHF entstehen lässt. Das ist eine Aufgabe mit weitreichenden Konsequenzen. Wir müssen unser volles Bemühen hierin investieren!«

Wenden wir uns nun Dr. Qians Ansichten über die Entwicklung der chinesischen Medizin zu. Am 4. März 1986 hielt er bei einem wissenschaftlichen Seminar über die Modernisierung der Chinesischen Heilkunde (*Scientific Seminar on the Modernization of Chinese Medicine*) seinen Vortrag »Über Strategien für die Modernisierung der chinesischen Medizin«. Im Rahmen dieses Seminars sprach er sich dafür aus, die chinesische Heilkunde im Sinne der Moderne weiterzuentwickeln und zwar zunächst einmal durch Begründung einer »empirischen Theorie der chinesischen Medizin«. Eine empirische Theorie ist eine Theorie, die sich voll und ganz von den tatsächlichen Phänomenen herleitet und auf dieser Grundlage Verallgemeinerungen und Ideen zur Systematik formuliert. Mit anderen Worten, ihr Ausgangspunkt ist das *Was*, nicht das *Warum*. Sie beschreibt das, was die Erfahrung ergeben hat und stellt es in einen geordneten Kontext. Das also meint empirische chinesische Medizin.

In den letzten beiden Jahrzehnten sind viele dazu gelangt, aufgrund der Tatsache, dass die westliche Medizin mit zahlreichen komplizierten Krankheitsbildern unserer Tage nicht fertig wird, einen Weg zurück zur Natur zu befürworten, indem sie die Lösung in Naturheilverfahren suchen. So reisen Menschen aus vielen Ländern nach China, um chinesische Medizin und Akupunktur zu studieren. Die Sprachbarriere stellt hierbei kein Hindernis dar, wohl aber die alte Terminologie. Tatsache ist, dass nicht nur die Ausländer sich vor solche Barrieren gestellt sehen – selbst die Einheimischen haben das gleiche Problem. »Wie schwer muss es einem Ausländer fallen, einen chinesischen medizinischen Text wie *The Yellow Emperor's Classic of Internal Medicine* zu studieren« (Des gelben Kaisers klassische innere Medizin), witzelt Dr. Qian.

Dr. Qians Darstellung zufolge kann der Weg zur Weiterentwicklung der chinesischen Medizin nur über den Gebrauch moderner wissenschaftlicher Systeme und Terminologie führen, wodurch sie von den alten Methoden und Philosophien losgelöst und eine empirische Theorie geschaffen würde, die von der Terminologie der modernen Wissenschaft Gebrauch macht. Qian Xuesen gibt in seinen Schriften ein Beispiel. 1973 zeigte ein Ausländer namens Goldberg (sein Vorname und seine Nationalität blieben im Bericht ungenannt) – sowie 1977 unabhängig von ihm der chinesische Professor Kuang Anjing – durch Analyse wissenschaftlicher Experimente auf, dass die Vorstellung des *Yin Xu* (Mangel an *Yin*, dem negativen Prinzip) und *Yang Xu* (Mangel an *Yang*, dem positiven Prinzip) für die Diagnose zumindest in einigen Fällen eine direkte Relation zum cAMp- und cGMp-Gehalt in der Blutbahn aufweist. Hier haben wir es mit einer Übertragung eines Begriffes aus der traditionellen chinesischen Medizin auf die Sprache der zeitgenössischen Wissenschaft zu tun.

Um ein weiteres sehr gutes Beispiel hierfür zu nennen: Von einem Wissenschaftler, der sich mit der chinesischen Heilkunde befasst, Zhang Ruijin, wurden die Prinzipien der Systemforschung (Qian Xuesen ist ein großer Befürworter der Systemforschung) dazu angewandt, den Gedanken des *zheng* (»Zeichens« oder »Hinweises«) in der traditionellen chinesischen Heilkunde mit jenem Konzept der westlichen Medizin zu vergleichen, das im Chinesischen als *zheng* (»Symptom« oder »Krankheit«) übersetzt wird. (Die beiden Wörter werden im Chinesischen genauso ausgesprochen, sind jedoch unterschiedlichen Schriftzeichen zugeordnet und haben eine unterschiedliche Bedeutung). Es gibt einen zentralen Unterschied zwischen diesen beiden, denn Letzteres bezieht sich auf konkrete Symptome, wie etwa Kopfschmerzen, Husten oder Erbrechen, während Ersteres ein Überbegriff für eine ganze Reihe von Auswirkungen ist, die in einem bestimmten Entwicklungsstadium einer Erkrankung in Erscheinung treten.

Da in »Hinweis« eine Analyse und Synthese der Lokalisierung, Ursache und Natur des Krankheitsprozesses steckt, handelt es sich hier um ein vollständigeres Konzept als bei »Symptom«. Aus diesem Grund wird deutlich, dass der Hinweis zu breitangelegteren Lösungen führt als solche, die sich darauf beschränken, lediglich separate Einzelsymptome zu behandeln – den Kopf auf Kopfschmerzen und den Fuß auf Schmerzen im Fuß. Wenn Zhang Ruijun von *zheng* (Hinweis) spricht, bezieht sich dies auf das »Niveau des Funktionierens«. Qian Xuesen hält dies für die Wurzel der ganzen Angelegenheit.

In neuerer Zeit jedoch haben einige Forscher der chinesischen wie auch der westlichen Medizin in dem Glauben, »Symptome« seien konzeptionell das Wichtigere von beidem, an die Stelle von »zheng« (Hinweis) den Begriff »zhang« (Symptom) treten lassen. Qian Xuesen glaubt, dass einige Chinesen zu weit in diese Richtung gegangen sind, wie etwa in dem Artikel »A Comparison and Contrasting of Chinese and Western Ideas on Clinical Practice« (Vergleich und Gegenüberstellung chinesischer und westlicher Vorstellungen zur klinischen Praxis), veröffentlicht in *Reports of the Shandong Academy of Chinese Medicine* (Band 1, 1986), dessen Verfasser, Liu Shijue, sogar die Kühnheit besaß, zu sagen, die Vorstellung des »Hinweises« in der chinesischen Medizin sei unwissenschaftlich! Dr. Qian bemerkte hierzu: »Aus der Sicht der Systemforschung ist der Gedanke von *Hinweisen* in der chinesischen Medizin durch und durch wissenschaftlich.« Hinweise nehmen die Gestalt von Auswirkungen auf das Funktionieren des Körpers an. Wenn es um die Frage geht, warum der menschliche Körper in einen Zustand gelangt ist, in dem er nicht so funktioniert, wie er sollte, spielen natürlich Bakterien, Infektionen und so weiter eine Rolle. Dies bringen die »Hinweise« in der chinesischen Medizin auf einer hohen Stufe zum Ausdruck, womit sie absolut wissenschaftlich wären.

Dr. Qian befürwortet für die Modernisierung der chinesischen Heilkunde eine Strategie, die zum Einen auf der Ebene der Systeme und zum anderen auf einem ganzheitlichen Ansatz aufbaut. Er geht des öfteren auf Themen ein, an denen in der westlichen Medizin aktiv geforscht wird. So zum Beispiel wurden in einem Artikel der Ausgabe des Scientific American von Oktober 1985 die Errungenschaften der Molekularbiologie gepriesen, wobei sämtliche Phänomene des Lebens unter drei Kategorien eingeordnet wurden: Proteine (einschließlich der Enzyme), DNA und RNA, und natürlich Zellen und Zellmembranen. Leider, so sagte Dr. Qian, sei dieser Ansatz unzulänglich, und zwar deshalb, weil der Forschung hier eine höhere Warte oder ganzheitliche Perspektive fehle. Qian Xuesen würde einer von der Systemforschung geleiteten Vorgehensweise den Vorzug geben, wodurch eine neue medizinische Revolution entstünde, indem man von der Mikroebene zur Ebene des gesamten Organismus fortschreiten würde.

Wie schon zuvor erwähnt, sind Qigong, chinesische Medizin und EHF drei Teile ein und desselben Systems. Ein Ansatz, der die chinesische Medizin und Qigong intgrieren kann, wird auch der Weiterentwicklung der EHF-Forschung förderlich sein. Ein Grund, warum EHF-Forscher in anderen Ländern EHF nicht so viel Aufmerksamkeit geschenkt haben wie dieses Phänomen verdient, liegt in der instabilen Natur von EHF. Man kann EHF nicht auf Kommando zum Erscheinen bringen. Aus diesem Grund gelten die Funktionen als unverlässlich. Derzeit verwenden die Chinesen Qigong und chinesische Medizin (darunter Akupunktur), um Menschen mit EHF auf ihr optimales Funktionsniveau zu bringen (oder, um den Jargon der Systemforschung zu benutzen, ihren »Eigenzustand« und die Stabilität dieser Fähigkeiten zu verbessern.

Dass Tausende und Abertausende von Menschen mit EHF im Rahmen von Qigong in Erscheinung getreten sind (Yan Xin ist nur einer davon), liegt daran, dass Qigong im heutigen China populär ist. In China gibt es vielleicht so viele wie im Rest der Welt zusammengenommen. Sollte jemals sozusagen ein »Krieg mit übersinnlichen Mitteln« stattfinden, könnten Chinas Gegner sich auf eine sichere Niederlage gefasst machen. Jedoch hat die chinesische Regierung viele Gründe, EHF-Forschung zu betreiben. Neben ihrer militärischen und geheimdienstlichen Anwendung gibt es industrielle Einsatzmöglichkeiten (etwa für die Erkundung von Bodenschätzen), medizinische Anwendungen, Navigations- und Überwachungszwecke, et cetera. Yao Zheng, die Tochter meines Freundes, setzt ihre Fähigkeiten als Führerin bei der Erkundung von Wasser- und Ölvorkommen ein *(siehe Kapitel 11)*.

Die zentrale Figur dieses Kapitels, Dr. Qian, hat persönlich noch keine EHF-Studien geleitet, von ihm erfolgten lediglich allgemeine Richtungsvorgaben. Und doch hat alles diesen Richtungsvorgaben Folge geleistet. Die Chinesen respektieren Dr. Qian aufgrund seiner Intelligenz wie auch wegen seines Talents. Seit er intensiv zu theoretischer und angewandter Forschung in Qigong, chinesischer Medizin und EHF als Teile ein und desselben Systems aufrief, wurde allseits mit Feuereifer das Potential dieses Ansatzes erkannt. Seine Unterstützung brachte Menschen dazu, EHF zum Grad der »Götter« oder Geisterwesen zu entwickeln. Was die Alten für das Werk dieser Geisterwesen hielten, war ein und dasselbe wie heute bei EHF. Der einzige Unterschied ist der, dass man in alter Zeit nicht ahnte, womit man es zu tun hatte, wir aber heute wissen, was es ist und große Anstrengungen unternehmen, zu erklären, wie es funktioniert. Es ist etwas sehr Wichtiges, eine wissenschaftliche Revolution, die da im Entstehen begriffen ist!

Die Erforschung paranormaler Kräfte in China: Phase eins

Entdeckung und erster Gewinn an Bedeutung

China blickt auf eine Geschichtsschreibung von 5.000 Jahren zurück. Warum also wurden EHF nicht früher entdeckt? Wieso wurde das Phänomen erst 1979 entdeckt? Es wäre ein Fehler, so zu denken. In den altchinesischen Texten wird vielfach von EHF-Phänomenen berichtet, nur hielt man Menschen mit derartigen Fähigkeiten damals für Götter, nicht für Menschen. Manche betrachteten die Phänomene sogar als schwarze Magie, und ihre Furcht hielt sie davon ab, sie aus der Nähe zu betrachten und als das zu sehen, was sie waren. Auch Qian Xuesen kam in seinen Erörterungen zu EHF auf diesen Punkt zu sprechen. Er sagte: »Was man im alten China als Götter bezeichnete, könnten Menschen mit EHF gewesen sein. Man verstand damals nicht, worum es sich handelte, also nannte man sie Götter ...«

China ist nicht das einzige Land, das aus Menschen Götter machte. Selbst in einigen angeblich wissenschaftlich hoch entwickelten Ländern wurden diese Dinge im letzten Jahrzehnt des zwanzigsten Jahrhunderts auf ganz ähnliche Weise mystifiziert. Nachdem Yan Xin, ein paranormal begabtes chinesisches Spitzengenie, zwei Jahre lang in Amerika zu Besuch gewesen war, berichtete er nach seiner Heimkehr nach Chinas der Zeitschrift *Guofang Qigong Bao* (National Defense Qigong News), dass er mit seinen EHF-Kräften in den Vereinigten

Staaten eine Menge überraschender Dinge bewerkstelligt habe (*eine ausführliche Besprechung findet sich in Kapitel 6*), dass die Amerikaner jedoch Angst gehabt hätten, Geschichten hierzu zu veröffentlichen, da sie dachten, Informationen über diese beinahe mystischen Erlebnisse würden zuviel Aufruhr auslösen. Genauer gesagt, hätte man hiermit »die religiöse und philosophische Gemeinschaft durch Yan Xin einer Infragestellung dortiger Autorität ausgesetzt und deren Position ins Wanken gebracht.«

Heute wissen wir mehr als die Menschen in alter Zeit, und wir haben den Mut, uns solchen Merkwürdigkeiten zu stellen. Deshalb haben wir schließlich entdeckt, dass das, was man »Götter« oder »Schwarze Magie« nannte, nichts anderes ist als menschliche Potentiale, über die wir alle verfügen, die aber bei einigen Menschen stärker entwickelt sind als bei anderen. Wenn diese Potentiale entwickelt sind, kennt man sie als EHF oder übernatürliche oder paranormale Kräfte.

Vielleicht war 1979 ein Glücksjahr für China. Am 11. März dieses Jahres berichtete die *Sichuan Daily* im ganzen Land über eine erstaunliche Nachricht. Die Zeitung schrieb, Reporter des Blattes hätten, zusammen mit dem Provinzsekretär der Kommunistischen Partei, Yang Zhao, entdeckt, dass Tang Yu, ein Zwölfjähriger im Bezirk Dazu, Provinz Sichuan, mit dem Ohr lesen konnte. Als sich diese Neuigkeit herumsprach, sorgte das für Aufruhr unter einer Vielzahl derer, die dazu neigen, aus Menschen Götter machen zu wollen. Auch im Mainstream der Wissenschaft schlug die Sache heftige Wellen. Das bewirkte in Intellektuellenkreisen große Verwirrung.

Wie hatte man Tang Yu entdeckt? Eines Tages im Jahr 1978 schlenderte Tang Yu mit einem Freund namens Chen durch die Straßen. Plötzlich sagte er: »Sag mal, Chen, hast du nicht eine Packung Flying-Swan-Zigaretten in deiner Jackentasche?« Chen bejahte das und fragte, woher Tang Yu das wüsste. Tang Yu lächelte nur und schwieg. Danach gab es noch viele Gelegenheiten, bei denen sich zeigte, dass Tang Yu mit dem Ohr lesen konnte. Vor allen Dingen war es etwas, das viele Schulkameraden mitbekamen. Es war eine erstaunliche Geschichte, und die Nachricht verbreitete sich wie ein Lauffeuer. So kam es, dass der Chefredakteur der *Sichuan Daily*, Li Li, sich mit dem Reporter Zhang Naiming besprach und ihm den Auftrag erteilte, das Dorf im Bezirk Dazu aufzusuchen. Er sollte Recherchen zu diesem Wunderkind Tang Yu anstellen, das »mit den Ohren lesen« konnte.

Abb. 3-1.
Zwei Wissenschaftler (links und rechts) testen die EHF dreier Kinder. Der Junge mit der Mütze ist Tang Yu.

Der Reporter traf in Dazu ein, betrieb dort ausgiebige Nachforschungen und befragte zahlreiche Personen. Er kam zu dem Schluss, dass etwas Wahres an der Geschichte sein musste. Um für seinen Chefredakteur einen guten Artikel schreiben zu können, beschloss Zhang Naiming, dass schließlich nichts darüber ginge, etwas mit eigenen Augen gesehen zu haben. Nachdem die örtlichen Regierungsstellen ihm die Genehmigung dazu erteilt hatten, arrangierte er ein Treffen mit Tang Yu, um ihn persönlich zu testen.
Eines schönen Morgens lud also Zhang Naiming Tang Yu schon früh in sein Hotelzimmer ein und drückte ihm ein vorbereitetes Testblatt in die Hand, das er vorab sechsmal zusammengefaltet hatte. Während Zhang Naiming und der Parteisekretär der Provinz, Yang Zhao, den Jungen aufmerksam beobachteten, hielt Yu den zu Probezwecken präparierten Zettel kurz an sein Ohr und sagte dann: »Sie haben mit blauer Tinte die vier Zeichen *an ding tuan jie* (Stabilität und Einheit) darauf geschrieben.« Sein Testergebnis war absolut korrekt!

Natürlich beschränkte man sich nicht auf einen einzigen Test. Bei jedem Versuch wurde der Test mit mehreren Worten oder sogar mit ein, zwei Sätzen durchgeführt. Bei einem Test schrieben sie sogar ein vierzeiliges Gedicht des berühmten klassischen chinesischen Lyrikers Li Bo auf, das Tang Yu ebenfalls mit seinem Ohr lesen konnte. Das Gedicht lautete: »*Ein Flecken Mondlicht vor meinem Bett; ich dachte, es könnte auf dem Boden sein. Ich blickte hinauf zum hellen Mond, dann ließ ich den Kopf sinken, und Heimweh kam über mich.*«

Wenn ihre Augen sie nicht trogen, war alles wahr. Zhang Naimings Bericht wurde veröffentlicht. Die Geschichte wurde dann von den *Shanghai Science and Technology News*, den *Hubei Science and Technology News* und den *Anhui Science and Technology News* aufgegriffen sowie von mehreren Provinzblättern. Sie wurde auch im Rahmen der »Voice of America« gesendet.

Im nachfolgenden Zeitraum strömte eine Flut von Reportern aus ganz China sowie offizielle Delegierte und Forschungsteams aus umliegenden Regionen in den Bezirk Dazu. Natürlich war ein derart sensationelles Ereignis auch dazu angetan, ins Visier traditioneller Wissenschaftler zu gelangen, da »mit dem Ohr zu lesen« eben dem gesunden Menschenverstand widerspricht. Aus diesem Grund waren diese Wissenschaftler der Meinung, sie könnten »selbstverständlich« den Fall als Betrug abtun, ohne irgendwelche Fakten recherchieren zu müssen. Sie sagten: »So etwas wie mit dem Ohr lesen ist unmöglich, allenfalls Zauberkünstler und Betrüger werden so etwas tun!«

Über einen Zeitraum von nicht mehr als zwei Monaten veröffentlichten das offizielle Organ der chinesischen Regierung sowie das der Kommunistischen Partei und die wichtigste Zeitung in China, *People's Daily*, einen Artikel unter der Schlagzeile »Vom Worte-Riechen zum Ohr-Lesen«, in dem abfällig bemerkt wurde, dass Dinge wie mit der Nase, dem Ohr oder anderem lesen zu können nicht existierten und gegen für den gesunden Menschenverstand unmittelbar einsehbare Prinzipien verstießen. Danach wagte es kein Organ mehr, über Derartiges zu berichten. Auch das Interesse der allgemeinen Öffentlichkeit an der Ergründung von EHF kühlte ab. Dem Vorbild von *People's Daily* folgend, veröffentlichten die lokalen Zeitungen allerorts eine ganze Serie von attackierenden Artikeln, was der Begeisterung der Bevölkerung einen weiteren Dämpfer verpasste.

Doch wie konnte eine Neuentdeckung wie diese einfach so ver-

Abb. 3-2.
Die Entdeckung von Tang Yu schockierte die chinesischen Medien.

schwinden? Einer der großen alten Schriftsteller Chinas, Lu Xun, sagte einmal: »Selbst wenn etwas nicht in Stille geboren wird, so wird es dennoch in Stille sterben.« In der Zeit des Totschweigens realisierten einige Mitarbeiter der bekannten Shanghaier Zeitschrift *Ziran Zazhi* (*The Nature Journal*) durchaus, dass die Geschichten über Menschen, die »mit dem Ohr lesen« konnten, nicht frei erfunden waren. Außerdem hatten sie eine Fülle von Informationen über andere, ähnliche EHF-Kinder aus allen Teilen Chinas gesammelt. Also erteilten sie mehreren Journalisten, die eine Gruppe von Fachleuten aus Wissenschaft, Medizin und Bildungswesen sowie von den Nachrichtenmedien begleiten sollten, eine Order nach Peking, um die EHF-Mädchen Wang Qiang und Wang Bin zu testen. Die beiden Schwestern wurden drei Tests unterzogen, und die Ergebnisse zeigten, dass ihre Fähigkeiten echt waren.
Die Beobachter wollten darüber hinaus wissen, wie es für Wang Qiang und Wang Bin denn war, wenn sie lasen. Die Mädchen sagten, wenn

51

sie ein Schriftstück an ihr Ohr, ihre Nase oder unter ihre Achselhöhle hielten, tauchten in ihrem Geist, sobald sie das Gedruckte spürten, die Worte oder Bilder auf. Diese Worte oder Bilder erschienen nur für einen kurzen Augenblick, und dann seien sie sofort wieder verschwunden. Auch wüssten sie nicht, wann diese Visionen eintreten würden, also erforderte es konzentrierte Anstrengung, sie zu erfassen. Wohl deshalb sind Testpersonen nach einem solchen Test immer erschöpft. Wenn sie die Vision nicht klar sehen konnten oder sich das Gesehene beim ersten Mal, wenn es sich einstellte, nicht gleich einprägen konnten, mussten sie abwarten, bis es ein zweites Mal erschien. So zum Beispiel kam es, als Wang Qiang versuchte, ein Objekt in ihrer Achselhöhle zu sehen, einmal vor, dass sie sagen konnte, dass es blau und rot war, aber sie vermochte nicht zu unterscheiden, was davon innen und was außen war. Bis sie es ein zweites Mal sah, musste sie dreiunddreißig Minuten lang warten. Die Situation war ähnlich, als ich eine Erwachsene mit EHF, Yao Zheng, in Tianjin testete (*siehe Kapitel 11*).

Nachdem das Forscherteam unter der Leitung der Zeitschrift *Ziran Zazhi* sich Gewissheit über die Fakten zu diesem Fall verschafft hatte, veröffentlichte es in der Septemberausgabe des Journals eine detaillierte Reportage über seine drei Testreihen.

Nach diesem Gegenschlag von *Ziran Zazhi* gegen *People's Daily* kam außerdem ein interessanter historischer Punkt ans Licht. Wie He Qingnian vom *Beijing Chinese Medicine Research Institute* bestätigte, kam es bei einer Inspektionsrundreise von Marschall He Long von der Zentralen Militärkommission in der Provinz Guangdong 1964 dazu, dass ein Mannschaftsoffizier in der Armee ihm sagte, da sei ein Junge in der Gegend, im Teenageralter, der durch Wände und andere Objekte hindurchsehen könne. Als er diese scheinbar unsinnige Geschichte hörte, schenkte ihr He Qingnian zunächst keinen Glauben. Dann jedoch war sein erster Gedanke, wenn es so etwas tatsächlich gäbe, müsste es sich doch exzellent im Dienste des Militärs einsetzen lassen. Aus diesem Grund beschloss er, sich selbst davon zu überzeugen. Nachdem der Junge vorgeladen worden war, fragte er ihn: »Man hat mir erzählt, dass du die phantastische Fähigkeit hättest, durch Wände zu sehen. Kannst du sehen, was ich in meiner Jackentasche habe?« Der Junge wandte den Blick auf He Longs Uniformtasche, und nachdem er sich eine Zeitlang auf sie konzentriert hatte, sagte er: »Ein medizinisches Attest!« Als er das hörte, brach He Long in schallendes Gelächter aus und rief aus: »Korrekt!« Er zog die Bescheinigung hervor und zeigte sie dem Jungen. Danach gab er Order, »auf diesen Jungen aufzupassen!«

He Long ist nicht der Einzige, der eine Begegnung mit diesem Jungen hatte, dessen Name im militärischen Interesse geheim gehalten wurde. Zhao Ziyang, damals Parteisekretär der Kommunistischen Partei in der Provinz Guangdong (später wurde er oberster allgemeiner Parteisekretär Chinas, verlor seine Titel im Zusammenhang mit einem politischen Ereignis später jedoch wieder), führte ebenfalls Erkundungen zu diesem Jungen durch. Er fragte ihn, was er im Nebenraum sähe. »Nichts als Munition und Waffen«, gab der Junge zurück. Da war Zhao Ziyang voll und ganz überzeugt.

Diese beiden Begebenheiten waren geheim gehalten worden, doch nun, da man im *Sichuan Daily* und *Ziran Zazhi* diese merkwürdigen Geschichten über EHF lesen konnte, kamen sie zum ersten Mal ans Licht. Nachdem dieses Fundament nun erst einmal gelegt worden war, schrieben auch zahlreiche weitere Zeitungen und Magazine Artikel über Erkenntnisse, die man zu Tang Yu, Wang Qiang und Wang Bin sowie zu anderen EHF-Kindern gewonnen hatte, die die Echtheit ihrer Kräfte unter Beweis gestellt hatten. Dies stand in direkter Opposition zu der Zeitung *People's Daily* und ihrer Anhängerschaft. Unterdessen ging beim Nationalen Wissenschaftsrat und der Chinesischen Akademie der Wissenschaften unablässig eine Flut von Vorstellungsschreiben über Personen mit EHF aus ganz China ein. In den Reihen der EHF-Kinder fanden sich schließlich mehr als dreißig. Diese Kinder waren in der Regel acht bis fünfzehn Jahre alt, wobei allerdings auch eine Einundzwanzigjährige namens Mu Fengjin unter ihnen war.

Tatsache ist, dass einen Monat vor der Entdeckung der EHF-Kinder Wang Qiang und Wang Bin in Peking eine Zweitklässlerin namens Jiang Yan entdeckt wurde. Liang Shuwen, die bei der »Stahlfabrik der Hauptstadt« in Peking beschäftigt war, hatte ihrer Tochter von der erstaunlichen Geschichte des kleinen Tang Yu erzählt, über die in der *Sichuan Daily* berichtet wurde. Zu ihrer Überraschung sagte Jiang Yan daraufhin: »Mami, das kann ich auch.« Ihre Mutter dachte, das sei ein Scherz, aber sie schrieb dennoch die Zahl 0,1 auf einen Zettel, faltete ihn etliche Male und überreichte ihn dann Jiang Yan, um sie raten zu lassen, was darauf geschrieben stand. Jiang Yan hielt ihn an ihr Ohr, und nicht lange danach erkannte sie das Testwort: 0,1. Ihre Mutter hatte dennoch weiterhin Zweifel, also schrieb sie als zweites »*Nieder mit Jiang Qing*«. Möglicherweise aus Angst verwendete sie für »Jiang« ein anderes chinesisches Schriftzeichen als das, das in »Jiang Qing« vorkam, dem Namen der Frau des Großen Vorsitzenden Mao, Anführerin der Viererbande. Jiang Jan »las« auch diese Notiz und sagte hinterher: »Mami, du hast für *Jiang* aber das falsche Schriftzeichen genommen.« Ihre Mutter konnte nur noch staunen.

Ein paar Tage später beschloss die Mutter der Kleinen, die Schule über ihre Beobachtung zu verständigen. Rektor und Lehrer stellten Jiang Yan Testaufgaben, und sie bestand diese allesamt. Dann erstattete die Schule dem örtlichen Schulamt Bericht. Dieses entsandte eine Dame zu der achtjährigen Jiang Yan, die sie zum Psychologischen Institut der chinesischen Akademie der Wissenschaften brachte, um dort eine Reihe von Tests durchführen zu lassen. Mehr als zwanzig wissenschaftliche Forschungskräfte bestätigten, dass das Phänomen echt war. Ganz genauso sehr tat sich die *Anhui Keji Bao (Anhui Science and Technology News)* hervor, wenn es um die Berichterstattung über EHF-Kinder ging. In ihren Ausgaben vom 6. und 21. April berichtete sie von zwei Schülerinnen der Xuancheng-Grundschule, Hu Lian und He Xiaoqin, die mit den Ohren Farben erkennen und Worte lesen könnten. Die Geschichte wurde von der Schule bestätigt.

Gehen wir nun einen Schritt weiter zurück, um zu fragen, warum all diese EHF-Kinder mit Ohren, Nase und Achselhöhle lasen? Tatsache ist, dass es auch Fälle gab, wo Kinder mit den Handflächen, den Fingern und der Stirn lasen, aber da Tang Yu der erste war und er dazu sein Ohr benutzt hatte, ahmten ihn die anderen Kinder nach, also lasen die meisten von ihnen mit ihren Ohren. Gleich, welcher Körperteil zum Lesen benutzt wird, der Arbeitsbegriff lautet *Sinneswahrnehmung*. Was das bedeutet ist, dass ein EHF-Kind, wenn man ihm probeweise etwas Geschriebenes übergibt, im Geist spürt, worum es sich handelt. Der einzige Unterschied zwischen den Kindern besteht darin, wie viel Zeit das Kind braucht, bis es das wahrnimmt.

Hier ein Beispiel, das dies sehr gut illustriert. Am 18. Mai 1982, nachdem Marschall Ye Jianying von der Zentralen Militärkommission von Zhang Baoshengs EHF erfahren hatte, wollte er eine Demonstration davon sehen. Zhu Yiyi, Redakteurin der Naturzeitschrift *Ziran Zazhi* (sie war damals Generalsekretärin des Planungskomitees für den chinesischen Verband zur Erforschung außergewöhnlicher menschlicher

Funktionen), brachte Zhang Baosheng zum Anwesen von Marschall Ye Jianying in Guangzhou. Ye ließ zunächst einmal einen Testzettel für Zhang Baosheng vorbereitet. Er enthielt die Worte »dreimal lächeln« und war mehrmals gefaltet. Dieses Papier gab er Zhang Baosheng. Zhang nahm ihn, hielt ihn sich vor die Nase, schnüffelte kurz daran und sagte: »Sie haben *dreimal lächeln* geschrieben. In roter Tinte.« Marschall Ye gab hocherfreut zu, dass er damit richtig läge. Dann folgten noch mehrere weitere Tests, bei denen Zhang Baosheng mit der Nase las. Sie alle verliefen erfolgreich.

Marschall Ye Jianying fragte Zhang Baosheng, wie er denn Dinge wie diese wahrnähme.

Zhang antwortete: »Wenn ich mit meiner Nase daran rieche, reagiert mein Geist auf das, was auf dem Blatt steht.« Das zeigt, dass der ganze Schlüssel die Reaktion des Geistes ist, nicht das Schnüffeln oder die Geste, den Text zum Lesen ans Ohr zu halten.

Stellen wir hier nun als Beleg eine Liste mit den Namen der EHF-Kinder auf, mit ihrem Alter zum Zeitpunkt ihrer Entdeckung, ihrem Geschlecht und ihrer ureigenen Form von außergewöhnlichen Fähigkeiten. Es handelt sich um Kinder aus allen Teilen Chinas, die in dieser ersten Phase, zwischen 1979 und 1981, entdeckt wurden.

Jungen mit EHF (insgesamt: 13)

Tang Yu – 13 Jahre alt; paranormale Fähigkeiten: Lesen und Farbwahrnehmung mit dem Ohr.

Li Yong Hui – 9 Jahre alt; paranormale Fähigkeiten: durch Geisteskraft Objekte bewegen und Zweige brechen.

Dong Hao Jin – 4 Jahre alt; paranormale Fähigkeit: durch Geisteskraft Objekte bewegen.

Xie Chao Hui – 11 Jahre alt; paranormale Fähigkeit: durch menschliche Körper und Kartons hindurchsehen.

Shen Kegong – 11 Jahre alt; paranormale Fähigkeit: Rechenaufgaben im Kopf schneller lösen können als ein Taschenrechner.

Wei Rou Yang – 11 Jahre alt; paranormale Fähigkeiten: Hellsichtigkeit, mit dem Ohr lesen, Objekte durch Ansehen vergrößern, durch Gedankenkraft Objekte transportieren.

Dong Chang Jiang – 5 Jahre alt; paranormale Fähigkeit: Telepathie.

Huang Hong Wu – 12 Jahre alt; paranormale Fähigkeit: hellsichtig durch menschliche Körper hindurchsehen.

Liu Tong – 20 Jahre alt; paranormale Fähigkeiten: hellsichtig durch menschliche Körper hindurchsehen können, Objekte durch Ansehen vergrößern.

Wang Xiao Dong – 12 Jahre alt; paranormale Fähigkeiten: Hellsichtigkeit, Zweige durch Geisteskraft brechen.

Li Cheng Yu – 9 Jahre alt; paranormale Fähigkeit: Hellsichtigkeit.

Song Ji – 10 Jahre alt; paranormale Fähigkeit: Lesen mit Ohr und Achselhöhle.

Chen Hong Guang – 12 Jahre alt; paranormale Fähigkeiten: Telepathie, durch Wände hindurchsehen.

Mädchen mit EHF (insgesamt: 26)

Wang Qiang – 13 Jahre alt; paranormale Fähigkeiten: Lesen und Farbwahrnehmung mit Ohr und Achselhöhle, Telepathie.

Wang Bin – 11 Jahre alt; paranormale Fähigkeiten: Lesen und Farbwahrnehmung mit Ohr und Achselhöhle, Telepathie.

Jiang Yan – 9 Jahre alt; paranormale Fähigkeit: Lesen mit Ohr und Fingerspitzen.

Xu Qian – 14 Jahre alt; paranormale Fähigkeit: durch Wände hindurchsehen.

Li Zhong – 13 Jahre alt; paranormale Fähigkeiten: mit Gedankenkraft Objekte bewegen und Zweige zerbrechen.

Zhu Jiu – 9 Jahre alt; paranormale Fähigkeit: mit Gedankenkraft Schlösser öffnen und Zweige brechen.

Zhang Lei – 13 Jahre alt; paranormale Fähigkeiten: weit entfernte Dinge sehen können, Gedankenlesen, mit der Kraft der Gedanken Objekte bewegen.

Yu Rui Hua – 15 Jahre alt; paranormale Fähigkeiten: verborgene Dinge sehen können, Hellsichtigkeit.

Zhang Xue Mei – 12 Jahre alt; paranormale Fähigkeit: Lesen mit Fingerspitzen und Kopfhaut.

Xiong Jie – 11 Jahre alt; paranormale Fähigkeit: mit Kraft der Gedanken Objekte transportieren, durch Wände hindurchsehen.

Zhao Hong – 12 Jahre alt; paranormale Fähigkeiten: Hellsichtigkeit, mit Handflächen und Fingerspitzen lesen.

Mou Feng Bin – 20 Jahre alt; paranormale Fähigkeiten: Hellsichtigkeit, weit entfernte Dinge sehen können.

Sup Liping – 12 Jahre alt; paranormale Fähigkeiten: Blume aus dem Garten in zugedeckten Kelch senden, Hellsichtigkeit, durch Gedankenkraft Objekte bewegen und Zweige brechen.

Li Xiao Yan – 11 Jahre alt; paranormale Fähigkeit: Hellsichtigkeit.

Shao Hongyan – 12 Jahre alt; paranormale Fähigkeiten: Knopf in Nebenraum fliegen lassen, Hellsichtigkeit, aus der Ferne Uhren verstellen, Objekte bewegen.

Li Song Mei – 11 Jahre alt; paranormale Fähigkeit: Hellsichtigkeit.

Zhao Gui Min – 11 Jahre alt; paranormale Fähigkeit: Gedankenlesen.

Liu Li Sha – 10 Jahre alt; paranormale Fähigkeit: Hellsichtigkeit.

Zhang Li – 9 Jahre alt; paranormale Fähigkeit: Lesen mit Achselhöhle, Ohr, Handfläche, Fingerspitzen.

Wu Nian Qing – 10 Jahre alt; paranormale Fähigkeit: mit Ohr und Fingern lesen.

Feng Xia Nu – 7 Jahre alt; paranormale Fähigkeiten: im Kopf schneller als mit dem Taschenrechner Rechenaufgaben lösen, den Augen nicht zugängliche Dinge sehen können, durch Gedankenkraft Zweige brechen.

Wang Ming Fang – 10 Jahre alt; paranormale Fähigkeiten: Röntgenblick, teleskopischer Blick, durch Gedankenkraft Blumen zum Blühen bringen.

Chen Xin – 10 Jahre alt; paranormale Fähigkeit: Hellsichtigkeit.

Di Rong – 13 Jahre alt; paranormale Fähigkeit: durch menschliche Körper hindurchsehen.

Zou Hui Ping – 12 Jahre alt; paranormale Fähigkeiten: Telepathie, für das Auge nicht sichtbare Objekte sehen.

Wu Ming – 11 Jahre alt; paranormale Fähigkeiten: durch Gedankenkraft Objekte transportieren, hellsichtig durch menschlichen Körper hindurchsehen.

Nach dem Geschlecht aufgeschlüsselt haben wir in der obigen Liste 26 Mädchen und 13 Jungen, also eine Relation von zwei Dritteln zu einem Drittel zugunsten der Mädchen. Hierin spiegelt sich eine generelle Tendenz bei Chinas EHF: weibliche Personen überwiegen. Zudem ist meines Wissens Chinas Top-Spitzengenie eine Frau, wenn mir auch ihr Name nicht bekannt ist. Sie führt ein zurückgezogenes Leben, doch auf ihre Existenz wird in Kapitel 11 eingegangen.

Immer wenn sich auf dem chinesischen Festland etwas tut, sind die

Hongkong-Chinesen die ersten, die davon Wind bekommen. Das liegt nicht nur an der geographischen Nähe Hongkongs zu China sowie an der gemeinsamen Sprache und Bevölkerung. Der Hauptgrund ist vielmehr der, dass Hongkong eine Stadt mit internationalem Flair ist und internationale Angelegenheiten mit großem Interesse verfolgt. Als das Thema »übersinnliche Kräfte« auf dem chinesischen Festland die Köpfe zu erhitzen begann, begab sich eine Gruppe von vier Hongkonger Studenten im Rahmen eines akademischen Austauschprogramms auf das Festland. Was sie dabei anvisierten, war die Möglichkeit, mehr über die dortige Arbeit auf dem Gebiet von EHF herauszufinden.

Zuerst besuchten sie Peking, wo ihnen Physikstudenten sagten, EHF sei in wissenschaftlichen Experimenten belegt worden. Diese Studierenden sagten ihren Gästen, sie sind zu dem Schluss gelangt, dass EHF ein regulärer Bestandteil des menschlichen Funktionsspektrums sei, der bei allen Menschen vorhanden ist, bei manchen stärker, bei manchen schwächer. Sie sagten außerdem, dass diese Kräfte bei Kindern am ausgeprägtesten sind und dass die meisten Personen, bei denen man EHF festgestellt habe, Kinder waren.

Am nächsten Tag begaben sie sich nach Shanghai, um die Redaktionsräume der Zeitschrift *Ziran Zazhi* zu besuchen. Dort begrüßte sie der Redakteur Zhu Yiyi, der für sie ein Treffen mit Zhang Lei arrangierte, bei dem das Mädchen ihre Fähigkeiten demonstrierte. Zhu Yiyi sagte ihnen, dass Zhang Leis Vater der Erste gewesen sei, der entdeckte, dass sie über EHF verfügte, als sie bemerkenswert gut verdeckte Spielkarten erraten konnte.

Zhang Lei gab für die Studenten aus Hongkong zehn Demonstrationen. Sechs davon waren hundertprozentige Erfolge, zwei verliefen teilweise erfolgreich, zwei schlugen fehl.

Dieses Phänomen, das man bei vielen Kindern in China entdecken konnte, wird von chinesischen Wissenschaftlern als »nichtokulares Sehvermögen« bezeichnet. Es umfasst Lesen mit dem Ohr, den Fingerspitzen, der Stirn, der Achselhöhle, dem Fuß oder dem Bauch. Kinder, die über diese Fähigkeit verfügen, können einen Zettel vor sich sehen, der in einem Karton oder Kasten versteckt ist, selbst wenn dieser zusammengefaltet oder in kleine Teile zerschnitten ist.

Bei Shizhang, Direktor des Biologischen und Physikalischen Instituts der Chinesischen Akademie der Wissenschaften schrieb: »Das okulare Sehvermögen übertrifft das nichtokulare, doch hat das nichtokulare

Sehen einen eigentümlichen Vorteil: die Erweiterung dessen, was gesehen werden kann. Mit ihm kann ein Mensch im Geist bewirken, dass ein zusammengeknüllter oder zerschnittener Zettel, auf dem Worte geschrieben stehen, seine Ausgangsgestalt wiedererlangt und lesbar wird. Die betreffende Person kann auch durch Metall und Plastik hindurchsehen sowie Worte auf zusammengeknülltem oder zerschnittenem Papier lesen. All das ist dem normalen okularen Sehen nicht möglich.« Bei Shizhang ging ferner auf einige der weiterführenden Forschungsinteressen chinesischer Wissenschaftler zu diesem Phänomen ein, darunter Aspekte wie die Übertragung und den Verbrauch von Energie während Prozessen, bei denen mit anderen Organen als den Augen gelesen wird.

Mit zum achten Test von Zhang Leis Kräften gehörte, dass sie vorlas, was auf einem ihrem Blick entzogenen Zettel stand. Die Prüfer notierten dort die erste Zeile eines berühmten klassischen chinesischen Gedichts: »*Ein Flecken Mondlicht vor meinem Bett.*« Sie falteten den Zettel und steckten ihn in eine Blechdose. Nach neun Minuten war Zhang Lei in der Lage, das Geschriebene korrekt wiederzugeben.

Zhang Lei schilderte die Sinneswahrnehmungen, die sich einstellten, während sie die Worte in dem Behälter las. Sie sagte, vor ihrem geistigen Auge würden Teile der chinesischen Schriftzeichen auftauchen, bis sie das komplette Bild vor sich hätte. Beim Entziffern des chinesischen Schriftzeichens *guang* (»Licht«) aus dem obigen Gedicht etwa sah sie zuerst den oberen Teil des Zeichens vor sich, dann den unteren, was dann das Schriftzeichen in seiner Gesamtheit entstehen ließ. Dann erschienen die beiden Schriftzeichen für »heller Mond«, und schließlich die für »vor dem Bett«. Es war die umgekehrte Reihenfolge wie die, in der die Worte im Chinesischen auftreten.

Für die vier Studenten war Zhang Lei ein nettes Mädchen mit EHF. Einer von ihnen schrieb für sie ein unter Hongkonger Studenten populäres Gedicht auf und schenkte es Zhang Lei:

Berge mögen herabstürzen,
Meere mögen austrocknen,
Freunde mögen dich vergessen,
Ich vergesse dich nie.

Doch ein solcher Geist der Freundschaft und Kooperation in der Wissenschaft wie oben geschildert sollte bald von Kontroversen gestört werden, denn nicht wenige Wissenschaftler hielten EHF für Betrug.

Die Erforschung paranormaler Kräfte in China: Phase zwei

Kontroversen und Konflikte

S obald wir die Frage stellen, ob jemand an EHF glaubt, stoßen wir auf mehrere verschiedene Menschentypen. Einer davon wird unter keinen Umständen an sie glauben, ein zweiter Typ wird geneigt sein, daran zu glauben, ein dritter wird dazu gemischte Gefühle haben, ein vierter wird denken, dass er Derartiges nie für möglich gehalten hätte, sich schließlich aber mit eigenen Augen davon überzeugen konnte, und ein fünfter wird sich sperren und sich hartnäckig weigern, seinen eigenen Augen zu trauen.

Ein Beispiel für den letztgenannten Menschentyp ist der ehemalige Vorsitzende des chinesischen Wissenschaftsverbandes, Zhou Peiyuan. Die Ausgabe der *Research Materials on the Investigation of Exceptional Human Functions (Forschungsmaterialien zur Ergründung außergewöhnlicher menschlicher Funktionen)*, Band 2, vom Dezember 1981, enthielt einen Bericht, der im Wesentlichen besagte, dass Zhou Peiyuan in Shanghai am 15. September 1981 an einer Tagung über EHF teilgenommen hatte. Bei dieser Tagung hielt er einen Vortrag, in dem er die Meinung vertrat, die Geschichten, die über EHF verbreitet würden, seien falsch, und man bemühe sich nicht hinreichend um Beibehaltung eines wissenschaftlichen Blickwinkels. Angeblich hatte er eine EHF-Demonstration gesehen, einige Leute hätten diese Tatsache jedoch dazu benutzt, die Geschichte zu verbreiten, er, Zhou Peiyuan, glaube an EHF. Infolgedessen habe die führende Tageszeitung Chinas, *People's Daily*, ihn angerufen und sich erkundigt, ob er die EHF-Demonstration tatsächlich gesehen habe. Er bestätigte das, sagte aber, er glaube nicht an Dinge wie diese, die Naturgesetze zuwider liefen.

Danach erläuterte Zhou Peiyuan die Demonstration, die er gesehen hatte. Er tat kund, dass er vier Kinder aus der Provinz Yunnan gesehen habe. (Er erwähnte nicht, ob es sich um Jungen, Mädchen oder beides handelte, die Autoren haben es jedoch recherchiert und herausgefunden, dass es vier Mädchen waren, unter ihnen Shao Hongyan und Sun Liping, auf die im nachfolgenden Kapitel eingegangen wird.) Eines der Kinder formte mit den Lippen lautlos einige Worte, worauf eine Blume in einer Tasse erschien. Die Blume stammte nicht aus Peking, und sie war überaus ordentlich beschnitten. Wie kam die Blume in die Tasse?

Noch zwei weitere Personen sahen die Demonstration mit Zhou Peiyuan. Einer war Pei Lisheng, der andere Liu Shuzhou, beides Freunde von ihm. Keiner von ihnen glaubte diesen Darbietungen, und er fügte hinzu: »Wenn ich sagen kann, dass ich etwas will, und dann kommt es einfach so in meine Tasche, wie will die Polizei da ihre Arbeit tun?« Dann ergänzte er noch, dass es Leute gäbe, die einen nationalen EHF-Forschungsverband gründen wollten. Er warnte hiervor, indem er sagte, der Wissenschaftsverband könne EHF-Forschung nicht als Teil seiner Arbeit akzeptieren, der Wissenschaftsverband müsse ja schließlich die Seriosität der Wissenschaft bewahren ...

Zhou Peiyuan hatte 1928 am California Institute of Technology promoviert, und von 1936 bis 1937 hatte er unter der Leitung Einsteins an der Princeton University Forschung zur Relativitätstheorie, Schwerkraft und Kosmologie betrieben. Er hat schon zahlreiche Forschungsstellen in den USA, der Schweiz und China inne gehabt. Seine erste Position nach seiner Rückkehr nach China war die des Präsidenten der Universität von Peking. Ein alter Mann, dessen gesamte berufliche Laufbahn in der streng und betriebenen Wissenschaft angesiedelt gewesen war, war wohl kaum der Typ dafür, zu glauben, dass jemand mit den Lippen bestimmte Worte sagen könne, und schon würde eine Blume in einem Gefäß erscheinen.

Anders jedoch verhielt es sich bei einem Wissenschaftler gleich guten Rufs, Qian Weichang. Qian Weichang ist einer von Chinas berühmten »drei Qians«. Der Spitzname »drei Qians« bezieht sich auf Qian Xuesen (*siehe Kapitel 2*), Qian Weichang und Qian Sanqiang, sie alle sind berühmte Wissenschaftler in China. Qian Weichang, ein Dynamikspezialist, ist schon Leiter der Chinesischen Gesellschaft für Physik, der Chinesischen Gesellschaft für Maschinenbau sowie der Chinesischen Gesellschaft für Dynamik und Professor für Mechanik an der Qinghua-Universität gewesen. Von 1942 bis 1946 war er als Forscher am »Advance Jet Propulsion Center« des »California Institute of Technology« tätig. Zusammen mit Professor Mao Yisheng war auch er Zeuge einer Vorstellung der vier Kinder, die »Objekte durch Wände und Türen wandern ließen«. Hierüber wurde in der Ausgabe der *Jucheng Wanbao (Metropolitan Evening News)* vom 19. Mai berichtet, die in Guangzhou, Provinz Guangdong, erscheint, und zwar unter der Schlagzeile »Zwei Qians diskutieren über EHF«. In dem Artikel wurde festgestellt, dass Qian Weichang EHF nicht für Betrug, Aberglaube oder ein Zauberkunststück halte. Vielmehr glaube er, dass es sich potentiell um eine bedeutsame neue Wissenschaft handle.

Qian Weichang schilderte die Darbietung der vier Kinder aus der Stadt Kunming, Provinz Yunnan. Er testete sie damals persönlich. Er riss sich einen Knopf vom Mantel ab, legte ihn auf den Tisch und bedeckte ihn mit seinem Hut. Worauf die Kinder den Knopf in den Nebenraum »fliegen« ließen. (In dem Artikel stand nicht, welches Kind das schaffte, und vielleicht waren es alle vier zusammen.) Qian Weichang sagte, bei einem weiter zurückliegenden Anlass habe er ein »absolutes Mysterium« erlebt – eine Demonstration von fünf Kindern in Chongqing, Provinz Sichuan. Er glaube, dass EHF ein tatsächlich existierendes Phänomen sei, das aufgrund seiner Natur aber eindeutig nicht auf eine wissenschaftliche Grundlage gestellt werden könne. Er beschrieb EHF-Forschung als potentielle Wissenschaft und sagte, sie würde erst in einigen Jahren abgeschlossen sein, seiner Einschätzung nach könne es noch Jahrzehnte oder Jahrhunderte dauern. Seiner Meinung nach sollte die oberste Priorität nicht darauf liegen, die Funktionsweise dieser Phänomene zu erklären, sondern sich damit zu befassen, wie man diese Kräfte erhalten, weiterentwickeln und nutzen könnte – zum Beispiel zum Aufspüren von Bodenschätzen und Wasservorkommen oder bei archäologischen Ausgrabungen.

Plötzlich verwandelte sich die Frage des Glaubens oder Nichtglaubens an EHF – oder anders formuliert, die Frage, ob EHF wahr oder falsch waren – in eine wütende Kontroverse auf allen Ebenen, die Intellektuelle und Wissenschaftlerkreise in zwei Lager spaltete. Über 250 große Zeitungen und Zeitschriften aus dem ganzen Land beteiligten sich an der Debatte, darunter *People's Daily* (Peking), *Beijing Evening News* (Peking), *Knowledge Is Power* (Peking), *Guangming Ribao* (Tägliches Licht) (Peking), *Metropolitan Evening News* (Guangzhou), *Tianjin Daily* (Tianjin), *Ziran Zazhi* (Shanghai) und viele andere.

Das zuletzt genannte Publikationsorgan, *Ziran Zazhi*, spielte bei dieser Kontroverse eine führende Rolle. Mit seiner Auflage von 40.000 bis 50.000 Exemplaren ist dieses Naturmagazin eine landesweit bekannte wissenschaftliche Fachzeitschrift und entspricht im Hinblick auf seine Stellung Englands Zeitschrift *Nature*. Die erste Publikation in der zuvor erwähnten Reihe, *People's Daily*, ist der Spitzenreiter unter den chinesischen Zeitungen und ein Forum für offizielle Stellungsnahmen aus Regierungskreisen, mit einer Auflage von 12 Millionen. Anfangs stellte sich die Zeitung gegen die EHF-Forschung, später jedoch kamen von dieser Seite keine Aussagen zu diesem Thema mehr, was sich als eine Art von stillschweigendem Einverständnis mit der Fortsetzung der Forschung deuten ließe.

Es gab außerdem mehr als einhundert wissenschaftliche Forschungsstellen, die sich an der Debatte über das Thema sowie an seiner Erforschung beteiligten, darunter die prestigeträchtige Universität von Peking, die Qinghua University, das Beijing High Energy Physics Institute, das Shanghai Center for Laser Technology sowie das Labor 507 des Instituts für Verteidigungstechnologie und viele medizinische Hochschulen und medizinische Forschungszentren Chinas. Natürlich gab es da auch noch die Fernseh- und Radiosender des Landes. Angesichts all dieser Streitigkeiten, gegenseitigen Beschuldigungen und Satiren verwandelte sich das Ganze in eine ungewöhnlich lebhafte Debatte. Von 1979 bis 1981 veröffentlichte die *Ziran Zazhi* eine Serie von 38 sehr seriösen Artikeln zum Thema. Hier eine auszugsweise Liste für weitere Nachforschungen:

»An Investigation of the Use of Non-Visual Organs for Image Perception and the Human Body's Magnetic Induction Mechanism« (Erforschung des Einsatzes nichtvisueller Organe bei der Bildwahrnehmung sowie des magnetischen Induktionsmechanismus' beim menschlichen Körper)

»Report on an Investigation of a Special Sensory Mechanism of the Human Body« (Bericht über die Erforschung eines besonderen sensorischen Mechanismus des menschlichen Körpers)

»Report on an Investigation of the Ear's Ability to Read and Recognize Colors« (Bericht über Forschungsarbeiten zur Fähigkeit des menschlichen Ohrs, zu lesen und Farben zu erkennen)

»Report on an Investigation of Tang Yu's Ability to Read and Recognize Colors with the Ear« (Bericht über die Erforschung von Tang Yus Fähigkeit, mit dem Ohr zu lesen und Farben zu erkennen)

»The Decline and Recovery of Jiang Yan's Special Sensory Functions« (Die Abnahme und Wiedererlangung von Jiang Yans besonderen sensorischen Funktionen)

»Believe Our Eyes« (Trauen Sie unseren Augen)

»An Investigation of the Mysteries of Life Science« (Ergründung der Geheimnisse der Wissenschaft vom Leben)

»Abide by the Truth, Investigate the Truth« (Bei der Wahrheit bleiben, die Wahrheit ergründen)

»Attach Importance to EHF Research« (EHF-Forschung soll Bedeutung gewinnen)

»My Views on Seeing Without the Eyes« (Meine Ansichten zum Sehen ohne Augen)

»The Question of the Universality of Special Sensory Functions« (Die Frage der Universalität besonderer sensorischer Funktionen)

»A Test of Color Perception Without the Use of Visual Organs« (Ein Test zur Farbwahrnehmung ohne Einsatz der Sehorgane)

»The Process of Image Formation« (Der Prozess der Bilderentstehung)

»New Advances in EHF Research« (Neue Fortschritte in der EHF-Forschung)

»More on the Question of the Universality of Special Sensory Functions« (Mehr zur Frage der Universalität besonderer sensorischer Funktionen des Menschen bei der räumlichen Orientierung)

»An Example of Special Human Sensory Functions in Directional Orientation« (Ein Beispiel für besondere sensorische Funktionen des Menschen bei der räumlichen Orientierung)

»Systems Science, Cognitive Science, and Human Body Science« (Systemforschung, Erkenntniswissenschaft und Somatik)

»Magnetism and EHF« (Magnetismus und EHF)

»Initial Experimental Results on the Human Body's Capacity to Magnify Objects« (Erste Versuchsergebnisse zur Fähigkeit des menschlichen Körpers, Objekte zu vergrößern)

»The Process of Perceiving Multi-Layer overlapping Objects with Special Human Sensory Functions« (Der Prozess der Wahrnehmung von mehreren einander überlagernden Objekten durch besondere sensorische Funktionen beim Menschen)

»An Example of Special Human Sensory Functions in Directional Orientation« (Ein Beispiel für besondere sensorische Funktionen des Menschen bei der räumlichen Orientierung)

»Preliminary Study of the Characteristics of Sense Transmission through the Meridian Lines of EHF Individuals« (Vorläufige Studie zu den Merkmalen der Übertragung von Sinnesreizen über die Meridiane von Individuen mit EHF)

»Start the Development of Basic Research in Human Body Science« (Beginnt mit der Entwicklung einer Grundlagenforschung in der Wissenschaft vom menschlichen Körper)

»Review of a Year's EHF Research and Future Prospects« (Rückschau auf ein Jahr EHF-Forschung und Prognosen für die Zukunft)

»Several Experiments on Moving Objects by EHF« (Verschiedene Experimente zum Bewegen von Objekten durch EHF).

Beginnend am 15. Oktober 1980 begann die *Ziran Zazhi* in ihrem Bemühen, in diesem Kampf eine neue Front zu eröffnen, den *EHF Report* zu veröffentlichen, zu dessen Inhalt Forschungsergebnisse zu EHF aus dem ganzen Land zählten, dazu Leserbriefe sowie Expertendiskussionen. Das spornte die EHF-Gegner zu neuen Attacken an, und neben *Knowledge Is Power*, der Zeitschrift, die schon immer das führende Organ des Anti-EHF-Lagers gewesen war, begann die Opposition nun als Gegengewicht zum *EHF Report* ihre *Research Materials on the Investigation of EHF* zu publizieren. Ihre wichtigste Bastion jedoch hatte die Opposition, deren mächtigstes Geschütz Yu Guangyuan war, noch immer in *Knowledge Is Power*. Beginnend im Oktober 1981 veröffentlichte Yu Guangyuan in diesem Journal eine Serie von Essays. Einige der Schlagzeilenaussagen sind recht kurios, wie Nachfolgendes belegt:

I.   Geschichten rund um das »Lesen mit dem Ohr« und ihre Entwicklung über zwei Jahre.

II. Geschichten dieser Art sind nichts Neues und auch nicht auf unser Land beschränkt.

III. Mit »außergewöhnlichen menschlichen Funktionen« zu werben, ist kompletter Betrug und nichts anderes, als dass Menschen durch Zaubertricks an der Nase herumgeführt werden.

IV. Artikel, in denen Geschichten zum »Lesen mit dem Ohr« aufgedeckt und kritisiert wurden, hatten bislang keine Chance auf Veröffentlichung.

V. Es hilft vielleicht, weitere Tests durchzuführen, damit mehr Menschen diesen Betrug erkennen, aber es muss sich um tatsächliche wissenschaftliche Experimente handeln.

VI. Wir sollten die Frage auf philosophischer Grundlage entscheiden – wehren wir uns gegen empirische Vorgehensweisen.

VII. Es ist Zeit, dass wir aufhören, solche Geschichten weiter zu fördern – aber die Geschichten haben ihre Wurzeln und werden insofern nicht sofort verschwinden.

Die obigen Äußerungen zeigen die große Bandbreite an Kräften auf den gegeneinander opponierenden Seiten: *Ziran Zazhi (The Nature Journal)* gegen *Knowledge Is Power*; der *EHF Report* gegen *Research Materials on the Investigation of EHF*; Qian Xuesen gegen Yu Guangyuan.

Wer ist eigentlich Yu Guangyuan? Auf welcher Grundlage konnte er es wagen, sich gegen Qian Xuesen zu stellen?

Yu Guangyuan ist Wirtschaftswissenschaftler, hatte jedoch gleichzeitig eine hohe Autoritätsstellung als Vizevorsitzender der chinesischen Akademie der Wissenschaften sowie als stellvertretender Direktor des Wissenschafts- und Technikkomitees der Academia Sinica. Während dieser Zeit war er außerdem eine »Autorität auf dem Gebiet des Denkens von Mao Tse-Tung« und hatte eine Position als Direktor des Instituts für Marxismus, Leninismus und maoistisches Gedankengut inne. Aus dieser Autoritätsstellung heraus steuerte er die Angriffe gegen das Studium von EHF.

Die Zeitschrift *Knowledge Is Power* druckte ein Jahr lang Yu Guangyuans ausschweifende Artikel, und sie gewannen einen weitreichenden Einfluss. Gleichzeitig jedoch erwiesen sie sich ein Stück weit als Eigentor – jeder von ihnen provozierte massive Gegenangriffe in Form von Leserreaktionen. Schwerpunkt dieser Kritiken war, dass Yu Guangyuan keine eigenen Recherchen oder Forschungsprojekte unternom-

Abb. 4-1.
Titelblatt des *Nature Journal* vom April 1980, das vierzehn paranormal begabte Kinder zeigt. Im vergrößerten Ausschnitt Tang Yu.

men hatte. Von Mao Tse-Tung ist der Spruch überliefert: »Wer die Fakten nicht studiert hat, gehört nicht in eine Diskussion.« Yu Guangyuan, selbst eine vorgebliche Autorität auf dem Gebiet maoistischen Gedankenguts, hatte dieses zentrale Prinzip verletzt. Vielleicht dachte Yu ja, als Gelehrter könne er sich auf die Lehren der herkömmlichen Wissenschaft verlassen und brauche keine eigenen Erkundungen und Recherchen anzustellen, um sich ein Urteil zu bilden.

Wie Yu Guangyuan in seinen Artikeln sagte, wird das Auge dafür benutzt, Dinge zu sehen, das Ohr ist für den Hörsinn zuständig, und die Funktion der Nase besteht darin, zu riechen. Wie also könne man lesen, indem man mit dem Ohr Worte hört oder sie mit der Nase riecht? Die sieben Artikel, die er schrieb, waren voll von solchen Allgemeinplätzen, die er als Basis für seine Argumente gebrauchte, wobei er die Fürsprecher von EHF auch beschuldigte, dort würden Zaubertricks eingesetzt, um Menschen zu betrügen. Er sagte, die Verteidiger von EHF unterstützten uralte Formen von Aberglauben, leugneten das, was wissenschaftlich den Tatsachen entspräche und bewirkten die Wiederbelebung eines metaphysischen Idealismus.

Ein derart abgedroschener und unachtsamer Angriffsstil sorgte selbst bei einem von Yu Guangyuans eigenen Studenten für Kritik. Yan Zihu, Ingenieur am Meishan Engineering Control Center von Nanjing, veröffentlichte in der Ausgabe des *EHF Reports* vom 20. Februar 1982 einen Gegenartikel unter der Überschrift »Zur weiteren Diskussion der Förderung von EHF, auch geschrieben für Yu Guangyuan«. Ironisch auf den geschichtlichen Vorfall anspielend, schrieb der Autor, am 10. August 1956 habe Yu Guangyuan bei einer Konferenz über Genetik in Qingdao großen Beifall geerntet, als er die Feststellung traf, man solle derartige Themen auf wissenschaftliche Weise diskutieren, einen objektiven Weg der Wahrheitsfindung wählen und Aussagen treffen, die auf Fakten basierten.

Yan Zihu illustrierte den Punkt, um den es ihm ging, anhand einer japanischen Fabel:

> Zwei Menschen sahen etwas Schwarzes in der Erde. Einer von ihnen sagte, es sei ein Wurm, der andere sagte, es sei eine schwarze Bohne. Die beiden stritten sich darüber, und da begann das schwarze Etwas zu kriechen. Derjenige, der das Ding für einen Wurm hielt, meinte daraufhin, es handle sich ja wohl definitiv um einen Wurm, doch der, der sagte, es sei eine Bohne, behaup-

tete nun, es sei eine kriechende Bohne. Im Grunde hätten sie alle beide gar nicht warten müssen, bis das Etwas zu kriechen begann – sie hätten sich nur bücken müssen, um es sich aus der Nähe anzusehen. Dann hätten sie gleich gesehen, ob es sich um eine Bohne oder einen Wurm handelte.

Yan Zihu schrieb außerdem: »Professor Yu Guangyuan hat mit besonderem Nachdruck gesprochen. Wenn die Argumentationsgrundlage jedoch unzureichend ist, sollten wir schweigen und andere nicht mit dem Etikett *metaphysischer Idealist* brandmarken.« Und weiter: »Diese Worte Professor Yu Guangyuans von vor zwanzig Jahren haben noch heute große Auswirkungen auf uns. Was jedoch die Debatte über außergewöhnliche menschliche Funktionen angeht, hat er in gewissem Sinne gegen den Inhalt seiner eigenen Worte verstoßen, und das auf eine Weise, die der Idee, Menschen dazu zu ermutigen, kühn das Mysterium der Wissenschaft zu erkunden, diametral entgegengesetzt ist ...«

Er betonte: »Professor Yu Guangyuan ist ein Nestor der Wissenschaft. In meiner Studentenzeit habe ich viele Bücher von ihm gelesen. Er ist ein Lehrer, den ich immer sehr bewundert habe. Ich habe diese Worte in dem Geist geschrieben, dass ein Schüler das Recht hat, einen Lehrer zu kritisieren. Ich bin sicher, dass Professor Yu im Angesicht der Wahrheit und Wissenschaft auf jener Seite stehen wird, der an der Wahrheit und dem Berichtigen von Irrtümern gelegen ist.«

Noch eine weitere Kritik an Yu Guangyuan, von Luo Yufan, beschäftigt bei der Gesundheitsbehörde der Provinz Guangdong, fand beträchtliches Interesse. Luo Yugan kritisierte die Art und Weise, auf die Yu Guangyuan, seines Zeichens Vizevorsitzender des nationalen Wissenschaftsrats, gegenüber den Medien unkluge Aussagen gegen EHF machte, ohne in dieser Sache Nachforschungen angestellt zu haben. Er sagte: »Yu Guangyuan behauptet, die EHF-Forschung öffne einer Wiederbelebung feudalen Aberglaubens Tür und Tor. Diese Aussage von ihm stützt sich auf keinerlei wissenschaftliches Beweismaterial. Möchte man leugnen, dass das Lesen mit dem Ohr wirklich existiert, so sollte man wiederholte wissenschaftliche Versuche unternehmen, um dies zu beweisen. Ich wünschte, Yu Guangyuan würde bei zukünftigen Experimenten mitwirken und dann wissenschaftlich untermauerte Fachaufsätze oder Vorträge beisteuern. Jeder ist für seine Berichterstattung und seine Worte verantwortlich, und wir dürfen dies oder jenes nicht leichtfertig kritisieren.«

Wie Luo Yufan deutlich machte, beteiligte sich Yu Guangyuan nie an wissenschaftlichen Experimenten. De facto wusste alle Welt, dass Yu Guangyuan sein Urteil auf seine Intuition stützte. Er hatte Angst, sein Urteil durch Experimente zu überprüfen. Man kannte dieses Denken eines Wissenschaftlers, der sich davor fürchtet, seine eigenen Überzeugungen einer wissenschaftlichen Überprüfung zu unterziehen. Aus diesem Grund sagte Zhang Baosheng einmal, sollte Yu Guangyuan es wagen, bei einem Versuch anwesend zu sein, so würde er Yu Guangyuans Lungen gegen die eines Hundes austauschen. Manche erzählten sich, Yu Guangyuan habe das solche Angst eingeflößt, dass er sich danach nicht mehr auf die Straße wagte. Eine weitere, noch interessante Geschichte ging so, dass Yu Guangyuan einmal eine Vorlesung hielt, in der er EHF attackierte. Plötzlich löste sich sein Gürtel, und ihm rutschte beinahe die Hose herunter. Er hielt die Hose schnell fest und verließ das Podium. Ob dieser Schabernack wahr ist oder nicht, man kann auf zweierlei Weisen darüber denken. Die eine ist, dass es für Zhang Baosheng angesichts seiner Fähigkeiten ein Kinderspiel gewesen wäre, den Gürtel zu sprengen und Yu Guangyuans Hose herunterrutschen zu lassen. Die andere geht dahin, dass Zhang Baoshengs Lausbubennatur ja nur allzu bekannt ist und dass er Menschen gerne an den ihnen gebührenden Platz verweist, vielleicht ist diese Begebenheit also die freie Erfindung von jemandem, der Yu Guangyuan damit in Verlegenheit bringen wollte. Doch lassen wir solche Anekdoten nun einmal beiseite und wenden wir uns wieder der Debatte um EHF zu.

Als die Pro-EHF- und Anti-EHF-Kräfte fieberhaft debattierten und diese Debatte ihren Höhepunkt erreichte, scherzten Beobachter aus dem Ausland: »Vielleicht geht in China ja nichts ohne Aufstand.« Andere Außenstehende versetzten der Pro-EHF-Seite, als sie einen Tiefstand erlebte, einen Fußtritt, indem sie EHF als »chinesische Zaubertricks« bezeichneten. Eine derartige Kritik von Ausländern zu hören, rief unter den Chinesen, bei denen Patriotismus groß geschrieben wird, natürlich großes Zähneknirschen hervor. Manche machten die ausländischen Kritiker als einen »neuen Expeditionstrupp ausländischer Invasoren« schlecht. Von den Zurückhaltenderen sagten einige, die Ausländer lebten schließlich ja nicht in China und hätten die Experimente zu EHF nicht gesehen. Als Gäste in einem anderen Land verhielten sie sich zwar respektlos, wenn sie deswegen grundlos Unruhe

stifteten, aber es sei verzeihlich. Von den sogenannten Wissenschaftlern, die in China lebten und zu bequem seien, um hierzu Forschun-
gen anzustellen oder sich die Ergebnisse wissenschaftlicher
Untersuchungen anzusehen, könne man das jedoch nicht sagen. Dies
seien Personen, die sich über all das erhaben gäben und bewusst die
Wahrheit verzerrten.

Von einer Vielzahl von Artikeln, in denen Yu Guangyuan kritisiert
wurde, trug einer der inhaltlich wertvollsten den Titel: »Nehmen Sie
die ungerechte Behandlung einer jungen Wissenschaft nicht hin.« Die
Autorin, Frau Feng Chun, sagte darin, dass jede wissenschaftliche Neuentdeckung einen Prozess des Keimens, Sprießens und Knospens durch-
laufe, bevor sie ausgereift sei. Im ersten Stadium erwecke sie immer
den Eindruck, undefinierbar, sehr simpel und unseriös zu sein. Das
mache es schwer für sie, Glaubwürdigkeit zu erlangen und Menschen
dazu zu bringen, ihre Ergebnisse ernst zu nehmen. Manche zögen sie
ins Lächerliche, dämonisierten sie oder brandmarkten sie sogar als
»Anti-Wissenschaft« und beschnitten ihre finanziellen Mittel, um ihre
Weiterverbreitung zu unterbinden, sie zu unterdrücken und auszulö-
schen (dieser Teil ihrer Argumentation war eine nur dürftig ver-
schleierte Stichelei gegen Yu Guangyuan, der der EHF-Forschung
finanzielle Zuschüsse versagte). Diese Menschen, die knospende Wissenschaften derart unzulässig behandelten, könne man die Stiefmütter der Wissenschaft nennen.

Sie sagte weiter, wenn die Stiefmutter eine gewöhnliche Person sei,
so könne diese die Wissenschaft denunzieren, ohne dass großer
Schaden entstünde. Würde jedoch jemand zur Stiefmutter, der eine
Machtposition innehabe, so könne einen das schon das Fürchten lehren. Die Geschichte sei voll von Beispielen für Stiefmütter der Wissenschaft, die gerade erst zart knospenden Theorien übel zusetzten. Sie
führte viele Beispiele an, unter anderem das von Edward Jenner, dem
Landarzt im England des achtzehnten Jahrhunderts, der entdeckte, dass
eine Impfung mit Kuhpockenviren eine Pockeninfektion verhindert.
Jenner schrieb die Ergebnisse seiner dreißigjährigen Forschung auf und
legte sie der Royal Society vor, fand jedoch nur Zurückweisung und
Kritik. Eine Zeitung verstieg sich sogar zu dem Spruch: »Impfung mit
Kuhpocken lässt Impflingen Hörner sprießen!«

Ich glaube, Frau Feng Chun ist eine Studierte, die in vielen Wissens-
gebieten beschlagen ist. In einem überaus lebendigen Absatz schilderte

sie das Los einiger knospender Wissenschaften, die bei ihrer Geburt als »zu früh gekommen« gebrandmarkt werden. Von Geburt an gelten sie in den Rängen der Wissenschaft als »Außenseiter«, verstoßen sie doch gegen den gesunden Menschenverstand. Sobald Menschen nicht in der Lage sind, etwas mit den Mitteln der aktuell gültigen Theorie zu erklären, trampeln sie darauf herum und schmettern es nieder. Frau Feng Chun schrieb weiter, viele neue Wissenschaften würden in der Zukunft noch darauf warten, von uns entdeckt zu werden. Träte eine neue Wissenschaft mit dem Etikett »zu früh« in Erscheinung, so sei es aus historischer Sicht ein Fehler, sie in Grund und Boden zu stampfen.

Uns gefällt vor allem das Argument am Schluss. Sie bestätigte, dass, während Yu Guangyuan die Pro-EHF-Seite als unwissenschaftlich kritisiert, die Öffentlichkeit in die Lage versetzt werden sollte, sich auf der Grundlage der Fakten selbst ein Urteil zu bilden. Sie sprach sich für die Wichtigkeit einer Politik der Freiheit der Wissenschaft aus, die im chinesischen oft in dem Spruch ausgedrückt wird: »Lasst hundert Blumen blühen, lasst hundert Schulen des Denkens wetteifern.« Der Versuch, bestimmte Arten von Forschung zu unterdrücken und die Vorgehensweise von Personen als unwissenschaftlich zu brandmarken, birgt in hohem Maße die Gefahr in sich, neuen Wissenschaften den Garaus zu machen. Vielleicht wird der, der anderen das Etikett »unwissenschaftlich« anheftet, eines Tages das Etikett »Stiefmutter« auf der Stirn tragen.

Da in China so viele Kinder mit EHF entdeckt wurden, meistenteils Mädchen, wurden außerdem die Eltern und Unterstützer dieser Kinder zu einer weiteren treibenden Kraft in diesem Kampf. Wie beschreiben wir dieses Phänomen am besten? Nehmen wir zum Beispiel einmal an, im Haus oder in der Wohnung bei Ihnen nebenan wohnt ein EHF-Kind. Dann könnten Sie sich bestimmt stärker in die Situation dieses Mädchens hineinversetzen, Sie würden es in Schutz nehmen und für es eintreten wollen. Solche Sympathisanten und die Eltern von EHF-Kindern schrieben eine Menge Briefe gegen Yu Guangyuan. In einem Brief an eine Zeitung hieß es zum Beispiel: »Ich habe die außergewöhnlichen Fähigkeiten meines Kindes nur aus patriotischer Hingabe an die wissenschaftlichen Fortschritte der Nation bei unserer lokalen Wissenschaftskommission gemeldet. Ich habe nicht die Absicht, irgendeinen *Schwindel* abzuziehen und verspreche mir daraus keinerlei Vorteil oder politischen Einfluss. Ebenso wenig besteht hier die Gefahr, dass Derartiges alten Aberglauben aus der Zeit der Feudalherrschaft wieder aufleben lässt... Unser Kind hat sich massenhaft Tests und Experimenten von wissenschaftlichen Forschern unterzogen. An jemandem, der sich wie Yu Guangyuan in der Position eines Stellvertretenden Vorsitzenden des Nationalen Wissenschaftsrats befindet, dürfte das nicht völlig vorbeigegangen sein. Aber er sieht nicht auf die Forschungsergebnisse, er richtet sich nicht nach dem Prinzip »Wirkliche Erfahrung ist das einzige Maß für die Wahrheit« (ein berühmter Ausspruch von Chinas Spitzenführungskraft Deng Xiaoping), indem er versucht, die Debatte auf der Basis der Vernunft zu gewinnen. Statt dessen heftet er EHF pauschal das Etikett *Unfug* und *Aberglaube* an, unterdrückt diesbezüglich jegliche Diskussion und blockiert die Forschung auf diesem Gebiet, indem er sie zu Tode zu prügeln sucht. Würde Sie das nicht wütend machen?«

Yu Guangyuan verärgerte nicht nur viele Eltern von EHF-Kindern, sondern auch wissenschaftlich tätige Forscher, die das Experiment als Grundlage ihrer Arbeit betrachteten. Wenn jemand etwas wissenschaftlich eindeutig beweisen kann, wer ist da ein Yu Guangyuan, dass er daherkommt, es auf der Grundlage seiner persönlichen Eindrücke aburteilt und Menschen aufgrund seiner Macht zermalmt? Fände man in dieser Angelegenheit keine angemessene Lösung, so würden es in den Reihen der Wissenschaftler zu Rebellion führen.

Obgleich Yu Guangyuan in der Nation von überall her der Kritik ausgesetzt war, fühlte er sich nicht im Geringsten unter Druck, denn damals waren die Welt der Wissenschaft und Technik fest in seiner Hand. Die meisten unterstützten gerne überkommene Überzeugungen, und die Entdeckung von EHF passte hier nicht hinein. Seine größte Schlagkraft bezog Yu Guangyuan jedoch nicht aus *Knowledge Is Power* oder *Research Materials on the Investigation of EHF*, sondern aus der *People's Daily*, die für die Kommunistische Partei sowie die Zentralregierung sprach. Diese Zeitung denunzierte EHF von Anfang an und unterstützte Yu Guangyuans Position. Auf dem Höhepunkt der Kontroverse druckten diese Zeitung und andere, die ihrem Beispiel folgten, Anti-EHF-Berichte.

So zum Beispiel erschien in der *People's Daily* einmal ein Artikel, in dem geschrieben stand, seitdem Zeitungen im März 1979 die Geschichte eines Kindes publik gemacht hätten, das »mit dem Ohr lesen« konnte, hätte man aus den Provinzen Beijing und Guangdong, Anhui und Hebei von der »Entdeckung« einer ganzen Reihe ähnlicher Kinder berichtet, den Erzählungen sei jedoch allesamt vom psychologischen Forschungszentrum der Chinesischen Akademie der Wissenschaften sowie der Medizinischen Hochschule in Sichuan der Nimbus genommen worden. Im Mai des gleichen Jahres prangerte die *People's Daily* und andere Zeitungen Geschichten dieser Art an.

Zusätzlich veröffentlichte die *People's Daily* am 24. Februar 1982 großspaltig einen Bericht über eine von der chinesischen Akademie der Wissenschaften veranstalteten Konferenz. Die Schlagzeile lautete: »Kritisieren wir die Forschung und Förderung sogenannter *außergewöhnlicher menschlicher Funktionen*«. Untertitel: »Die Statements von Li Yuan und Yu Guangyuan in der Konferenz der Akademie der Wissenschaften«. In dem Artikel stand, dass der Vorsitzende und Verwaltungsleiter der Akademie der Wissenschaften, Li Yuan, sowie der Stellvertretende Vorsitzende des nationalen Wissenschaftsbeirats, Yu Guangyuan, die Geschichte und wissenschaftlichen Problempunkte von EHF analysiert und dabei überzeugende Beweise und Argumentationen vorgebracht hätten, um ein weiteres Mal die Erforschung und Förderung von EHF in den beiden letzten Jahren zu kritisieren.

In dem aktuellen Bericht hieß es ferner, Genosse Yu Guangyuan habe die Ausgabe der *Ziran Zazhi* von Januar 1981 zitiert, in der stand, dass EHF oder übernatürliche Phänomene ins Reich der Parapsychologie gehörten. Er habe die Meinung geäußert, dass Parapsychologie, wie er sagte, auch Spiritismus genannt, eine Pseudowissenschaft sei, da sie sich nicht an die wissenschaftlichen Standards halte. So zum Beispiel müsse ein wissenschaftliches Experiment prinzipiell reproduzierbar sein, doch selbst in einem ausländischen Buch über die Geschichte der Psychologie, das weder für noch gegen EHF Stellung bezöge (die Quelle wurde von ihm nicht angegeben) stünde, dass kein parapsychologisches Experiment je reproduzierbar gewesen sei. Diesbezüglich erhob der Bericht die Anklage, dass chinesische EHF-Befürworter behaupteten: »Es funktioniert, wenn du daran glaubst«, so dass nur Menschen, die daran glaubten, erfolgreich derartige Experimente durchführen könnten.

Im letzten Abschnitt des Berichts verkündete Yu Guangyuan, dass eine Förderung des »Es funktioniert, wenn du daran glaubst« nachteilige Auswirkungen auf das nationale Streben und das Leben der Menschen habe, und deshalb müssten wir darauf bestehen, diesen unwissenschaftlichen Geschichten ein Ende zu bereiten!

Der Artikel erwähnte, dass die *People's Daily* schon im Mai 1979 Kritik an EHF geübt habe. Der Kommentar bezieht sich auf den Artikel: »Vom Lesen mit der Nase zum Lesen mit dem Ohr«. Lassen Sie mich dies mit einbeziehen, da es eine historische Perspektive eröffnet. Was ich meine ist, dass die *People's Daily* sich zunächst einmal gegen EHF stellte, seit 1983 jedoch aufhörte, diese kritische Haltung weiter aufrecht zu erhalten und damit stillschweigend die Existenz von EHF akzeptierte. Dieser Wandel von Gegnerschaft zu stillschweigender Zustimmung bezeugt hervorragend die Geschichte dieses Themas.

Der Autor des in der *People's Daily* erschienenen Artikels, Zu Jia, zitierte darin eine berühmte Geschichte aus *Liao Zhai Zhi Yi*, einem literarischen Klassiker, der größtenteils von Gespenstern handelt. Es handelt von einem blinden Mönch, der die Qualität von Schriften mit seiner Nase beurteilen konnte. Die Folge davon war, dass schlechte Verfasser berühmt wurden und gute auf der Strecke blieben. Der Verweis war ein nur dürftig verschleierter Angriff auf die EHF-Kinder der Neuzeit, die mit dem Ohr lasen. Der Autor sagte, mit dem Ohr oder der Nase zu lesen widerspräche dem gesunden Menschenverstand und sei wissenschaftlich nicht haltbar. Der Punkt jedoch, den Zu Jia am stärksten betonte, war der, dass es sich um einen von Erwachsenen inszenierten Trick handle und dass diese sich die Unschuld und Neugier von Kindern zunutze gemacht hätten, um aus der Luft gegriffene Geschichten in die Welt zu setzen. Diese sogenannten EHF-Kinder, sagte er, die von den Erwachsenen an der Nase herumgeführt wurden, würden später aufwendige psychologischer Betreuung benötigen, um wieder ein normales Leben führen zu können. Zu Jia warnte außerdem davor, dass manche Forscher und Entscheidungträger in Wissenschaftszentren sich wissenschaftlich beraten lassen sollten, sobald ihnen Dinge begegneten, die sie nicht verstünden. Bei dem Versuch, über Dinge zu urteilen, die zu hoch für sie seien, würden sie sich am Ende zum Narren machen. Zum Beispiel könne es vorkommen, dass sie beim Ansehen einer Zaubervorstellung (er bezog sich hier auf das Lesen mit dem Ohr) zur allgemeinen Überraschung als Erste applaudierten und das »Geistohr« rühmten beziehungsweise sogar so weit gingen, Order zu erteilen, man sollte künftig für eine Unterstützung des Kindes Sorge tragen.

Wir wissen nicht, wer Zu Jia ist, klar ist nur, dass er bei dieser Zeitung eine bedeutende Position bekleidete. Man sieht das daran, dass er in dem, was er schrieb, oft einen belehrenden Ton anschlug. Nachfolgend eine seiner schärferen Schelten: »China ist ein Land, das sich bildungsmäßig auf einem niedrigen Niveau befindet; es hat Kinder, die Dinge auf unwissenschaftliche Weise angehen. Dass die Öffentlichkeit das *Rätsel* hierbei nicht verstehen kann, ist nicht anders zu erwarten ... In der Zukunft wird das Volk unter der zentralen Führung der Partei vorwärts marschieren, um wissenschaftlich Großes zu erreichen... Es ist in Ordnung, wenn einige Genossen nicht wissen, was Wissenschaft ist. Sie können das Richtige tun und sich von Wissenschaftlern belehren lassen, und so werden aus Amateuren Profis. Eine kleine Zahl von Genossen weigert sich jedoch, dies zu tun. Sie überlassen das Podium nie anderen und geben vor, Dinge zu verstehen, die sie in Wirklichkeit gar nicht verstehen.«

Wenn wir diese Aussagen von Zu Jia noch einmal durch gehen, wären da zwei Stellen, denen ich besondere Beachtung schenken würde. Die eine heißt: »Werden aus Amateuren Profis«, die andere »geben vor, Dinge zu verstehen, die sie in Wirklichkeit gar nicht verstehen«. Damals kam eine ärgerliche Bemerkung von Qian Xuesen. Er sagte, das, was er am meisten fürchte, sei der »Tiger, der die Straße blockiert«. Dieser »Tiger, der die Straße blockiert« waren die »Amateure, die Profis zeigten, wo es lang geht«.

Die *Research Materials on the Investigation of EHF* des Anti-EHF-Lagers waren keine umfassende Publikation, sie waren kaum als ein Rundbrief, sowohl stilistisch als auch inhaltlich betrachtet. Man konnte sie kaum mit *Knowledge Is Power* vergleichen, geschweige denn mit der *People's Daily*. Sie erschienen einzig zu dem Zweck, gegen EHF zu opponieren. Wenn wir also die Meinungen der EHF-Gegner kennen lernen wollen, so ist sie Pflichtlektüre.

Als herausgegriffenes repräsentatives Beispiel für die Positionen, die man dort während der Kontroverse einnahm, könnte uns das Editorial dienen, das in der Ausgabe vom 10. Dezember 1981 vorweggeschickt wurde. Dort hieß es sinngemäß: »Neulich wurde von uns das *Protokoll der zweiten nationalen Konferenz zur Wissenschaft vom menschlichen Körper* gesichtet. Es ist ein wirkliches Chaos. In unserer Redaktion hatten wir eine Besprechung dazu und haben einige Kommentare dazu geschrieben. Diese Forschungsinstitution spezialisiert sich auf das Studium außergewöhnlicher menschlicher Funktionen wie etwa das

Erspüren von Objekten, die den menschlichen Sinnesorganen nicht zugänglich sind, das Hindurchsehen durch Objekte, Telepathie, Psychokinese ... Poltergeister und so weiter. Vor kurzem änderte sie plötzlich ihren Namen und nannte sich »human body science« (Wissenschaft vom menschlichen Körper), aber das ist nichts als alter Wein in neuen Schläuchen. Man befasst sich dort nicht mit dem menschlichen Körper, sondern arbeitet noch immer an den nicht existierenden Phänomenen, die man in diesen Kreisen EHF nennt ...«

Der Leser oder die Leserin wird zweifellos bemerkt haben, dass in diesem redaktionellen Kommentar das Wort »Poltergeister« vorkam. Man glaubte also dort, dass EHF-Forschung nichts anderes als Gespenstergeschichten sei!

So verfasste Yu Guangyuan also weiter seine Artikel gegen EHF und ignorierte die gegen ihn gerichtete Kritik. Verteidigung und Gegenangriffe überließ er größtenteils seinen Anhängern und Unterstützern. In den *Research Materials on the Investigation of EHF* erschienen eine Menge harter Artikel zum Thema, in denen es hieß, EHF seien Zauberkunststücke und gefährlich, wenn man sie für praktische Zwecke wie etwa den der Heilung einsetzen wolle. Insbesondere kam es hier zu einer Attacke gegen Uri Geller unter der Schlagzeile: »The True Face of Uri Geller« (Das wahre Gesicht des Uri Geller).

Uri Geller ist eine weltbekannte Berühmtheit in Sachen übersinnliche Fähigkeiten, und er lebt davon, rund um die Welt zu reisen und seine Kräfte unter Beweis zu stellen. Er ist eine umstrittene Gestalt, da einige professionelle Zauberkünstler und Skeptiker behaupten, ihm den Nimbus genommen zu haben. Diese Skeptiker sagen, dass er bei seinen Demonstrationen »schummelt« und dass alles, was er vorführe, sich durch Zaubertricks reproduzieren ließe.

In »Das wahre Gesicht des Uri Geller« versuchte man aus diesem durchwachsenen Ruf Uri Gellers Kapital zu schlagen, indem dort auf eine Vorstellung von ihm eingegangen wurde, bei der er zehn Aluminiumdosen auf einen Tisch stellte und in einer von ihnen eine Metallkugel versteckt war. Er war jedes Mal in der Lage, die Kugel durch Berühren der Dosen zu orten, aber wie war das zu erklären? In dem Artikel wird Uri Geller selbst zitiert, der gesagt haben soll, er habe Wesen aus dem äußeren All kontaktiert, um die Kugel zu finden – etwas das, hier wären die meisten sich einig – hochgradig unwahrscheinlich ist. Am Ende wurde in dem Artikel behauptet, dass Geller imstande gewesen sei, die Position der Kugel auszumachen, indem er den Tisch leicht bewegte. Bei einer Demonstration am 1. August 1973 war es ihm nicht gestattet, den Tisch zu berühren, und sofort verlor er seine Fähigkeit, die Kugel zu lokalisieren.

Der Artikel gelangte zu dem Schluss, dass Geller ein Betrüger sei und dass man seine Vorstellungen nicht als Indiz für EHF werten solle. Dann hieß es in dem Blatt, es stünde in Zweifel, welcher Stellenwert dem Lesen mit dem Ohr zukäme.

Wir würden der Redaktion dahingehend zustimmen, dass Demonstrationen durch einen professionellen Darbieter keine wissenschaftlichen Experimente darstellen und nicht als Beweis für was auch immer herhalten sollten. Wir wissen nicht, ob Gellers Kräfte real sind oder Betrug. Wie dem auch sein mag, es trägt jedoch nichts dazu bei, die Offensichtlichkeit der Kräfte von Chinas paranormal begabten Kindern zu annullieren. Dazu kommt, dass gelegentliche Fehlschläge bei einer Vorstellung vielerlei Ursachen haben können, etwa emotionalen Druck. Die Forschung an übersinnlich begabten Kindern zeigt, dass die Stimmung ein zentraler Faktor ist, der über ihre Leistung bei Tests der übersinnlichen Fähigkeiten entscheidet.

Natürlich wollten die Amerikaner bei dieser Schlacht um EHF in China ebenfalls ein Wörtchen mitreden. In Kapitel 12 werde ich hierauf noch im Detail eingehen. An dieser Stelle würde ich gerne Professor Cyrus Lee (Li Shaokun) von der Edinboro University of Pennsylvania erwähnen, der von der anderen Seite des großen Teichs die Rolle des Verstärkers spielte. Darüber wurde in der Ausgabe des *EHF Reports* vom 30. September 1981 berichtet. Während der zweiten nationalen Konferenz zu außergewöhnlichen menschlichen Funktionen schickte er der Konferenz eine schriftliche Erklärung aus den USA zu, ein rund 2.600 Wörter langes Referat. In dem Schreiben hieß es, viele Wissenschaftler, Fachleute und Professoren seien wegen der chinesischen EHF-Forschung in Sorge. Was mich hier besonders interessiert, ist der kurze Abschnitt, in dem es um Dr. Lees eigene Ansichten geht. Er sagte, dass er, als ein US-Journalist ihn nach seiner Meinung zu dem chinesischen Wunderknaben Tang Yu fragte, der »seine Ohren als Augen gebrauchte«, drei Punkte hervorgehoben habe: (1) Nimmt man Philosophie und Psychologie als Basis für den Ausgangspunkt, so sei »ein Ersetzen der Augen durch die Ohren« unter keinen Umständen unvorstellbar. (2) Aus journalistischer Sicht und wenn es darum ginge, Fakten auf ihren Wahrheitsgehalt zu untersuchen, sind Berichte über ein »Ersetzen der Augen durch die Ohren« glaubwürdig. (3) Was die Wissenschaft angeht, so brauchen wir ein umfassenderes Verständnis und tiefergehende Forschung. Ich begegnete Professor Lee vor ein paar Jahren in San Francisco. Er ist ein sehr netter Mensch und ein Herr, der vollen Respekt verdient.

Fünf

Die Erforschung paranormaler Kräfte in China: Phase drei

Experimente und Studium

Wie im vorangegangenen Kapitel erwähnt, beteiligten sich über einhundert wissenschaftliche und universitäre Einrichtungen in China an der frühen EHF-Forschung. Seit damals ist diese Zahl rapide gewachsen, und derzeit findet man EHF-Forschungslabors in ganz China. Da gehören die Qinghua-Universität, das Institut für Hochenergiephysik Peking (Bejing Institute of High Energy Physics), das Labor 507 des Nationalen Verteidigungswesens, das Medizintechnische Institut für Luft- und Raumfahrt (Institute of Space Medico-Engineering), das Lehrerseminar von Peking, die Universität Yunnan, zahlreiche Akademien für traditionelle chinesische Medizin und neu entstandene Labors im ganzen Land, in denen man sich wissenschaftlich mit dem menschlichen Körper befasste. Sie alle leisteten in großem Umfang Forschungsarbeit und führten Experimente durch.

Seit der Entdeckung des Wunderkindes Tang Yu waren Studien zur »Wahrnehmung mit Hilfe non-visueller Organe« populär geworden. Zwischen dem 5. Januar und 6. Februar 1986 wurden beim Verband für die wissenschaftliche Erforschung des menschlichen Körpers in Guangdong, beim Kolleg für traditionelle chinesische Medizin in Guangzhou, dem medizinischen Institut Guangzhou, der Fachhochschule für Maschinenbau der Universität Jinan sowie an der Univer-

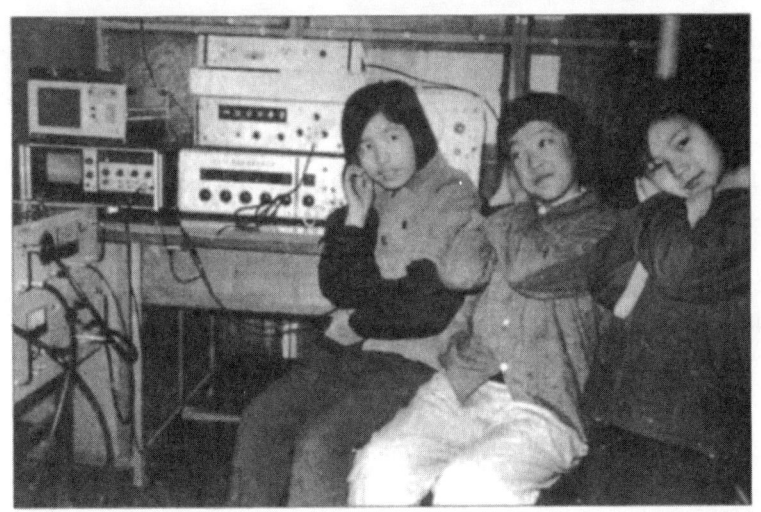

Abb. 5-1.
Von links nach rechts: Wang Qiang, Wang Tong und Dong Hao Jin, alle aus Peking, beim Experimentieren mit dem »Lesen mit dem Ohr« am Institut für Hochenergiephysik der chinesischen Akademie der Wissenschaften. (Foto mit freundlicher Genehmigung von Han Xiao Hua.)

sität Guangzhou an einer Siebzehnjährigen namens Du Ping siebzehn Tests zur »Wahrnehmung mit Hilfe non-visueller Organe« vorgenommen. Zweck der Tests war, ergänzendes Material zu erhalten, das die Existenz von EHF belegen würde sowie die Veränderungen bei den Fähigkeiten von EHF-Kindern zu beobachten, wenn diese heranwuchsen und das Erwachsenenalter erreichten.

Bei Du Ping, einer Einwohnerin von Wuhan in der Provinz Hubei, wurde ihre Begabung in Sachen EHF im Mai 1979 entdeckt. In einem Test an der Universität Wuhan, durchgeführt im September 1980, erkannte sie in achtzehn Minuten 43 chinesische Worte. Ihre relativ ausgeprägten Fähigkeiten dieser Art waren der Grund dafür gewesen, dass die Provinz Guangdong sie gebeten hatte, sich als Testperson zur Verfügung zu stellen.

Was die Testmethodik anging, verwendete man eine Technik, die man mit »das Bild im Zaubersack ertasten« umriss. Ein dunkelblauer Sack von 45 x 20 cm, aus dickem Stoff hergestellt (er hatte Ähnlichkeit mit einem Zaubersack) wurde vorbereitet. Der Stoff war dick genug, dass man nicht durch ihn hindurchsehen konnte, und nachdem die Versuchsaufsicht den Sack geprüft hatte, wurden probeweise verschiedene Gegenstände in diesen hineingesteckt. Die Testobjekte, um die es sich dabei handelte, waren vorab geschriebene Texte (gelegentlich mit Briefmarken und Bildern). Unter den Augen mehrerer Überwacher steckte Du Ping die Hände in den Sack, betastete die Objekte mit ihren Fingern, und sobald sie sie erkannt hatte, schrieb sie ihre Eindrücke an die Tafel oder beschrieb sie mündlich, wobei die Gegenstände selbst im Sack blieben. Die Ergebnisse waren erfolgreich. In siebzehn Tests gelang es Du Ping, 232 Worte, dreizehn Briefmarken und mehrere Bilder zu erkennen. Insgesamt neunundzwanzig Personen hatten die Tests überwacht, jeweils zwischen drei und fünf pro Versuch.

Auch am Lehrerseminar von Huanan und der Universität von Peking wurden derartige Studien durchgeführt. Hier war die Testperson eine junge Dame namens Xiao Gang. Im Laufe von zwei Jahren absolvierte sie vierzig Tests zur Wahrnehmung von Bildern und Farben durch non-visuelle Organe. Beginnend am 7. Februar 1982 wurden ihre Fähigkeiten in regelmäßigen Abständen getestet. Außerdem zeichnete man über diese zwei Jahre hinweg ihre Menstruationszyklen auf. Man entdeckte dabei, dass ihre Fähigkeiten mit zunehmendem Alter und ihrer biologischen Weiterentwicklung starke Veränderungen durchliefen. Von 1979 bis Anfang 1982 blieben ihre Fähigkeiten auf einem relativ stabilen Niveau. 1983 wurde sie fünfzehn, und nach ihrer ersten Menstruation zeigten sich ihre EHF deutlich abgeschwächt, und wenngleich sich ausgeprägte Schwankungen fanden, so war doch die Gesamttendenz fallend. Später beobachtete man an anderen Mädchen, die in die Studien einbezogen wurden, einen ähnlichen Effekt. Offenbar hatte bei weiblichen Personen die Menstruation eine Auswirkung auf EHF.

Zusätzlich nahmen diese Wissenschaftler eine Erhebung vor, in die eine große Zahl von Kindern (männlichen und weiblichen Geschlechts) mit EHF einbezogen wurde. Sie konnten feststellen, dass die Kinder im Allgemeinen im Alter von zehn bis dreizehn Jahren starke, auf relativ stabilem Niveau bleibende Kräfte besaßen, dass diese jedoch mit Ablauf des fünfzehnten Lebensjahrs allmählich abnahmen. Es gab allerdings auch Ausnahmen. Manche bewahrten sich ihre Fähigkeiten bis ins Erwachsenenalter. Das warf Fragen auf. Warum nehmen diese Fähigkeiten bei manchen Menschen ab, während sie bei anderen gleich bleiben? Gibt es eine Möglichkeit, sie zu bewahren oder zu bewirken, dass sie länger anhalten? Glücklicherweise gelang es später noch, Antworten auf diese Fragen zu finden. Es gibt in der Tat einen Weg, die Fähigkeiten zu erhalten und sogar zu stärken. Hierauf wird in Kapitel 8 eingegangen.

Bei einer anderen Gelegenheit führte ein Team von EHF-Forschern der Universität von Yunnan einen interessanten Versuch mit Shao Hongyan und Sun Liping durch, zwei Mädchen aus der Stadt Kunming. Man setzte die Mädchen in einen Raum und bat sie, ihre Gedankenkraft einzusetzen, um Weidenzweige zu brechen, die sich drei Meter entfernt außerhalb des Raumes befanden. Das Ergebnis sah so aus, dass Shao Hongyan nach weniger als einer Minute sagte, dass der Zweig gebrochen war. Die Versuchsbetreuer gingen nach draußen, um das zu überprüfen, und der besagte Zweig war tatsächlich durchgebrochen. Nicht lange danach brach auch der Zweig, der Sun Liping zugewiesen worden war. Alle applaudierten und brachen in Ausrufe des Staunens aus. Daraufhin stellte der Versuchsleiter des Forschungsteams eine andere Anforderung. Dieses Mal war eine sechs Meter entfernte Baumreihe von Weiden Zielscheibe des Versuchs. Nach etwa drei Minuten riefen die Mädchen aus, dass sie Zweige gebrochen hätten. Der Versuchsbetreuer ging nach draußen und sah acht durchgebrochene Zweige. Danach wurde noch ein weiteres Experiment durchgeführt, und die Mädchen zerbrachen über zwanzig Zweige.

Aufgeregt bat der Versuchsbetreuer Shao Hongyan und Sun Liping darum, noch an einem weiteren Versuch teilzunehmen. Das Wissenschaftlerteam steckte eine Winterjasminknospe in eine Porzellanvase und bat Sun Liping, die Vase zu halten, jedoch ohne die Knospe zu berühren. Sie sollte ihre Gedankenkraft zu ihr hinsenden. Innerhalb einer Minute war der Winterjasmin voll erblüht. Diejenigen, die Zeugen des Experiments waren, riefen alle »Großartig!«, und natürlich waren auch die beiden Mädchen hocherfreut.

Später nahm das EHF-Forschungsteam von der Universität Yunnan noch zwei weitere Experimente mit diesen beiden Mädchen vor. Einmal sollten sie eine aufgeblühte Blume dazu bringen, sich zur Knospe zu verschließen. In einem Moment erschien die Blume in einer leeren Tasse. Der bemerkenswerteste Test von allen bestand darin, eine Blume von einem Nebenraum in den Versuchsraum wandern zu lassen und dort in einer Vase zu platzieren. Es war wie Zauberei. Die Wissenschaftler konnten nur staunen.

Nachdem man in China eine große Zahl von EHF-Kindern entdeckt hatte, wurden zwei Dokumentarfilme über sie gedreht. Der eine, der den Titel »Do You Believe It?« (Glauben Sie es?) trug, wurde vom Zentralen Nachrichtendokumentarfilmstudio in Peking gedreht, der andere stammte vom Lehrfilmstudio Shanghai (Shanghai Science and Educational Film Studio) und hieß »Image Recognition by Non-Visual Organs« (Bilderkennung über nonvisuelle Organe) – er handelte von den Frühstadien der EHF-Arbeit und dem Einsatz des Ohres statt des Auges, das Lesen mit den Fingern und so weiter.

In einer Szene von *Do You Believe It* nahm die bekannte EHF-Größe Yu Rui Hua an einem Mann mittleren Alters eine Untersuchung der Speiseröhre vor, wobei sie von ihrer Fähigkeit Gebrauch machte, durch Objekte hindurchzusehen. Aber Yu Rui konnte nicht zwischen Speiseröhre und Luftröhre unterscheiden, also bat sie den Mann, einen Schluck Wasser zu trinken. So konnte sie erkennen, welches von beiden die Speiseröhre war, und diese untersuchen. Nach kurzer Zeit sagte sie: »Ihre Speiseröhre sieht nicht so aus wie bei anderen. Bei anderen Menschen ist sie gerade, aber bei Ihnen verläuft sie leicht nach außen. Es stülpt sich etwas aus ihr hervor.« Bei diesem Worten zeigte sie auf die Stelle, wo der Patient hiervon betroffen war. Der Mann war höchst überrascht. Es stellte sich heraus, dass ihr *Röntgenblick* die gleichen Ergebnisse erbracht hatte wie eine medizinische Untersuchung. Bei dieser Begebenheit mit dem *Röntgenblick* waren jede Menge medizinisches Personal und Mitarbeiter des Filmstudios anwesend.

Von all den vielen Formen von EHF gefallen mir persönlich das Aufblühenlassen einer Blume und Telepathie am besten. Telepathie gehört zu den unglaublichsten paranormalen Phänomenen. Sie erlaubt nicht nur eine gedankliche Kommunikation sogar über Tausende von Kilometern hinweg, sondern ermöglicht es einem auch, die geheimsten Gedanken einer anderen Person zu lesen. Was jemand auch denkt, der Gedankenleser oder die Gedankenleserin wird davon wissen – eine Aussicht, die so faszinierend wie Angst einflößend ist. Aber es gibt da noch weitere, noch faszinierendere und beängstigendere Dinge. In chinesischen Science-Fiction-Romanen wurden einige davon ausgemalt, etwa wie in einer Erzählung von zwei telepathisch begabten Schwestern, die ich einmal las. Wenn die eine Schwester mit ihrem Freund schlief, verspürte ihre Schwester gleichzeitig am eigenen Leib die Empfindungen, die ihre Schwester dabei hatte, was ihr sehr unangenehm war.

Es gibt eine Szene in dem Film *Do You Believe It*, die an dieser Stelle Erwähnung verdient. Dong Wenbao, ein Wissenschaftler in der Region Huiyong, Provinz Guizhou, hat einen viereinhalbjährigen Sohn, Dong Chang Jiang, der in schönster Regelmäßigkeit seine Gedanken liest. Eines Tages, als er mit seinem Sohn Rechnen übt, weiß der Kleine wie aus der Pistole geschossen die Antwort. Danach passiert das gleiche beim Multiplizieren, Dividieren, Hochrechnen und Wurzelziehen. Zuerst denkt der Vater schon, sein Sohn sei ein Genie, doch dann entdeckt er, dass der Kleine telepathische Fähigkeiten hat. Bald werden diverse Autoritäten auf diese Begebenheit aufmerksam, die alle erdenklichen Personen zu dem Jungen schicken, um ihn zu testen. Einige Forscherteams bitten Vater und Sohn gemeinsam zu einem Versuch. Dabei geht es um die Gleichung $2-5 = -3$. Dong Wenbao liest sie und legt seine Hand auf den Kopf seines Sohnes, und sein Sohn schreibt sofort die richtige Lösung auf. Eine weiterer Versuch dreht sich um die Quadratwurzel von 3. Sein Sohn schreibt im Handumdrehen die Antwort auf: 1,7321. Er versagt auch bei den nachfolgenden Problemstellungen kein einziges Mal.

»Herzen kommunizieren spontan, indem sie das geistige Band berühren«, so eine berühmte Zeile aus der klassischen chinesischen Dichtung, die geistige Beziehungen beschreibt. Wer in China lebt, hört dies im Alltag immer wieder. Einmal gab ich in Oakland, Kalifornien, Qigong-Unterricht. Eine Kursteilnehmerin brachte regelmäßig ihre Kinder mit, sieben und neun Jahre alt. Einmal fragte ich sie, ob sie etwas dagegen hätte, wenn ich ihre Kinder auf telepathische Fähigkeiten testen würde. Nachdem sie eingewilligt hatte, testete ich die Kinder. Ich legte ihnen leicht die Hände auf den Kopf und dachte an eine Zahl. Die Folge war, dass der siebenjährige Sprößling richtig erriet, an welche Zahl ich dachte, die drei, und der Neunjährige riet ebenfalls richtig, als ich für den Test bei ihm die Zahl fünf verwendete. Das war nur ein einfacher Test, aber jedenfalls entdeckte ich dabei, dass die beiden Kinder telepathische Fähigkeiten besaßen. Ich schlug ihrer Mutter vor, ich könnte ihnen helfen, ihr »drittes Auge« weiterzuentwickeln, aber es hatte den Anschein, dass ihr Übersinnliches fremd war und Angst machte, so dass sie nicht einwilligte. (Wie sich die Fähigkeiten der Kinder weiterentwickeln lassen, wird in Kapitel 9 besprochen).

Die Beispiele, die wir uns bislang betrachtet haben, waren allesamt einfache Tests. Solche Tests, durchgeführt auf der Basis beobachtbarer Indizien, wurden Tausende von Malen wiederholt. Danach wurden sorgfältigere und wissenschaftlichere Methoden angewandt, um EHF-Fähigkeiten zu testen. Hierzu gehört der Einsatz von Instrumenten bei wissenschaftlichen und medizinischen Forschern, Qigong-Meistern und Profi-Magiern, um die Experimente zu überwachen, damit Betrug aufgedeckt und die Korrektheit der Ergebnisse sichergestellt wird.

Wenn Menschen erkranken, zeigen sich am Körper oft abnormale Objekte, wie etwa Tumoren, Gallen- und Nierensteine, die chirurgisch entfernt werden müssen. Nun haben wir eine Methode, die besser ist als die meisten hochentwickelten medizinischen Techniken. Nämlich den Einsatz der EHF-Kraft Psychokinese statt chirurgischer Eingriffe, um Objekte aus dem Körper zu entfernen. Von chinesischen EHF-Forschern wurde ein Experiment durchgeführt, das ebenso bedeutsam ist wie interessant. Das Lehrerseminar in Anhui und das Anhui Wuhu City Third People's Hospital führten aufgrund dieser glücklichen Aussicht ein solches Experiment an einem lebendigen Versuchsobjekt durch.

Die Operation erfolgte an einem Huhn. Man wählte ein kräftiges und gesundes Federvieh mit einem Gewicht von gut 1.100 Gramm. An diesem Huhn wurde ein Schnitt vorgenommen, um Steine mit verschiedenfarbigen Markierungen in seinem Mageninnern und Bein zu platzieren – rot, gelb, blau –, und dann die Operationsnaht wieder zu schließen. Danach wurde das Huhn etwa eine Woche lang gepflegt. Nachdem die OP-Naht komplett verheilt war, begann man mit dem Versuch.

Zu Beginn des Experiments sagten die Wissenschaftler den EHF-Kindern Xiao Shi, Xiao Wang und Xiao Xu (im Chinesischen bedeutet Xiao »klein« und wird oft als eine Art Spitz- oder Kosename vor die Eigennamen von Kindern gesetzt), sie sollten ihren *Röntgenblick* zu Hilfe nehmen, um die farbigen Steine im Innern des Huhns zu sehen. Nachdem die Kinder korrekt angegeben hatten, was sich in dem Huhn befand, wurden sie aufgefordert, ihre Geisteskraft zu verwenden, um das Futter aus dem Kropf an der Speiseröhre des Huhns zu entfernen – Getreidekörner, Erbsen und Sprossen. Nachdem ihnen das gelungen war, liefen die übersinnlichen Kräfte der Kinder auf Hochtouren. Da nun ihre besonderen Fähigkeiten »aktiviert« waren, ließen sich diese an der schwierigeren Aufgabe ausprobieren, Objekte aus dem Körper hinaus zu befördern. Am 26. August 1984 gelang es den drei Kindern unter der Supervision und Beobachtung von acht Ärzten am Wuhu City Second People's Hospital, die farbigen Steine mit Gedankenkraft aus dem Hühnermagen und -bein zu entfernen. Der dank EHF und Psychokinese durchgeführte »chirurgische Eingriff« unter Überwindung räumlicher Hindernisse war erfolgreich gewesen!

Der Ausdruck »Überwindung räumlicher Hindernisse« passt hier nicht ganz, da er den beobachteten Endeffekt beschreibt, ohne eine Aussage zu treffen, worum es sich eigentlich handelt. Da die Wissenschaft jedoch noch keine Erklärung für seine wahre Natur gefunden hat, kommen wir bis auf weiteres nicht um diesen unzureichenden Ausdruck herum. 1982 führte das Lehrerseminar in Peking zusammen mit 26 Forschungseinrichtungen und -akademien sowie über vierzig Wissenschaftlern eine Versuchsreihe zur »Überwindung räumlicher Hindernisse« durch. Am 8. Juni dieses Jahres verschloss ein Forscher von diesem Kolleg eine Schreibtischschublade und versteckte den Schlüssel, ohne der EHF-Testperson zu sagen, wo sich der Schlüssel befand. Dann übergab man Zhang Baosheng ein Ei (auf das zur Kennzeichnung bestimmte Markierungen angebracht worden waren). Nach etwa sechs Minuten war das Ei aus Zhang Baoshengs Hand verschwunden, und er spürte, dass das Ei sich in der Schreibtischschublade befand. Der Versuchsüberwacher öffnete die Schublade, und – siehe da – das Ei befand sich in der Tat dort. Eine sorgfältige Inspektion ergab, dass es sich um das gleiche Ei handelte.

Zu einem früheren Zeitpunkt, am 27. Dezember 1980, führten EHF-Forscher am Pekinger Lehrerseminar eine Experiment zur »Überwindung räumlicher Hindernisse« durch, dieses Mal mit lebendigen Zielobjekten. Sie setzten vier Fruchtfliegen in eine kleine Glasflasche und steckten die Flasche in die Manteltasche von Versuchsleiter A. Er saß an einem dafür gekennzeichneten Ort, und ein anderer, Versuchsleiter B, saß in einem anderen Teil des Raums. Zusätzlich waren da noch vier Personen, die gegenüber von Zhang Baosheng saßen. Das Experiment begann um 4.44 Uhr und dauerte bis 5.05 Uhr. An diesem Punkt merkte Versuchsüberwacher A, dass er das Fläschchen in seiner Manteltasche vermisste. Danach tauchte es in einer Ärmeltasche von Versuchsleiter B auf. Sie stellten fest, dass die Fruchtfliegen noch am Leben waren, und diese lebten danach noch drei Tage.

In neueren Jahren nahmen die Chinesen eine Vielzahl von Experimenten an den paranormalen Supergenies Zhang Baosheng und Yan Xin vor. Eine der Geschichten zu Zhang Baoshengs Fähigkeit, durch Wände hindurchzugehen, lässt sich nicht ignorieren. Man lasse mich jedoch zunächst einmal eine komische Geschichte über die taoistischen Priester von Laoshan erzählen. Dieser Geschichte zufolge begab sich ein Mann nach Laoshan, um von einem taoistischen Priester zu lernen, wie man durch Wände geht. Nachdem er das gelernt hätte, würde er, so sagte er seiner Frau, die Zauberworte sprechen und durch Wände hindurchgehen, um andere zu bestehlen, so dass sie nie wieder Geldsorgen haben würden. Dann demonstrierte er seiner Frau diese Fähigkeit, aber er hatte Pech: die Zauberworte wirkten nicht, und so schlug er mit dem Kopf gegen die Wand und blutete. Ich bezweifle, dass jemand diesem Mythos Glauben schenken würde, und doch erlauben es die Kräfte des chinesischen Supergenies Zhang Baosheng tatsächlich, genau dieses Kunststück der Taoisten von Laoshan zu bewerkstelligen, nämlich durch Wände zu gehen.

Eines Tages heiratete Zhang Baosheng und zog in ein neues Haus. Liu Huiyi, Professorin am Lehrerseminar in Peking, stattete ihm in seinem neuen Heim einen Besuch ab. Sie wollte ihm gratulieren. Als Zhang Baosheng sie vom Fenster aus sah, sagte er: »Das Eingangstor ist verschlossen und lässt sich von innen nicht öffnen. Könnten Sie mir von Ihrer Seite helfen, es aufzubekommen?« Mit diesen Worten reichte er Professor Liu durch die Fenstervergitterung hindurch den Schlüssel. Die beiden plauderten miteinander, während die Professorin sich am Schloss zu schaffen machte. Doch was sie auch versuchte, das Tor öffnete sich nie (einer von Zhang Baoshengs Streichen). Sie konzentrierte sich fest darauf, das Tor zu öffnen, doch plötzlich hörte sie Gelächter, und Zhang Baosheng tauchte hinter ihr auf. »Da haben Sie mich doch glatt wieder an der Nase herumgeführt!« rief Professor Liu Huiyi daraufhin aus. Das ist eine Geschichte, die sich lediglich unter vier Augen abspielte – es waren keine Zeugen anwesend, die sie bestätigen könnten.

Im Oktober 1982 testeten Professor Wang Pinshan, zusammen mit dem Liaoning Province Institute of Chinese Medicine, Zhang Baoshengs Fähigkeit, sich unentdeckt unter das Publikum zu mischen. Zhang Baosheng ließ sich darauf ein, es »einmal zu probieren«.

1982 lebte Professor Wang ein Jahr lang mit Zhang Baosheng zusammen, um seine EHF zu testen. Zu diesem Test wurde ein Team gebildet, das aus mehreren Professoren und einer Vielzahl von Studenten bestand und dazu dienen sollte, sämtliche Eingänge und Fenster zum Zuschauerraum zu bewachen. Sie alle waren äußerst wachsam und hielten fortwährend Ausschau nach Zhang Baosheng. Mehrere Minuten lang, so waren sich alle einig, befand sich Zhang Baosheng noch draußen. Nach etwa einer Viertelstunde jedoch befand sich Zhang Baosheng laut rufend im Auditorium. Alles drängte sich im Zuschauerraum zusammen, um ihn zu sehen. Tatsächlich, er war hineingekommen. Nachdem sich diese Geschichte herumsprach, sagten einige, Zhang Baosheng könne einen Tunnel durch das Erdreich anlegen, einige sagten, er könne sich unsichtbar machen und wieder andere vermuteten, das sei ein Zaubertrick ersten Ranges – im gleichen Jahr war ein ausländischer Zauberer nach China gekommen und hatte an der Chinesischen Mauer ein Kunststück vorgeführt, bei dem er »durch Wände ging«. Als Zhang Baosheng gefragt wurde, wie er ins Publikum gelangt sei, gab er eine völlig überraschende Antwort, das habe am Publikum gelegen, da es ihn nicht aufhalten konnte.

Nachdem Zhang Baosheng aus der Provinz Liaoning nach Peking zurückgekehrt war, begannen sich viele militärische Einrichtungen stark für diese Fähigkeit von ihm zu interessieren, und es wurden mindestens acht Tests hierzu organisiert. In einem davon baten mehrere Persönlichkeiten von der obersten militärischen Führungsspitze Zhang Baosheng, das Büro einer hohen Regierungsstelle zu betreten, ohne dass die beiden Wachen am Eingang ihn sehen würden. Zhang Baosheng willigte ein, es »zu versuchen«. Alle Beobachter verfolgten jede Bewegung Zhang Baoshengs, doch plötzlich war er verschwunden und tauchte im Büro wieder auf. Danach kam er auf die gleiche Weise heraus. Die militärischen Führungsgrößen fanden das hochgradig spannend.

Zur näheren Erforschung von Zhang Baoshengs Fähigkeit, durch Wände zu gehen, interviewten die Beobachter Professor Song Kongzhi, einen Spezialisten, der Forschungsarbeiten auf dem Gebiet der »Bewegung von Objekten jenseits von Raum-Zeit« leitet. Er sagte: »Ich habe zahlreiche Experimente mit physischen Objekten durchgeführt, die sich jenseits der Begrenzungen des Raumes bewegten, darunter viele Beobachtungen an Zhang Baosheng. Er kann jedes Objekt dazu bringen, über die Grenzen des Raums hinauszugelangen. Bei diesem Effekt muss irgendeine Energie involviert sein. Erreicht diese Energie ein bestimmtes Niveau, wird es für ihn möglich, mit seinem Körper räumliche Grenzen zu überwinden. Diese Überlegung führt mich dazu zu glauben, dass es für Zhang Baosheng durchaus möglich sein mag, durch Wände zu gehen.«

Obwohl er es nicht geradeheraus zugibt, scheint Song Konzhi hier im Klartext zu sagen, dass er Zhang Baosheng wissenschaftlichen Tests unterzog und beweisen konnte, dass er über diese Fähigkeit verfügt. Man muss sagen, dass Zhang Baoshengs Fähigkeit, durch Wände zu gehen, im Grunde schon zuvor ein offenes Geheimnis gewesen war. Noch mehr Bedeutung mag diese Tatsache gewinnen, wenn man die vorherigen Paragraphen über Experimente, an denen Zhang Baosheng beteiligt war, mit dem in Kapitel 1 beschriebenen Vorfall vergleicht, wie Zhang Baosheng einen Sack Zucker, der einhundert Pfund wog, durch die Wände eines Lagerhauses hindurch beförderte.

Professor Song Kongzhi ist derzeit Mitglied des chinesischen Verbandes zur Erforschung des menschlichen Körpers. Über die grundlegende Natur von EHF schrieb er: »Der Grund, warum wir das Wandern von Objekten durch räumliche Begrenzungen hindurch studieren, ist der, seine wahre Natur verstehen zu wollen.«

Die wissenschaftliche Bestätigung von Zhang Baoshengs Kräften geht auf 1987 zurück. In diesem Jahr hielt die »Chinese Scientific and Technical Association« eine Veranstaltung in Peking ab, an der sich viele berühmte Wissenschaftler beteiligten. Nachdem sie eine Demonstration von Zhang Baoshengs EHF miterlebt hatten, erlangte dieser einen bemerkenswerten Ruf und wurde zur gefragten Versuchsperson. Zu der Veranstaltung, einem gemeinsamen Workshop, kamen über dreißig Fachleute zusammen, und in seinem Verlauf befasste man sich mit fünf Versuchsfeldern, wobei die Experimente mehrfach durchgeführt wurden. Die Kategorien der Experimente waren:

A. Wahrnehmung von Schrift, Bildern und Farben über nichtvisuelle Organe;
B. Rekonstruktion zerrissener oder zerschnittener Visitenkarten;
C. Psychokinese (Objekte mit Gedankenkraft bewegen);
D. durch Gedankenkraft Feuer entzünden;
E. unter Überwindung räumlicher Hindernisse Objekte aus einer Flasche entfernen (zum Beispiel Tabletten aus versiegelten Flaschen).

Wenden wir uns nun den Experimenten zu, die an einer weiteren Superbegabung in Sachen paranormale Fähigkeiten vorgenommen wurden: Yan Xin. Und sehen wir uns an, welche Rätsel diese uns aufgeben.

Die zentralen wissenschaftlichen Institute, die sich mit der wissenschaftlichen Überprüfung von Yan Xin befasst haben, sind die Qinghua-Universität (eine Bildungseinrichtung, die dem Rang nach der Princeton University in den USA gleichkommt), das High Energy Physics Institute der Chinese Academy of Sciences und viele andere Institutionen aus der Qigongwelt. Gegenstand der Versuche war unter anderem:

- ○ die Stromtoleranz des Körpers unter dem Einfluss von Qigong;
- ○ eine Studie zur Wirkung von ausgesendetem Qi auf Moleküle bei einer Entfernung von 2.000 Kilometern;
- ○ ein Test zum Einfluss von Qi, das von den USA nach China geschickt wurde (also einen Weg von 10.000 Kilometern zurücklegte), auf die Halbwertzeit von Americium 241;
- ○ die Auswirkung von Qi auf die Impulsrate der Radioaktivität von Americium 241;
- ○ der Einfluss von Qi auf Wechselwirkungen zwischen Flüssigkristall und Fetten;
- ○ eine Erforschung des Einflusses von Qi auf die Absorption von UV-Licht bei Nukleinsäurelösung;
- ○ der Einfluss von aus der Ferne gesendetem Qi auf die Trennung von Gasgemischen;
- ○ der Einfluss von ausgesendetem Qi auf die polarisierte Ebene eines Laserstrahls;
- ○ Erforschung der Einflüsse des äußerlichen Qi des Qigong auf Brom-n-Hexan-Verdrängungsreaktionen über große Entfernungen;
- ○ Erforschung der Wirkungen des äußerlichen Qi des Qigong auf die Phasen von Flüssigkristallen und Lipiden;
- ○ Erforschung biochemisch aktiver Lösungen per Laser mit Hilfe der Raman-Spektroskopie bei Einwirkung des äußerlichen Qi des Qigong.

Betrachten wir uns von diesen elf Experimenten das erste, die »Stromtoleranz des Körpers unter dem Einfluss von Qigong«. Am 15. Mai 1991 führte Yan Xin im Masonic Auditorium vor einem eintausendsiebenhundertköpfigen Publikum die »Stromtoleranz des Körpers unter dem Einfluss von Qigong« vor. Der Fotoreporter Eric Luse vom San Fran-

cisco Chronicle schoss hiervon ein Foto. In der Bildunterschrift stand: »Yan Xin während eines Vortrags im Masonic Auditorium bei der Demonstration der Stromtoleranz seines Körpers.« Davor, Anfang 1986, hatten Li Quanguo, ein Ingenieur in der Pekinger Truppe 57039 und einige Assistenten mit Yan Xin gearbeitet, um die Wirkung von Elektrizität auf ihn zu untersuchen. Yan Xin, Absolvent der Chinese Medicine Academy, verstand nichts von Elektrizität, wollte jedoch Experimente durchführen, bei denen er Stromquellen mit den Händen berühren würde. Bei diesemVersuch hatte er unter anderem das Ziel, den Einsatz von Gedankenkraft zum Betreiben von Elektrogeräten wie Radios, Fernsehgeräten und Ein-/Aus-Schaltern zu erproben. Vielleicht war es auch nur natürliche Neugier. Aus diesem Grund vermittelte Li Quanguo Yan Xin etwas Basiswissen zur Elektrizität, und dann schritten sie zum Versuch.

Aus Sicherheitserwägungen begann der Test von Yan Xin, bei dem dieser Stromquellen berührte, bei null Volt, mit einem allmählichen Ansteigen. Sie steigerten problemlos bis auf 150 Volt, bei mehr als 150 Volt jedoch erlebte er deutlich wahrnehmbar einen elektrischen Schlag, und in vielen Tests kam er über dieses Niveau nicht hinaus. Als wahrscheinliche Erklärung zog man mentale Vorbehalte seinerseits in Erwägung. Wie alle Qigong-Forscher wissen, wirken sich Zweifel an oder Vorbehalte gegenüber etwas auf unsere Fähigkeiten dazu aus. Ein Feuerläufer berichtete dem Autor, dass es Menschen mit mentalen Vorbehalten sehr schwer falle, über die glühenden Kohlen zu laufen. Später durchbrach Yan Xin dann doch noch die 150-Volt-Schranke, und er schaffte es auch, die Stromspannung zu steigern und zu senken. Wie Yan Xin erklärte, half ihm der »Meister«, der hinter ihm stehe, seine Zweifel zu überwinden. An dieser Stelle möchte ich gerne einfügen, dass chinesische Qigong-Praktizierende – ebenso wie paranormal Begabte aus dem Westen – oft sagen, es stünde ein Meister, ein Gigant oder irgendeine Kraft hinter ihnen, der beziehungsweise die ihnen die Kraft gäbe. Das ist gut vorstellbar. Der Meister, den Yan Xin meinte, muss jener höchste Meister sein, der erscheinen und verschwinden konnte, nicht Meister Hai Deng (Yan Xins Lehrer in Qigong und Kampfkunst, Oberhaupt des Shaolin-Klosters Hai Deng).

Wieso war Yan Xin in der Lage, beidhändig eine Stromquelle zu berühren, ohne einen elektrischen Schlag zu bekommen? Der Grund ist natürlich der, dass er seine Gedankenkraft dazu benutzte, in den

Qigong-Zustand einzutreten und einen elektrischen Widerstand zu erzeugen (wir betrachten uns Qigong in Kapitel 8 noch genauer). Wenn ein Qigong-Meister seine Energie dazu benutzt, den Körperwiderstand zu steuern, kann er die Stromspannung, die auf den Körper einwirkt, nach Belieben erhöhen und senken, und er kann auch den Strom steuern. Yan Xin hat in China viele Demonstrationen veranstaltet, bei denen er, statt Nadeln an den Akupunkturpunkten zu setzen, seine Finger zur »Elektrotherapie« gebrauchte, um so Heilwirkungen zu erreichen, indem er die elektrischen Linien in den Händen dazu benutzte, Akupunkturpunkte des Patienten zu stimulieren. Er hält ein unter Spannung stehendes Kabel in einer Hand, und der Patient hält den Massedraht. Mit der anderen Hand berührt Yan Xin zu Heilzwecken die Akupunkturpunkte des Patienten, statt eine Akupunkturnadel zu verwenden. Er kann diese Methode auch dazu einsetzen, mehrere Personen gleichzeitig zu behandeln, indem er eine Menschenkette bilden lässt, bei der sich die Patienten an den Händen halten.

Den Versuchsleitern zufolge liegt der Widerstand zwischen Yan Xins Händen, wenn dieser von seiner Energie keinen Gebrauch macht, mehrere Hundert Ohm höher als bei einem Durchschnittsmenschen. (Der Unterschied lässt sich als Auswirkung von Yan Xins täglicher Qigong-Praxis erklären, verglichen mit gewöhnlichen Menschen, die nicht Qigong praktizieren.) Wenn er seine Energie einsetzt (oder seine paranormalen Fähigkeiten), liegt sein Widerstand mehrere Tausend Ohm höher als bei einem normalen Menschen. Die obigen Zahlen beziehen sich auf Messungen, bei denen er keiner elektrischen Spannung ausgesetzt ist. Bei 220 Volt (wie von den chinesischen Elektrizitätswerken eingespeist) entsteht im Körper eines normalen Menschen ein Widerstand von etwa einem Kiloohm, bei Yan Xin liegt er ein Paarhundertfaches über diesem Wert. Macht er jedoch von seiner paranormalen Begabung Gebrauch, so kann sein Widerstand ein Niveau erreichen, das um einige Tausend Male höher liegt. (Man beachte, dass die Stromspannung in den USA im Allgemeinen 110 Volt beträgt.) Die Autoren möchten ihre Leser allerdings eindringlich davor warnen, selbst Experimente auszuprobieren, bei denen sie eine Stromquelle anfassen!

Eines der Forschungsergebnisse könnte eine gute Nachricht für die gesamte Menschheit bedeuten. Am 24. Januar veröffentlichte die *Guangming Ribao*, eine bekannte Intellektuellenzeitung hohen Niveaus in Peking, einen Bericht. Die dreizeilige Schlagzeile lautete (ganz oben): »Neuentdeckung des Qigong-Forschungsteams der Qinghua-Universität«, darunter: »Physiologische Veränderungen sind die Ursache für die Heilkraft von Qigong«, und in der dritten Zeile: »Mit dieser Entdeckung schreitet die Qigong-Forschung von der zellularen zur molekularen Ebene fort.«

Nachdem die Chinesen mit ihrer Forschungsarbeit zu Qigong begonnen hatten, fanden sie zunächst heraus, dass sich damit Krankheiten heilen ließen. Danach entdeckten sie, dass äußerliches Qi (äußerliches Qi kann man auch als eine paranormale Fähigkeit bezeichnen) das Wachstum von Pflanzen fördern kann. Diese Phänomene gehören mit zu den Rätseln, die man in China derzeit zu lösen versucht, indem man auf das Wissen und die Techniken der modernen Wissenschaft zurückgreift. Nach zahlreichen Versuchen fanden die Chinesen schließlich heraus, dass äußerliches Qi eine Wirkung auf der biochemischen Ebene zeigt, indem es Veränderungen in manchen molekularen Strukturen hervorruft.

Zunächst begann unter der Leitung von Lu Zuyin, Professor für Elementarteilchenphysik und Biophysik, 1981 die Erforschung der Auswirkungen von äußerlichem Qi. In weiten Versuchsteilen machte man dabei von Mikrowellen- und thermographischen Apparaturen Gebrauch, um den Einfluss von Qi beim Praktizieren von Qigong zu messen. Ab 1985 begann man dann mit Versuchen, bei denen organisches Flüssigkristall zur Anwendung kam und entdeckte, dass Qi einen Brechungspunkt verdunkeln und einen anderen aufhellen konnte. Dieses Phänomen weckte großes Interesse, da Zellwände im Körper aus ähnlich hochpolymeren Flüssigkristallsubstanzen bestehen. Das zeigt, dass Qi auf die zellulare Ebene einzuwirken vermag. Aber tut es das auch? »Sei kühn bei der Bildung von Hypothesen, sei sorgfältig bei deren Überprüfung«, sagte der chinesische Philosoph Dr. Hu Shi einmal. Also lud ein interdisziplinäres Wissenschaftlerteam, das sich mit Qigong befasste, Yan Xin ein, sich an seinen Versuchen zu beteiligen. Von Januar 1986 bis Januar 1987 führte es an unterschiedlichen Orten und aus unterschiedlichen Entfernungen sieben Experimente durch, und sie alle ergaben die erwarteten Ergebnisse.

Teil der Experimente war, Leitungswasser, Salzlösung, Glukoselösung und Methramyzinlösung – sie alle physiologisch aktiv – in dicht versiegelte Flaschen zu geben und diese in einen dunklen Raum zu stellen, und dann ließ man Yan Xin aus einer größeren oder kleineren Entfernung seine Energie dorthin senden. Ein glückliches Ereignis trat ein: Das Laser-Raman-Spektrometer des Leitungswassers zeigte nun einen völlig neuen Peak-Bereich, was bedeutet, dass es sich in Wasser mit einer anderen molekularen Struktur umgewandelt hatte! Dieser Versuch wurde viele Male wiederholt, am 27. und 31. Dezember 1986, am 5., 8., 9., 12., 17., 20. und 23. Januar 1987, und in allen Fällen hatten die Messinstrumente weiterhin diese Veränderung ihres Peak-Bereiches in der Frequenz-Auswertung. Danach führte man den Versuch mit Salz-, Glukose- und Methramyzinlösung durch, und sie alle wiesen ähnliche Veränderungen in ihrer molekularen Struktur auf!

Das ist eine nie dagewesene Entdeckung, ein neuer Meilenstein in der Geschichte der Qi-Forschung (und der Forschung an paranormalen Phänomenen), eine Entdeckung, die für die moderne Wissenschaftstheorie eine Herausforderung darstellt. Der Ruch von Aberglaube, der Qigong über Tausende von Jahren angehaftet hatte, legte sich, und die Anschuldigungen, Qigong sei lediglich ein »Plazebo«, »psychologische Suggestion« oder »Hypnose«, wurden entschieden widerlegt.

Als Professor Qian Xuesen von diesen bahnbrechenden Ergebnissen las, maß er ihnen einen großen Stellenwert bei. In der Rubrik »Stellungnahme des Rezensenten« schrieb er: »Das ist eine Weltneuheit, etwas, das unstrittig beweist, dass der menschliche Körper auf externe Objekte einwirken kann, ohne dass ein physischer Kontakt besteht, und so ihren molekularen Zustand zu verändern vermag. Das ist eine Arbeit, die noch nicht da war, und sie muss sofort veröffentlicht werden, um das vom chinesischen Volk hier Erreichte in aller Welt publik zu machen.«

Wem die technischen Versuchsberichte zu trocken und zu öde sind, den interessieren vielleicht einige Geschichten über Yan Xin und diese Wissenschaftler von der Universität Quinhua, die noch eine weitere Seite von all dem aufzeigen. Professor Li Shengping, einer der an den Versuchen beteiligten Wissenschaftler, bei denen es um die Veränderung der molekularen Struktur von Flüssigkeiten ging, erzählte uns die folgende Geschichte: Es war das erste Mal, dass Yan Xin sich an wissenschaftlichen Untersuchungen beteiligte, und er war in bester Laune. Sobald er in den Raum trat, strahlte er stillschweigend seine Energie ab. Zu Beginn des Experiments wollten die Versuchsleiter das Licht ausschalten, doch da geschah etwas Unerklärliches: So sehr sich auch alle bemühten, die Lichtschalter zu betätigen, das Licht blieb an. Nun konnten sie das Experiment nicht durchführen, ohne zuvor das Licht gelöscht zu haben, also versuchten sie es weiter – ohne Erfolg. Sie wollten schon aufgeben, da sagte Yan Xin: »Das dürfte kein Problem sein.« Er berührte den Lichtschalter, und plötzlich ging das gesamte Licht aus! Wie Professor Li Shengping sagte: »Diese kleine Vorstellung von Yan Xin rief uns die Tatsache in Erinnerung, dass er in der Lage ist, einen Trümmerbruch am Schulterblatt innerhalb von zwanzig Minuten zu heilen.« Nach dem Vorfall war man im Labor in aufgeräumter Stimmung. Alle konnten spüren, dass der für diesen Tag angesetzte Versuch mehr ergeben würde als erwartet. Wie sich herausstellte, war das erste Experiment ein voller Erfolg.

Die chinesischen Forscher ruhten sich allerdings nicht auf ihren Lorbeeren aus, nachdem es ihnen gelungen war, EHF (oder Qi) dazu einzusetzen, die molekulare Struktur von Wasser zu verändern. Sie machten weiter, und als nächstes Versuchsobjekt nahmen sie eine Zelle aus einem Organismus. Das Ergebnis war, dass Yan Xin mit seinen paranormalen Fähigkeiten die Anordnung der Moleküle von der Zellmembran ändern konnte.

Wenn wir diesen Gedanken weiterspinnen, wäre es da nicht möglich, Versuche an diesen geheimnisvollsten aller Zellen vorzunehmen: den DNA-Zellen, die den genetischen Code in sich bergen? Die molekulare Struktur der DNA ist außerordentlich komplex, und Wachstum und Zerfall, Geburt und Tod von Proteinen werden von der DNA gesteuert. Aus diesem Grund hängen unser Leben und unsere Gesundheit oder Krankheit allesamt mit der DNA zusammen. Das trifft insbesondere auf Erbkrankheiten zu.

Bei Versuchen an DNA und RNA kommen Ultraviolettspektrometer zum Einsatz, da DNA und RNA ganz bestimmte ultraviolette Absorptionsbandbreiten in ihrem jeweiligen Spektrum haben, welche als »charakteristische Bandbreiten« bezeichnet werden. Diese sind von entscheidender Bedeutung, will man DNA und RNA anhand der Bandbreitenstruktur der Spektren identifizieren, ebenso wie der menschliche Fingerabdruck einmalig ist und zur Identifizierung dienen kann.

Die Wissenschaftler nahmen als Untersuchungsobjekte DNA aus einem Kälberthymus und RNA aus Hefe. Sie verwendeten zur Messung ein Ultraviolettspektrometer mit einer hohen Auflösung und ließen Yan Xin fünfzehn Minuten lang seine Energie auf die Versuchsobjekte schicken. Dabei beobachteten sie, dass sich das Ultra-violett-Absorptionsspektrum der DNA-Lösung in der Tat veränderte, was bedeutete, dass sich auch die molekulare Struktur der DNA geändert hatte. Als sich diese Neuigkeit, das Ergebnis, bis zu einer Physik-Autorität an der Qinghua-Universität herumsprach (der Betreffende bat sich Anonymität aus), glaubte der Betreffende nicht daran. Er wollte seinen eigenen Versuch starten, und nur für den Fall, dass dieser gelänge, würde er das Ergebnis akzeptieren.

Sechs Jahre zuvor hatte er aus Amerika etwas mitgebracht, das als künstlicher Flüssigkristall (MBBA) bezeichnet wird, ein extrem stabiles Material. Noch nie hatte man Veränderungen an ihm registriert. An diesem MBBA wollte er den Versuch vornehmen. Die Proben für den Versuch befanden sich im Universitätslabor, und sie fuhren sieben Kilometer weit zu dem Vorortbezirk, wo das Experiment stattfinden sollte. Nachdem er nur fünf Minuten lang seine Energie gesendet hatte, sagte Yan Xin, er sei fertig. Die Physikeminenz schüttelte missbilligend den Kopf und erwiderte, das sei unmöglich. Als sie jedoch zurückkamen und die Probe mit ihrem zuverlässigen alten Messgerät untersuchten, ließ es sich nicht leugnen! An diesem Punkt fragte der Physiker Yan Xin, sei es gezielt, sei es eher beiläufig: »Das MBBA, das wir da draußen getestet haben, hat sich verändert, aber das MBBA, das sich gekühlt im anderen Raum befindet, ist davon ja wohl nicht betroffen, oder?« »Eventuell doch«, gab Yan Xin zurück. Der Physiker war etwas beunruhigt, als er das hörte, also begab er sich auf der Stelle in den anderen Raum und holte die restliche MBBA-Partie aus der Kühlung, um sie zu untersuchen. Nach zwanzig Minuten wusste er, dass auch sie sich verändert hatte. Der MBBA war für diese Graue Eminenz in Physik von großer Bedeutung, er hatte das Material aus den USA importiert. Von daher war er ziemlich aufgelöst, einige andere in seinem Umfeld jedoch neckten ihn wegen des »großen Verlusts«. Yan Xin sagte gar nichts dazu, er stand nur da und lächelte. Acht Tage später kehrte das MBBA in seinen Ausgangszustand zurück. Dabei hieß es von einigen Seiten, eine solche Umwandlung in Serie sei etwas, was der modernen Wissenschaft noch nicht gelungen sei!

Die chinesischen Wissenschaftler wurden immer kühner, was ihre Experimente mit EHF anging. Nun wagten sie sich an einen chemischen Versuch. Würde es gelingen, mit EHF aus Wasserstoff und Kohlenmonoxid Kohlendioxid zu erzeugen? Den Prinzipien der Chemie zufolge erfordert diese Reaktion einen Luftdruck von zirka 30 Atmosphären, eine Temperatur von 300° C und einen Katalysator. Das ist eine Aufgabe, die sich durch einen hohen Schwierigkeitsgrad auszeichnet. Als Yan Xin davon hörte, runzelte auch er die Stirn!

Zu Beginn des Experiments gab man Wasserstoff und Kohlenmonoxid in einen Glasbehälter (der Druck betrug lediglich 1 Atmosphäre, und die Raumtemperatur lag bei 13° C). Yan Xin begann seine Energie abzustrahlen, und der Behälter begann ein leises Geräusch von sich zu geben, als würde er gleich bersten. Also ersetzten sie ihn durch einen Stahlbehälter, der auch hohen Temperaturen und einem Druck von 250 atü standhalten würde. Wieder schickte Yan Xin sein Qi, und in der Tat verwandelten sich der Wasserstoff und das Kohlenmonoxid im Behälter in Kohlendioxid (es war etwas hochkonzentrierter als das Kohlendioxid, das natürlich in der Luft vorkommt). Die Forscher der Qinghua-Universität wagten dieses unglaubliche Ergebnis kaum zu glauben. Ein klein wenig paranormale Fähigkeiten konnten also an die Stelle von zig atü und an die Stelle von ein paar Hundert Grad Hitze treten!

Ein anderes Experiment bestand in der Bombardierung eines Atomkerns. Wer hätte das gedacht? Manche sagen, Yan Xin zwinge die Wissenschaft in die Knie, und hier zwang er also einen Atomkern in die Knie. Die Professoren Lu Zuyin, Zhang Tianbao, Wang Donghai und Zhu Runsheng vom Institut für Hochenergiephysik der chinesischen Akademie der Wissenschaften führten einen Test durch, bei dem es um den Einfluss von Yan Xins Energie auf die Zerfallsgeschwindigkeit von Americium 241 ging. Manche fragen, warum man diese Tests an Atomkernen durchführen wolle. Die Antwort lautete: »Nun, wo es uns gelungen ist, eine Reihe von Versuchen mit EHF auf der molekularen Ebene durchzuführen, wollen wir weiter voranschreiten, um unsere Forschungsarbeit auf einer fundamentaleren Ebene der Materie durchzuführen – am Atomkern.«

Der Gedanke, zu beobachten, ob Yan Xins EHF-Kräfte diese schwer veränderliche Eigenschaft – die Zerfallsgeschwindigkeit radioaktiver Atome – beeinflussen konnte, ist außerordentlich ansprechend. Jedes radioaktive Element hat seine charakteristische Zerfallsgeschwindigkeit, welche von den Wechselwirkungen im Atomkern abhängt. Diese wird im Allgemeinen nicht durch physische oder chemische Einflüsse aus der Umgebung beeinflusst.

Anfangs benutzte man zwei Americium-241-Proben, auf die eine sollte die Qigong-Energie gerichtet werden, die andere sollte als Kontrollprobe dienen, damit man einen Vergleich hätte. Yan Xin schickte jeweils für zwanzig Minuten Energie zu der dafür bestimmten Probe. Diese Experimente wurden über einen Zeitraum von einem halben Jahr sechsmal durchgeführt, beginnend im September 1987. Yan Xin schickte seine Energie insgesamt vierzig Mal. Jedes Mal registrierten die Versuchsleiter eine signifikante Wirkung. Da man weiß, dass der radioaktive Zerfall sich physikalisch und chemisch nicht beeinflussen lässt, gab es keine äußeren Ursachen, die zu einer Veränderung der Zerfallsgeschwindigkeit hätten führen können. Bei einer Gelegenheit jedoch kam es zu einer signifikanten Veränderung der Zerfallsgeschwindigkeit, als Yan Xin aus einer Entfernung von 2.000 Kilometern Energie schickte. Die Forscher mussten daraus schließen, dass die Wirkung auf große Entfernung intensiver ist.

Die chinesischen Wissenschaftler wurden immer kühner, oder anders ausgedrückt, sie wurden immer aktiver, wenn es um die Erforschung der Fernwirkung paranormaler Fähigkeiten ging. Nachdem sie ihren 2.000-Kilometer-Test mit Americium 241 abgeschlossen hatten, wandten sie sich der Idee eines neuen Versuchs mit Americium 241 zu, dieses Mal über 10.000 Kilometer. Die Idee baute auf einer bevorstehenden USA-Reise Yan Xins auf. Professor Lu Zuyin und Yan Xin kamen überein, Yan Xins Aufenthalt in den Vereinigten Staaten 1990 als Gelegenheit zu nutzen, einen Zeitpunkt in diesem Jahr zu verabreden, zu dem Yan Xin versuchen würde, seine Energie aus den USA nach Peking zu schicken. Ziel wäre eine Probe Americium 241, und so würde man sehen, ob er aus 10.000 Kilometern Entfernung auf sie einwirken könne.

In Peking trafen vier Wissenschaftler am Institut für Hochenergiephysik – Lu Zuyin, Zhu Runsheng, Ren Guoxiao und Hu Kuanghu – die Vorbereitungen für das Experiment und warteten auf ein Überseetelefonat Yan Xins von der anderen Seite des Pazifiks, in dem er den Zeitpunkt des Experiments bestätigen würde.

Allein schon die simple Logik sagt uns, wenn es funktioniert, Energie aus sieben Kilometern Entfernung zu senden (das war der Abstand bei Yan Xins erstem Langstreckenexperiment auf dem chinesischen Festland), dann könnte es auch aus 2.000 Kilometern Entfernung möglich sein; und wenn eine Wirkung über 2.000 Kilometer Entfernung auftritt, so könnte sie auch bei 10.000 Kilometern existieren. Noch weiter zu gehen, etwa Energie von der Erde zum Mond zu senden, ist eine Problemstellung für künftige Forscher, und uns liegen keine Hinweise vor, die diesbezüglich Schlüsse erlauben.

Als die Forscher in Peking auf den Anruf warteten, klingelte das Telefon, und sie erfuhren den zeitlichen Ablauf des Experiments. Es wurde beschlossen, dass Yan Xin seine Energie am 9. Dezember 1990 zu der Probe mit dem Americium 241 schicken würde, und zwar zwischen 14.00 und 17.00 Uhr Ortszeit Peking.

Als der Zeitpunkt, 17.00 Uhr am 9. Dezember, hinter ihnen lag, entfernten die Wissenschaftler in Peking das radioaktive Americium 241 aus dem Positronenphysiklabor und schickten es zum Labor Nummer drei des Instituts für Hochenergiephysik, siebzehn Kilometer entfernt. Die Ergebnisse zeigten, dass es nur eine minimale Veränderung gegeben hatte, und die Forscher waren nicht allzu zufrieden damit.

Aus diesem Grund probierte Yan Xin sein Experiment noch ein weiteres Mal, am 6. Juni 1991, von 8.00 bis 11.00 Uhr, und dann noch einmal am 7. Juni von 8.00 bis 11.00 Uhr. Am zweiten Tag (7. Juni) vollzog sich am Americium 241 eine massive Veränderung von zehn Prozent!

Interessant ist auch noch ein anderer Versuchstyp: Experimente, die dazu dienen sollten, energetische Felder zu messen. Was wir hier als energetisches Feld bezeichnen, ist nicht das der Magnetfelder oder von der Schwerkraft erzeugten Feld im Raum, sondern es sind die »Qi-Felder«, die entstehen, wenn Yan Xin oder andere paranormal begabte Meister (oder Qigong-Meister) Vorträge oder Seminare abhalten, bei denen sie Qi aussenden. Wenn jemand aus dem Publikum bei solchen Veranstaltungen den Einfluss des Qi-Feldes spürt, kann es bei einigen vorkommen, dass sie von Krankheiten geheilt werden oder dass sich ihre Gesundheit bessert, während andere zu schreien oder weinen beginnen, sich hin und her wiegen oder unwillkürliche Bewegungen machen, und einige, die an den Rollstuhl gefesselt waren, stehen sogar auf und können wieder gehen (von solchen Fällen wird im nächsten Kapitel noch detaillierter berichtet). In chinesischen Wissenschaftlerkreisen gelten diese Effekte als Kuriosität. Sind sie psychologischer Natur oder gehen sie auf das Qi zurück? Um eine Antwort auf diese Frage zu finden, führten sie einige Experimente durch.

Von Wang Yaolan und Lu Zuyin vom Institut für Hochenergiephysik der chinesischen Akademie der Wissenschaften wurden viele Versuche dieser Art durchgeführt. Sie luden Yan Xin ein, am Political Institute in Peking einen Vortrag zu halten, bei dem er Qi aussenden würde. Wang Yaolan brachte einen Wärme freisetzenden Lithiumfluorid [LIF (Mg, Ti)]-Lichtdetektor des Typs mit, wie er gewöhnlich für die Messung von Bestrahlungsdosen verwendet wird. Die Idee war die, das Anzeigegerät zu überprüfen, um zu sehen, ob es auf das Qi-Feld reagierte. Das Ergebnis war, dass das Instrument am Ende des dreieinhalbstündigen Vortrags mit Aussendung von Qi sehr stark auf das Qi-Feld reagierte. Im Oktober 1987 wurden bei vier verschiedenen Vorträgen Yan Xins mit Qi-Abstrahlung Messungen vorgenommen, und die Forscher führten auch noch bei zwei anderen Qi-Meistern Tests durch. Sie alle ergaben das gleiche Ergebnis. Das zeigt, dass Qigong-Energiefelder objektiv real sind.

Auch die Technik der »Erzeugung von Feldern«, die von Qigong-Meistern beim Praktizieren von Qigong in der Gruppe oder zur Heilung eingesetzt wird, hat eine objektive Grundlage. Bei dieser Technik der Praxis oder Heilung, bei der »Felder erzeugt« werden, setzen Qigong-Meister Gedankenkraft ein, um einen bestimmten Bereich oder eine Gruppe gewissermaßen zu komprimieren (oder wie eine einzelne Person zu behandeln), um in diesem Moment einen verstärkten Zugang zum unmittelbaren Umfeld zu erlangen. Dann senden die Meister ihre Energie zu der gesamten Gruppe, und man sagt, dass sie so leichter erreicht, was sie erreichen möchte. Das ist eine chinesische Qigong-Technik, die oft bei Vorträgen mit Qi-Aussendung angewendet wird, bei der mit der Kraft des Geistes Dinge beeinflusst werden sollen.

Diese wissenschaftlichen Experimente treiben nicht nur unser Wissen voran, sondern sind auch eine Antwort an all diejenigen, die den Kopf in den Sand stecken und versuchen, die Existenz von Qigong und paranormalen Phänomenen zu leugnen!

S e c h s

Der Wunderarzt Yan Xin

Diverse internationale Berühmtheiten auf dem Gebiet der para-normalen Fähigkeiten, wie etwa Uri Geller aus Israel, der Inder Sai Baba, Anne Gehman, Noreen Renier und Ingo Swann aus Amerika, haben in den Medien der westlichen Länder breitgestreute Aufmerksamkeit erfahren. So zum Beispiel erschien ein britischer Bericht über die Kräfte von Uri Geller unter der Schlagzeile »The Man Who Bends Science« (Der Mann, der die Wissenschaft verbiegt/beugt). Chinas Topmann in solchen Dingen, Yan Xin, beugt nicht nur die Gesetze der Naturwissenschaft, sondern zwingt auch Raum und Zeit und Atomkerne in die Knie, doch haben ihm die westlichen Medien nicht die Aufmerksamkeit gewidmet, die er verdient. Über die Gründe kann ich nur spekulieren. Vielleicht hat es mit einer Voreingenom-menheit der Medien zu tun, einem Relikt des Denkens in der Zeit des Kalten Krieges, das sie dazu bringt, sich nur auf die politischen Ent-wicklungen in China zu konzentrieren. Die Welt des Kommunismus, wie wir sie einmal gekannt haben, gibt es nicht mehr, und doch berich-ten westliche Journalisten noch immer ausschließlich über die Macht-kämpfe in der kommunistischen Partei, Menschenrechtsverletzungen, Waffenexporte und so weiter, während in vielen Fällen Chinas Errun-genschaften im Hinblick auf Entdeckungen in Wissenschaft und Medi-zin, verbesserte Feldfrüchte, die Wiederbelebung der besten alten Heilverfahren, praktische Anwendungen im Bereich der Quanten-physik oder die Erforschung paranormaler Begabungen keine Berichte gewidmet werden. Voreingenommenheiten dieser Art sind schädlich für das chinesische Volk wie auch für die Welt.

Der erste Bericht, in dem ich jemals etwas über die Forschungsarbeit an paranormalen Fähigkeiten in China las, stand in einer Zeitschrift namens A.R.E., die in Virginia Beach, Virginia, herausgegeben wird. Die Zeitschrift, offizieller Rundbrief eines gleichnamigen Verbandes, wird nur an Mitglieder verteilt und ist Außenstehenden unbekannt. Es hat seitdem auch in anderen Publikationen noch Berichte dazu gegeben, doch immer als kleine Knaller ganz hinten. Professor Marcello Truzzi aus Michigan schrieb einen bemerkenswerten Artikel über paranormal begabte Kinder in China für die Zeitschrift *Omni*. Sonst hat es zu dem Thema sehr wenig gegeben.

Seit dieser Zeit hat sich die paranormale Superbegabung Yan Xin in China weiter hervorgetan. Da er und Zhang Baosheng über derart außergewöhnliche Fähigkeiten verfügen, wurden sie innerhalb von ein, zwei Jahren im gesamten ostasiatisch-pazifischen Raum berühmt, und das war für die chinesische Regierung Ansporn genug, ein Schnell-Programm zur Erforschung der Kriegsführung mittels paranormaler Kräfte einzurichten und große Summen und eine Menge Personal in dieses Projekt zu investieren. Es kam sogar zu einem »Krieg auf paranormaler Ebene« gegen Japan (wie in Kapitel 7 beschrieben). In den USA jedoch schienen die führenden Personen in der Erforschung paranormaler Fähigkeiten für diese zentralen Entwicklungen blind zu sein.

Einmal besuchte ich einen Vortrag von Dr. Ed May in einem Vortragssaal unweit der University of California, Berkeley, der von der California Society for Psychical Research organisiert wurde. Seinen Ausführungen zufolge war Japan das einzige Land, in dem viel in die Erforschung paranormaler Fähigkeiten investiert wurde. Das bedeutete, dass die westlichen Nationen ihre Aufmerksamkeit hauptsächlich auf die Forschung richteten, die Japan auf diesem Gebiet betrieb. Ich trug mich schon mit dem Gedanken, mich zu Wort zu melden und ihn zu fragen, ob das tatsächlich stimmte, aber dann überlegte ich es mir anders. Vielleicht wollte er ja gar nicht auf die chinesische und russische Forschung hierzu eingehen. Vor dem Auseinanderbrechen der Sowjetunion war sie Hauptzielscheibe der Bemühungen von US-Seite in Sachen Kriegsführung mit paranormalen Mitteln gewesen. Auf diese Weise manövrierte der Vortragende Japan, das auf diesem Forschungsgebiet Platz fünf oder sechs einnahm, in den Vordergrund. Vielleicht tat er das bewusst, wahrscheinlicher jedoch ist, dass er einfach nichts über die entsprechende Forschungsarbeit in China wusste oder sie nicht allzu hoch schätzte. Diese Form der Anmaßung im Hinblick auf Entwicklungsländer, die zu einer Unterschätzung von Rivalen führt, die noch lange, nachdem die Lage sich verändert, anhält, ist ein Schwachpunkt Amerikas.

In der Ausgabe des *U.S. News and World Report* vom 5. Dezember 1988 werden chinesische Talente auf dem Gebiet paranormaler Fähigkeiten in einem Artikel mit dem Titel »The Twilight Zone in Washington« (Zwielichtiges in Washington) gerade einmal in einem kleinen Satz erwähnt: »In der Mongolei hält ein Meister mit paranormalen Kräften vor 35.000 Menschen einen Vortrag in einem Fußballstadion.« Dieser »Meister mit paranormalen Kräften« ist Yan Xin, doch darauf würde man bei einem derart schmucklosen Bericht nur kommen, wenn man Experte in Sachen Erforschung paranormaler Fähigkeiten in China ist.

Nun, ich würde westlichen Lesern gerne Einiges an kaum bekanntem, aber faszinierendem Material präsentieren. 1977 beendete Yan Xin, ein junger Mann, der in China als einer der Topleute in Sachen paranormale Fähigkeiten bekannt ist, sein Studium am College für traditionelle chinesische Medizin in Chengdu, China. Nach seinem Examen begann er am chinesischen Medizinforschungsinstitut in der Stadt Chongqing zu arbeiten. Er praktizierte eine Behandlungsmethode, bei der statt Arzneimitteln die Kraft des Geistes eingesetzt wurde. Er heilte Patienten von Knochenbrüchen, Diabetes, Herzerkrankungen, Lähmungen durch Traumata, von Neurosen, Rheuma, Hepatitis, Krebs und weiteren Krankheiten. In neueren Jahren nutzte er seine internationalen Reisen dazu, mit einigem Erfolg Experimente zur Behandlung von AIDS durchzuführen. Wenngleich viele nichts davon wissen, ist das Leben einiger der obersten chinesischen Führungskräfte und VIPs durch seine Behandlung verlängert worden.

Unter ihnen ist der berühmte Wissenschaftler Deng Jiaxian – der »Vater der chinesischen Atombombe«. Die chinesische Zeitung *Liberation Army News* pries ihn unverblümt als den »großen Pionier der beiden Bomben« (gemeint waren Atombombe und Wasserstoffbombe). Deng litt an Mastdarmkrebs in fortgeschrittenem Stadium. Am 27. Juni 1986, als die Klinik bekannt gab, dass Deng Jiaxians Zustand kritisch war und damit signalisierte, dass sein Leben fast zu Ende war, hatten sämtliche Ärzte der chinesischen Volksarmee alle Hoffnung aufgegeben, ihn noch retten zu können. In diesem Moment lag die letzte Hoffnung darin, Direktor Zhang Zhenghuan der militärischen Technologiekommission um Hilfe zu bitten, da er auch gleichzeitig auch als Leiter des chinesischen EHF-Forschungsverbandes fungierte. Er sollte Yan Xin holen, damit dieser mit seiner Heilkraft auf Deng einwirken würde. Als Zhang Zhenghuan und zwei Ärzte mit Yan Xin zum Krankenhaus fuhr, nahmen sie einen Duft wahr, der immer intensiver wurde. Als sie staunend überlegten, woher der Duft kam und sich über ihn unterhielten, begann Yan Xin zu lachen. Sie wussten nicht, warum er lachte, aber als sie auf die Station kamen, auf der Deng Jiaxian lag, stellten sie fest, dass Dengs heftige Schmerzen sich gelegt hatten und dass er aufrecht im Bett saß. Alle waren sehr überrascht. Daraus konnte man allgemein nur folgern, dass das Einzige, was Dengs kritische Krankheit sofort zum Verschwinden bringen konnte, die Kräfte Yan Xins waren. In einem späteren Gespräch hierüber befragte Dr. Liu Huamin Yan Xin, warum er im Wagen gelacht hatte. Yan Xin antwortete, der Grund dafür sei ganz einfach. »Wenn ich meine Energie schicke, verströme ich manchmal einen Sandelholzduft. Nachdem ich ins Auto gestiegen war, hatte ich mich daran gemacht, Energie in Richtung auf das Krankenhaus zu schicken, und ich konnte damit noch im gleichen Moment schon einige seiner Symptome lindern.«

Dieses Verströmen von Düften beim Aussenden von Energie ist durchaus nicht ungewöhnlich. Tian Ruisheng, ein chinesischer Qigong-Meister, den man dort auch als »Duftmeister« bezeichnet, sowie die über neunzig Jahre alte Yang Meiqun sind allgemein bekannt für ihre Fähigkeit, Düfte abzugeben. Der erstgenannte kam 1995 nach San Francisco, um einem chinesisch-amerikanischen Publikum diese Technik zu vermitteln. Die zweite, Yang Meiqun, ist berühmt für die Übungen, die sie lehrt, »Wildgans-Qigong«. Immer wenn sie ihre Energie aussendet, geht ein Duft damit einher.

Am 27. Juni 1986 sendete Yan Xin Deng Jiaxian zum ersten Mal Heilkraft, und am 28. Juni hatte Deng Jiaxian den ganzen Tag über keine Schmerzen. Bis dahin hatte er an den meisten Tagen schmerzstillende Spritzen bekommen müssen. Bis zum 29. Juni verbesserte sich Dengs Zustand noch mehr. Seine Temperatur war normal, er hatte wieder Stuhlgang und seine Schmerzen waren zum Großteil verschwunden. Er konnte aufstehen und alleine gehen, die Toilette aufsuchen und essen (die ganze Woche davor hatte er weder essen noch trinken können).

Am 29. Juli erlitt Deng dann einen Rückschlag. Die Behandlung, die er an diesem Nachmittag erhielt, konnte ihn nicht mehr retten, so dass er starb. Später fragte eine führende Persönlichkeit Dengs Ehefrau Xu Luxi nach ihrer Meinung zu der Angelegenheit. Worauf sie nüchtern feststellte: »Mögen die Leute sagen, was sie wollen, Dr. Yan Xins paranormale Kräfte haben jedenfalls wirksam den Schmerz gestillt.« Ist es nicht ein Wunder, einem Todgeweihten dazu zu verhelfen, noch einen Monat ohne Schmerzen leben zu können?

Yan Xin sagt dazu: »Krebs im Frühstadium lässt sich so leicht heilen wie ein gewöhnlicher Schnupfen. Wenn der Patient mit mir arbeitet, kann ich mittelweit fortgeschrittenen Krebs abschwächen, und bei Krebs im Spätstadium kann ich mitunter die weitere Ausbreitung unter Kontrolle bringen.« Ao Dalun, ein Reporter für die in der Provinz Sichuan erscheinende Zeitung *Sichuan Worker*, schreibt seit Juli 1984 immer wieder über die Yan-Xin-Geschichte. Er hat viele Male sehen können, wie Yan Xin Menschen mit krebsartigen Symptomen heilte. Einer davon war ein Mann namens Tang Lao. Er war ein Arzt, der die traditionelle chinesische Heilkunde beherrschte, aber gegen den harten, hühnereigroßen Knoten an seinem eigenen Nacken war er machtlos. In mehreren Krankenhäusern wurde dieser als »Leberkrebsmetastase« oder als »Aneurysma« diagnostiziert, man sagte ihm jedoch, dass das Gebilde nicht entfernt werden könne. Eines Tages nahm Tang Laos ganzer Körper eine gelbliche Färbung an, er litt konstant unter Durchfall und fühlte sich am ganzen Körper erschöpft. Später suchte er Yan Xin auf, der in eine Heilbehandlung einwilligte. Während die beiden sich ungezwungen miteinander unterhielten, hatte Tang Lao mehr und mehr das Gefühl, Elektrizität würde durch seinen ganzen Körper strömen. Er fühlte sich, als würde eine mächtige Kraft an dem Knoten in seinem Nacken ziehen, und die Stelle fühlte sich auch ein wenig taub an und brannte leicht, aber er verspürte überhaupt keinen Schmerz. Nach etwa einer halben Stunde wies Yan Xin ihn an, nach dem Knoten in seinem Nacken zu tasten. Tang Lao langte dorthin, aber er war verschwunden. Er konnte es kaum fassen und begann vor Freude hemmungslos zu weinen.

Tang Lao ist nicht der Einzige, der eine solche Erfahrung machen durfte, die ganz so klingt wie aus einem Science-Fiction-Roman. So zum Beispiel war da auch noch Li Ping, ein Stahlfacharbeiter in der Stadt Chongqing, der am 27. April 1984 von einem LKW angefahren wurde.

Röntgenaufnahmen zeigten, dass beide Schulterblätter gebrochen waren, und darüber hinaus war die rechte Schulter ausgerenkt. Einen Monat lang war Li Ping unfähig, sie zu bewegen. Auf Empfehlung eines Freundes suchte er das Institut für traditionelle chinesische Medizin in Chongqing auf, um bei Yan Xin vorzusprechen. Yan Xin entfernte den Verband von Li Pings Körper und bat ihn, sich hinzulegen. Dann massierte Yan Xin seinen Rücken. Li Ping beschrieb später, es hätte sich angefühlt wie ein kühler und erfrischender Strom. Nachdem das zwanzig Minuten lang so gegangen war, war er vollkommen genesen und in der Lage, fünfzig Pfund schwere Gegenstände zu heben. Später waren die Frakturlinien den Röntgenbildern zufolge größtenteils verschwunden, und das rechte Schultergelenk war wieder eingerenkt!

Am 5. April 1982 geriet Song Dianzhang, achtundfünfzig, Beschäftigter bei der Beijing Tractor Company, unter ein schweres Objekt, das an einem Kran hing, und verletzte sich am rechten Knöchel. Vier Jahre Behandlung im Beijing Reservoir Hospital mit allen erdenklichen Verfahren brachten keinen Erfolg. Er musste sich auf einen Stock stützen und konnte nicht länger als fünfzehn Minuten gehen, ohne einen betäubend heftigen Schmerz im Bein zu empfinden. Im Winter verschlimmerte sich dieser Zustand noch. Da er nicht in die Hocke gehen konnte, hatte er auch Schwierigkeiten, seine Notdurft zu verrichten. Es war ihm so gut wie unmöglich, ein normales Leben weiterzuführen. Später las er in der Zeitschrift *Sports Amateur* einen Artikel über Yan Xin, also schrieb er ihm einen Brief, ohne allerdings sonderliche Hoffnungen in ihn zu setzen.

Am 30. Mai 1986 erhielt er unvermittelt einen Anruf von Yan Xin, in dem dieser ihm einen Termin gab. Yan Xin stellte ihm einige Fragen zu seinem Gesundheitszustand, und dann brachte er eine Schale Wasser, in die er etwas Salz gab. Yan Xin wies ihn an, beide Füße in das Wasser zu stellen, die Augen zu schließen und still sitzen zu bleiben. Dann ließ er ihn dort zurück. Eine halbe Stunde später jedoch begann ein Gefühl der Wärme Song Dianzhangs Beine hinaufzusteigen, bis es seinen ganzen Körper erfasst hatte. Song Dianzhang beschrieb es mit den Worten: »Gewöhnlich verspürte ich einen betäubenden Schmerz in der Hüfte und in den Beinen, wenn ich zwanzig Minuten lang saß, und mir schliefen die Füße ein. Diesmal jedoch war es, als würde ich mit offenen Augen schlafen, und ich saß über zwei Stunden lang da, ohne auch nur im Geringsten müde zu werden!«

Yan Xin kehrte zwei Stunden später zurück und erkundigte sich, wie es Song Dianzhang ging. Dieser sagte, er fühle sich am ganzen Körper sehr leicht, also sagte ihm Yan Xin, er sollte seine Schuhe anziehen und versuchen, ein wenig umherzugehen. Song berichtete: »Ich wollte dann meinen Stock an mich nehmen, aber Yan Xin sagte mir, dass ich ihn nicht brauchen würde. Ich wagte es kaum zu glauben, dass ich einfach so aufstehen und herumlaufen konnte!« Danach war der Schmerz verschwunden, und sein Bein normalisierte sich völlig.

In den Ländern des Westens, vor allem in den Vereinigten Staaten, ist Diabetes sehr verbreitet. Wie ein Freund von mir sagt, der traditionelle chinesische Medizin praktiziert, ist, wenn man Hepatitis, Diabetes und Nephritis vergleicht, Hepatitis die ernsthafteste Erkrankung, und Diabetes die zweiternsthafteste. Liu Tiegang, ein neununddreißigjähriger Arbeiter aus Peking, litt unter Diabetes. Seine Frau war förmlich krank vor Sorge um ihn, und sie sagte oft zu anderen: »Ich würde mit Freude alles, was wir haben, dafür hergeben, wenn wir jemanden fänden, der meinen Mann heilen kann.« Am 26. Juni 1986 behandelte Yan Xin den Mann mit seiner Heilenergie. Zuerst plauderten sie ein wenig miteinander. Yan Xin sagte ihm, es handle sich um eine harmlose Erkrankung, und er brauche sich keine Sorgen zu machen. Er wies ihn an, ein wenig Wasser zu trinken, dann gab er ihm eine Flasche Coca-Cola. »Normalerweise trauen sich Leute mit Diabetes doch nie, so etwas zu trinken, aber ich tat es dennoch, weil er es mir sagte«, berichtete Liu ganz aufgeregt. Dann fragte ihn Yan Xin, ob er Milch tränke. Und er sagte ihm: »Trinke drei Flaschen Milch mit Zucker!« Was kam dabei heraus? Liu Tiegang befolgte Yan Xins Anweisungen, und er trank die gezuckerte Milch. Drei Tage später war er geheilt. Von da an konnte er essen, was er wollte, selbst stark zuckerhaltige Trauben, Äpfel, Birnen, Orangen und Bananen, nie kam es zu einem Rückfall seiner Diabetes.

Das lässt natürlich die Frage aufkommen, wie Yan Xin dazu kam, einem Zuckerkranken zu sagen, er solle Coca-Cola trinken? Verstieß das nicht gegen den gesunden Menschenverstand in der Medizin, würde es dem Patienten danach nicht schlechter gehen? Kein Grund zur Sorge, denn die Gedankenkraft von Yan Xin ist in der Lage, die molekulare Struktur von Substanzen zu verändern. Er könnte Coca-Cola in gewöhnliches Leitungswasser umwandeln oder sogar in eine Medizin, die Diabetikern hilft. Betrachten wir uns nun einen Fall, in dem er die Struktur von weißem Pfeffer veränderte.

Jin Yong lebt in Hongkong und ist der Begründer der bekannten Hongkonger Zeitung *Ming Pao*. Er hat sechs Bestseller-Romane über Kampfkunstarten geschrieben. Eines Tages ging er mit dem Vorsitzenden der Hong Kong Science and Technology Commission, dem Chemieprofessor Pan Zongguang, dem ehemaligen Herausgeber der Zeitung *Ming Pao*, A Le, und Yan Xin zum Essen aus. Bevor sie mit der Mahlzeit begannen, nahm Yan Xin einen Pfefferstreuer mit weißem Pfeffer und schüttete ihn über seinem Gemüse aus, so dass dies mit einer dicken Schicht bedeckt war. A Le erkundigte sich, ob das Essen nun gut genug gewürzt sei. Yan Xin verneinte. Yan Xin stammt aus der Provinz Sichuan, und dort liebt man scharf gewürzte Speisen. Dann wies Yan Xin die beiden anderen an, auch über ihrem Essen einen Pfefferstreuer auszukippen. Es war ein köstlicher Scherz. Yan Xin sagte ihnen, sie sollten nun davon kosten. Das Merkwürdige war, dass das Essen überhaupt nicht scharf schmeckte. Selbst der herbeigerufene Ober fand es, als er es kostete, nicht im Geringsten scharf!

Was Yan Xins Experimente zur Veränderung molekularer Strukturen angeht, so sind diese in Kapitel 5 ausführlich beschrieben. Heute wird Yan Xin von einigen auf dem chinesischen Festland »Wunderdoktor« genannt, und andere nennen ihn einen »neuen Ji Gong«. Nicht genug damit, dass er Krankheiten heilen und molekulare Strukturen verändern kann, sondern er kann auch Menschen, die zuvor an den Rollstuhl gefesselt waren, dazu verhelfen, aufzustehen und alleine zu gehen. Lassen wir die Fakten für sich selbst sprechen.

Der Name Ji Gong ist in China jedem Kind ein Begriff. Es heißt, dass es im alten China einen Buddhisten gegeben habe, der über die Meere segelte und ein Vagabundendasein führte, aber unglaubliche Kräfte besaß. Er spendete Menschen Heilung, ohne jedoch jemals einen Pfennig dafür zu nehmen, und er konnte alles heilen, so selten und exotisch es auch sein mochte. Außerdem konnte er Dinge aus dem Nichts entstehen lassen und die Form und Struktur von Objekten verändern. Aus diesem Grund hielt man ihn für einen Gott, der herabgekommen war, um unter den Sterblichen zu leben und sie vor allerlei Elend zu bewahren. Dinge dieser Art, die damalige Menschen nicht verstanden, sind uns heute als paranormale Phänomene bekannt. Aus nichts etwas entstehen zu lassen und die Struktur materieller Gegenstände zu verändern, das sind Dinge, die, wie man weiß, auch heute noch auf dem chinesischen Festland geschehen. De facto sind sie ja Gegenstand

Abb. 6-1.
Yan Xin hält eine Vorlesung an der Stanford University. Die Schriftzeichen an der Tafel bedeuten: »Willkommen, Supermeister Yan Xin zur Vorlesung in der Stanford University.« Einer der beiden Dolmetscher rechts von Yan Xin ist ein dortiger Medizinstudent.

dieses Buches, es sind Dinge, die Koryphäen auf diesem Gebiet, wie etwa Zhang Baosheng, Yan Xin und vielleicht noch ein weiterer, noch größerer, bewerkstelligen.

Yan Xin und Professor Lu Zuyin vom chinesischen Institut für Hochenergiephysik wurden von der East-West Academy of Healing Arts in die USA eingeladen, um am ersten internationalen Kongress über Qigong teilzunehmen. Dieser fand vom 22.-24. Juni 1990 an der University of California in Berkeley statt und wurde von der East-West Academy organisiert. Drei Wochen später, am Abend des 15. Juli, als Yan Xin am Fine Arts Theater in San Francisco einen Vortrag hielt, bei dem er Qi aussendete, waren die Eintrittskarten restlos ausverkauft. Jia Yuane, eine Frau von achtzig Jahren, gab jedoch nicht auf. Seit vierunddreißig Jahren war sie gelähmt und auf den Rollstuhl angewiesen. Sie sagte, dass sie schon zufrieden wäre, wenn sie Meister Yan Xins Stimme von draußen vor der Tür hören könne. Sie hatte schon seit

Jahren von Yan Xins Ruhm gehört. Yan Xin war ein Wunderdoktor, ein neuer Ji Gong, und sie wollte um nichts in der Welt die Chance verpassen, ihn zu erleben.

Als sein Vortrag begann, lauschte sie von draußen vor dem Eingang mit größter Aufmerksamkeit. Yan Xins Stimme erreichte ihr Ohr über die installierten Lautsprecher, und bei jedem Satz hatte sie das Gefühl, eine Woge von Wärme überströme sie. Sie wiegte sich in diesem Strom von Wärme hin und her und schüttelte sich dabei unwillkürlich, und nicht viel später fühlten sich ihre Hüfte und Beine so warm an, als hätte sie an einem Feuer gesessen, doch gleichzeitig fühlte sie, dass ihr ganzer Körper von Kopf bis Fuß mit Energie erfüllt wurde. Diese Energie wurde immer stärker, und plötzlich erhob sie sich aus ihrem Rollstuhl und stand auf! Ihre Schwiegertochter, die für sie den Rollstuhl schob, konnte es nicht fassen, sie war völlig aufgelöst.

»Ich will hinein!« rief die alte Frau, und schon stand sie in der Tür. In diesem Moment drehten sich Hunderte von Köpfen erstaunt nach ihr um. Alles sprach über den Vorfall, aber Yan Xin gebot Stille und sagte:»Wenn sie stehen kann, lasst sie stehen. Wenn sie gehen kann, lasst sie gehen.«

Jia Yuane ist nicht die Einzige, die aus ihrem Rollstuhl aufstand und wieder gehen konnte. Zwei Tage zuvor hatten die Autoren zum ersten Mal einen Vortrag Yan Xins besucht, bei dem dieser Qi aussendete. Und zwar an der Stanford University, einer der hochkarätigsten Wissenschaftseinrichtungen der Welt. Beide Male war der Hörsaal brechend voll. In der dreistündigen Vorlesung, in der Yan Xin Qi-Energie aussandte, war bei vielen ein Einfluss der Kräfte zu beobachten, die er im Rahmen seines Vortrags freisetzte, und sie reagierten unter anderem damit, sich hin und her zu wiegen sowie eigenartige Bewegungen zu vollziehen. Eine Frau mittleren Alters, die seit Jahren an den Rollstuhl gefesselt gewesen war, stand auf und konnte mit einem Mal wieder gehen.

Es war gerade eine Gastprofessorin aus der Bundesrepublik Deutschland anwesend, Frau Prof. Maria Biege, die vor mir saß und mich fragte, ob das Ganze real sei. Ich sagte ihr, das sei es in der Tat, denn ich selbst verfüge über eine Form von paranormalen Kräften, die auch unter dem Namen »leere Kraft« bekannt sind und es mir ermöglichen, jemanden ohne körperlichen Kontakt zu Boden zu schmettern. Sie wirkte skeptisch, doch später besuchte ich sie in ihrem Haus in Menlo Park (einer

Abb. 6-2.
Das aus Stanford-Studenten und -Professoren bestehende Publikum lauscht Yan
Xin mit großem Interesse.

Stadt in Kalifornien nicht weit von Stanford) und dort war auch ihre
Freundin Erica Wheeler anwesend, die wie sie sagte, gerade für die
Olympiade im U.S.-Speerwurf-Team trainierte.
Ich willigte ein, ihnen meine Kräfte zu demonstrieren. Sie stellten sich
hintereinander auf, mit einer Matratze zwischen sich (ich machte mir
nämlich Sorgen, sie könnten sich beim Hinfallen verletzen), und es
reichte ein Wink von mir, und die Beiden fielen auf die Matratze,
begleitet von Ausrufen, dass das ja »verblüffend« sei.
Nachdem Yan Xins Vortrag vorbei war, schloss Prof. Lu Zuyin, der Wissenschaftler vom Pekinger Institut für Hochenergiephysik, der Yan Xin
in die USA begleitet hatte, an Yan Xins Präsentation einen Vortrag
über seine wissenschaftlichen Versuche an Yan Xin an, darunter Ver-
suchsverlauf und Ergebnisse dieser Experimente. Prof. Lu Zuyin blickt
auf eine langjährige Zusammenarbeit mit der Qinghua-Universität in
Peking und dem Forschungsinstitut für traditionelle chinesische Medizin in Chongqing, Provinz Sichuan, zurück. Im Brennpunkt standen
dort Experimente, anhand derer man die Kräfte von Yan Xin testen
wollte (*einige davon sind im Kapitel 5 ausführlich beschrieben*).
Bevor Yan Xin in die USA kam, schickte mir ein Freund ein Video
von ihm, bei dem er vor einem Publikum von 5.000 Personen im Sta-

dion von Guangzhou einen Vortrag hielt und dabei Qi aussendete, und ich sah die Szenen, wie Menschen aus ihrem Rollstuhl aufstanden und wieder gehen konnten. Aber damals glaubte ich es nicht.

Yan Xin hat auf dem chinesischen Festland sowie in Japan, Hongkong, Singapur und Thailand über hundert Vorträge gehalten, bei denen er Qi aussandte. Der Grund dafür, dass er sich dieser Methode der Massenheilung zuwandte, ist, wie er sagte, der, dass zu viele Menschen zu ihm kommen und um Heilung bitten. Es heißt, Massenheilung sei ebenso gut wie Heilung, die in einer Situation unter vier Augen erfolgt, und sie stütze sich zu weiten Teilen auf die Gedankenkraft, die in das Publikum gesendet wird. Bei seinem Besuch in den USA arbeitete Yan Xin einen Monat lang mit Tests, bei denen die Wirksamkeit von Qi gegen AIDS untersucht werden sollte. Yan Xin ist jedoch in den USA nicht als Arzt zugelassen, und so ist es ihm nicht erlaubt, AIDS-Patienten medizinisch zu behandeln. Deshalb wählten die Versuchsleiter die Methode der Massenheilung durch Vorträge mit Qi-Ausstrahlung. Auf diese Weise konnten sie den Begriff »medizinische Behandlung« umgehen.

Guo Tongxu zufolge, Autor des Buchs *Yan Xin in North America – Shaking the World* (Sichuan Education Publishers 1993), hielt Yan Xin am 2. September, 10. Oktober und 14. November 1990 insgesamt drei Sitzungen ab, in denen er bei einer Gruppe von AIDS-Patienten aus Los Angeles, Chicago, Washington, D.C. und New York deren Energiefluss harmonisierte und ihnen heilende Energie spendete. Ihr Immunsystem wurde dadurch erheblich gestärkt, und die Patienten baten um eine Fortsetzung des Programms. Also bat das Institut für traditionelle chinesische Medizin in New York Yan Xin ein weiteres Mal, in Aktion zu treten, und Yan Xin leistete der Einladung Folge. Wie Yan Xin später offen legte, widmete er sich in den USA zehn Forschungsprojekten, bei denen es um präventive Behandlung von AIDS-Patienten ging. Er verwendete die Methode, Patienten ohne physischen Kontakt zu behandeln und kombinierte hierbei chinesische Medizin, Qigong und Vorträge mit Qi-Ausstrahlung. Er beschrieb jedoch nicht die Ergebnisse.

In einem Bericht über Yan Xin im *San Francisco Chronicle* vom 16. Mai 1991 hieß es: »Ken Sancier, ein ehemals am SRI tätiger Wissenschaftler im Ruhestand, hatte mit Yan Xin an der AIDS-Studie gearbeitet, konnte aber nach eigener Aussage die Ergebnisse nicht bekannt geben.« Ich kenne Dr. Sancier persönlich recht gut, denn er war der

Organisator eines Kurses mit dem Titel »Qigong für Wissenschaftler«, den ich einmal abgehalten hatte (die Kursteilnehmer hatten alle einen Doktortitel oder waren »Dr.med.«. Ich lehrte sie Qigong und bemühte mich, ihnen durch praktische Übungen und Fakten ein Verständnis zu vermitteln, was Qi ist. Dr. Sancier selbst nahm an diesem Kurs teil. Er wollte auch mir gegenüber nichts von den Ergebnissen der Yan-Xin-AIDS-Studie bekannt geben, da er und Yan Xin ein Geheimhaltungsabkommen getroffen hatten, demzufolge ohne die vorherige Einwilligung einer jeden Partei nichts an die Öffentlichkeit gebracht werden durfte.

Davor, am 20. Januar 1989, begab sich Yan Xin nach Hongkong, um die Schwiegertochter eines Hongkonger Milliardärs mit seiner heilenden Energie zu bedenken. Sie hatte sich bei einem Verkehrsunfall eine Beinfraktur zugezogen und den Hüftknochen angebrochen. Gleichzeitig nahm er zwei Heilsitzungen mit einem AIDS-Patienten vor, eine von ihnen eine Fernheilung (Heilung, bei der sich Yan Xin nicht vor Ort befand). Drei Tage später änderten sich die Laborergebnisse des Patienten von HIV-positiv zu HIV-negativ.

Yan Xin berührt seine Patienten im Allgemeinen nicht. Die Wirksamkeit seiner Energieprojektion über weite Strecken erstreckt sich über eine Bandbreite von sieben bis 2.000 Kilometern. Als Yan Xin sich aus dem genannten Anlass in Hongkong befand, muss seine Fernprojektion sich im Rahmen von dreißig Kilometern bewegt haben.

Was Yan Xins EHF angeht, so gibt es hier eine erstaunliche Geschichte nach der anderen. Am 15. Mai 1991 demonstrierte er im Masonic Auditorium in San Francisco vor 1.700 Zuschauerinnen und Zuschauern seine Fähigkeit, als »menschlicher Stromleiter« zu dienen. In seinem Artikel hierzu im *San Francisco Chronicle* beschrieb der Reporter Don Lattin das, was Yan Xin zeigte, als »seine angebliche Fähigkeit, Strom durch seinen Körper zu kanalisieren, und sein Vermögen, aus starkem Wein leichten zu machen.« Neben dem Artikel befand sich ein Foto von Yan Xin, der beide Enden eines Stromkabels hielt, während eine Glühbirne aufleuchtete. Im Bilduntertitel hieß es: »Yan Xin demonstrierte während eines Vortrags im Masonic Auditorium seine Fähigkeit, durchfließenden Strom zu verkraften.« Es gab nicht wenige Amerikaner chinesischer Herkunft, die sich diesen Artikel aus dem *Chronicle* ausschnitten, da sie das Gefühl hatten, dass Yan Xin auch ein wenig Ruhm für seine Landsleute brachte.

Abb. 6-3.
Meister Yan Xin bei seinem Begrüßungsbankett in San Francisco, Kalifornien. Die
links von ihm stehende Dame ist eine chinesische Ärztin/Dolmetscherin.

Diese Demonstration als »menschlicher Stromleiter« war für Yan Xin
nicht die erste. Am Abend des 11. Dezember 1986 demonstrierte er
diese Fähigkeit vor einem 1.200-köpfigen Publikum in der Zentral-
akademie der Kommunistischen Partei Chinas, nachdem er einen Vortrag über Qigong abgehalten hatte. Diese Demonstration wurde von
einem Spezialisten mitverfolgt. Yan Xin hielt ein 200 bis 240 Volt füh-
rendes Stromkabel in der linken Hand, und einen Massedraht in der
rechten. Dann schloss er mit seinem Körper für ein paar Minuten einen
Stromkreis. Neben ihm stand jemand mit einem Prüfgerät, um sich zu
überzeugen, dass sein Körper unter Strom stand. Doch damit nicht
genug: Er war sogar in der Lage, durch Geisteskraft die Spannung zu
erhöhen und zu senken!

Bi gu (eine Meditationsform, die das Fasten unterstützt) ist nicht nur
für Westler ein eher exotischer Begriff, der ihnen selten unterkommt,
sondern auch die meisten Chinesen wissen nicht, was er bedeutet. *Bi
gu* ist ein uralter Begriff, der sich nur in klassischen Schriften findet.
Er bedeutet nicht dasselbe wie »Hungerstreik«. Hungerstreik ist ja ein

moderner Ausdruck, und die meisten von uns würden ihn mit politischem Protest oder Ähnlichem in Verbindung bringen. Bei einem Hungerstreik wird die Nahrungsaufnahme verweigert, um seine Gegner zu schockieren. Doch bei *Bi gu*, dem Fasten, hat der oder die Betreffende kein Verlangen nach Nahrung, wobei dies kein Krankheitssymptom darstellt, sondern so erfolgt, dass die Person selbst ohne Nahrungsaufnahme bei bester Gesundheit bleibt. Die Überzeugung hinter diesem Phänomen besagt, dass die Energie einer Person ja schließlich irgendwo her kommen muss, und wenn nicht vom Essen, dann aus der Luft. Ist es wirklich Energie vom Himmel und Erdreich oder dem Universum um ihn herum, wodurch ein solcher Mensch am Leben bleibt? Jemand, der sich in diesem Zustand, *Bi gu*, befindet, kann sogar sich selbst von Krankheiten heilen. Man bezeichnet dies als »*Bi-gu*-Heilung« oder Heilung durch Fasten.

Auch die westliche Medizin und die ganz gewöhnliche Naturheilkunde verwenden mitunter ein ein, zwei, drei Tage dauerndes Fasten als Heilverfahren, doch die chinesische *Bi-gu*-Technik bedeutet, über Monate oder Jahre zu fasten!

Ich konnte die persönliche Bekanntschaft von Frau Ha Toi Chun machen, einer Unternehmerin aus Hongkong, die geschäftlich in die Staaten kam. Sie hatte seit sechs Monaten gefastet. Ha Toi Chun studiert Qigong, bei einem Meister vom chinesischen Festland, Chen Letian. Nachdem sie zwei Wochen lang Qigong praktiziert hatte, erlebte sie einmal, wie der Meister das meditative Fastenphänomen im Qigong erwähnte, und seitdem war ihr nicht mehr nach Essen. Als Chen Letian in San Francisco unterrichtete, bat er mich, ihm als Berater zur Seite zu stehen, und ich treffe ihn oft. Dreimal ging ich mit den beiden zum Mittagessen aus, und wir bestellten viele köstliche Gerichte, aber Frau Ha Toi Chun kostete keinen Bissen davon. Sie hätte keinen Grund gehabt, mich an der Nase herumzuführen, denn sie brauchte nichts von mir. Sie erzählte mir, dass sie magenkrank gewesen sei und oft an Kopfschmerzen, Schlaflosigkeit und Antriebslosigkeit gelitten habe, seitdem sie jedoch faste, seien diese Probleme allesamt verschwunden, und sie fühle sich viel besser als zuvor. Sie will nichts essen, trinkt jedoch mitunter ein wenig Wasser. Sie hat rund zehn Kilo abgenommen. Die bemerkenswerten Kräfte von Meister Chen Letian werden in Kapitel 11 noch ausführlicher beschrieben. Am 3. Oktober 1987 besuchte Frau Xu Xiaosheng, die ihr gesamtes bisheriges Leben von 21 Jahren in Peking verbracht hatte, einen Vortrag, bei dem Yan Xin Qi ausstrahlte. Danach war ihr nicht mehr nach Essen zumute. Darin sah sie nichts weiter Überraschendes, denn sie wusste, dass es sich möglicherweise um das Phänomen des meditativen Fastens handelte. Abgesehen davon war sie völlig energiegeladen, und so machte sie sich keine Gedanken darum und machte 133 Tage lang so weiter. Über diese Zeit notierte sie Folgendes:

»Allein schon beim Geruch von Reis wurde mir übel, und ich fühlte mich massiv unwohl. Nach zwei Unterrichtsstunden (Anmerkung des Autors: möglicherweise ist die Schreiberin Lehrerin) und nachdem ich noch ein paar andere Dinge erledigt hatte, brauchte ich ursprünglich immer ein paar Schlucke Wasser, sobald ich nach Hause kam, an diesem Tag jedoch hatte ich keinen trockenen Mund, und ich brauchte kein Wasser. Ich fühlte mich, als brauchte ich nichts von alldem, was es auf der Welt zu essen und zu trinken gibt.«

Während ihrer 133-tägigen Fastenzeit verlor sie nichts an Gewicht. Das widerspricht nicht dem obigen Fall, in dem die Frau zehn Kilo abnahm. Bei dieser Art des Fastens nehmen manche Menschen ab und andere nicht. Um dieses Phänomen eingehender zu betrachten, beschloss das Somatiklabor des Lehrerseminars Peking, Xu Xiaosheng fünfzehn Tage lang Tag und Nacht überallhin zu folgen und sie unter Beobachtung zu halten. Es stimmte in der Tat, dass sie nichts aß, aber dennoch so viel Energie und Kraft hatte wie eine normale Person.

Bi gu findet sich nicht nur in vielen alten chinesischen Chroniken, sondern auch im Ci Hai (Meer der Worte), einem Standardwerk unter den modernen Wörterbüchern der chinesischen Sprache. Ein Ereignis, das große Aufmerksamkeit auf Bi gu lenkte, war 1973 die Ausgrabung an Grabstätte 3, Mawang-Hügel, Changsha, Provinz Hunan, wo man zwei zentrale Dokumente über Qigong entdeckte. Eines davon trug den Titel Bi gu Shi Wu Fa (Die Ernährungsweise von Bi gu). Einer Studie des Textes zufolge, die von dem Qigong-Forscher Qian Junsheng durchgeführt wurde, gab es in alter Zeit drei Arten, wie Bi gu praktiziert wurde: (a) Man aß während Bi gu gar nichts und trank auch kein Wasser; (b) man trank Wasser und nahm etwas Obst oder Medizin zu sich; (c) man trank nur Wasser, verzehrte sonst aber nichts. Wie Frau Qian sagte, haben uns die Menschen aus alter Zeit generell ein Bild

117

hinterlassen, das von einer ganzheitlichen Betrachtungsweise von Mensch und Natur geprägt ist, doch sind wir bislang noch nicht in der Lage, eine solche Lebensweise in all ihrer Komplexität voll auszuleuchten. Im Leben anzutreffende Phänomene wie meditatives Fasten sind uns, ebenso wie EHF, noch ein Mysterium ...

Man könnte fragen, worin denn die größte der Fähigkeiten Yan Xins bestünde. Ich habe hierauf keine Antwort. Um eine gewisse Vorstellung von dem zu vermitteln, was alles zu seinen Kräften gehört, hier eine Geschichte zur Psychokinese, dem Versetzen von Gegenständen mit Hilfe der Gedankenkraft.

Während seiner Laufbahn hat Yan Xin Tausende von Menschen geheilt, sie von ihren Schmerzen befreit, und dennoch sagen manche, das sei »Zufall« oder lediglich ein »Placebo-Effekt« oder sogar »Betrug«. Zu seiner Gegnerschaft gehören Wissenschaftler (von denen einige nicht einmal Forschungsarbeit betrieben haben, um ihren Behauptungen auf den Grund zu gehen). Einmal reichte jemand eine Beschwerde gegen Yan Xin beim städtischen Gesundheitsamt von Chongqing ein, derzufolge er beschuldigt wurde, »feudalistischen Aberglauben« weiterzuverbreiten und man die entsprechenden Stellen darum ersuchte, seine Lizenz, Rezepte auszustellen, zu widerrufen. Nach diesbezüglichen Recherchen bestätigte die Stadtverwaltung von Chongqing, dass sich in den Unterlagen zu Yan Xins erfolgreichen Fällen kein Fehler fand, doch wollten die Prüfer sich auch persönlich von seinen Fähigkeiten überzeugen. Yan Xin wies den Gemeindeinspektor, Zeng Youzhi, an, sich mit dem Gesicht zur Wand aufzustellen, während er selbst sich ein paar Meter entfernt postierte. Als Yan Xin die Hände hob und damit imaginär nach vorne drückte, wurde Zang Youzhi gegen die Wand gepresst, und als Yan Xin die Hände wieder wegzog, fiel Zeng Youzhi mit einem Mal nach hinten. Das ging solange, bis er Yan Xin angstvoll zurief, er solle aufhören!

Ich bin fest davon überzeugt, dass dieser Bericht den Tatsachen entspricht, denn ich selbst beherrsche eine Form von Qigong, die als die »leere Kraft« bezeichnet wird und die es ermöglicht, einen Gegner ohne physischen Kontakt zu Boden zu zwingen. Mein Buch zu diesem Thema, *Empty Force*, ist in den USA und England erschienen. In Kampfsportkreisen, insbesondere in Kalifornien, weiß man um die Existenz der leeren Kraft, denn in den letzten beiden Jahren sind zwei

Meister auf diesem Gebiet vom chinesischen Festland nach San Francisco und Berkeley gekommen, um dort ihr Können zu vermitteln.

Es gibt so viele Geschichten über Yan Xin, und einige von denen, die in Kapitel 5 und 7 geschildert werden, sind vielleicht noch erstaunlicher als die in diesem Kapitel. In einer Nachrichtenmeldung jedoch – ich konnte sie leider nicht überprüfen – wurde behauptet, es habe Berichte gegeben, dass Yan Xin Experimente durchgeführt habe, bei denen es darum ging, tote Tiere wieder zum Leben zu erwecken. (Von Sai Baba aus Indien erzählt man sich, er habe auch menschliche Tote wieder zum Leben erweckt.) Die Wissenschaft war perplex.

Um hier zum Abschluss dieses Kapitels einen leichteren Ton anzuschlagen: Ein Reporter interviewte Yan Xin einmal zu seinem zweiwöchigen Qigong-Kurs in San Diego, Kalifornien, bei dem von sechsundzwanzig der dreiundachtzig Studenten berichtet wurde, dass sie in den meditativen Fastenzustand eingetreten seien. Der Journalist sagte, Yan Xin müsste meditatives Fasten in den USA nur als Mittel der Gewichtsreduktion anpreisen, dann würde es dort sehr populär werden. Yan Xin gab darauf zurück: »Wenn Sie in Amerika für das Fasten Reklame machen, schaffen Sie sich Feinde in der Nahrungsmittelbranche. Dort lebt man ja vom Verkauf von Hamburgern.«

Sieben

Der erste japanisch-chinesische Krieg
mit paranormalen Mitteln

D er Begriff »Krieg mit paranormalen Mitteln« wurde vor der
Auflösung der Sowjetunion öfter ins Spiel gebracht, doch
wusste die Bevölkerung nicht, was zu diesen Kampfmethoden
zählte. Würde es so funktionieren, dass man die Kampfkraft über die
Weltmeere projizieren würde, oder würde man sie im Nahkampf einsetzen, damit einem militärischen Befehlshaber auf dem Schlachtfeld
plötzlich Blut aus Nase und Mund rinnen würde? Vor einiger Zeit wurde
in einigen Zeitschriften berichtet, dass die Sowjets die Gedankenkraft
einer Gruppe dazu eingesetzt hatten, ein U-Boot zu versenken. Würde
ein Land ein Team von gut ausgebildeten Spionen (insbesondere Spio-
ninnen) mit paranormalen Kräften zu Sabotagezwecken und schmut-
zigen Tricks in ein feindliches Land schicken, so könnte daraus ein
grauenvoller Albtraum werden. Wenn EHF ein Froschherz stillstehen
lassen können, so ließen sie sich auch gegen den obersten Befehlshaber
einer nationalen Armee einsetzen (etwa einen König, Präsidenten oder
Vorsitzenden – man könnte bewirken, dass das Herz dieser Person zu
schlagen aufhört.
Aber hier brauchen wir uns keine Sorgen zu machen. Die Strategen
sind ja nicht dumm. Wenn das Staatsoberhaupt stirbt, haben wir immer
noch seinen Stellvertreter, wenn dieser stirbt, ist da noch der Rang-
nächste in der Hierarchie, und abgesehen davon gibt es noch den Ver-
teidigungsminister und all die anderen, die ihm untergeordnet sind.
Es könnten ja nicht alle auf einen Schlag sterben. Was mehr Anlass

zur Sorge gibt, ist die Tatsache, dass das gegnerische Land sich einen netten Scherz erlauben könnte, um durch Einsatz von Gedankenkraft den Präsidenten etwa dazu zu bringen, dass er wie ein Hund bellend durch die Straßen läuft und der Vizepräsident miaut wie eine Katze. Dann könnte das Land gar nicht erst in den Kampf. Dazu würde eine berühmte Zeile aus Chinas altem Klassiker der Kriegsführung passen, *Sun-Tzu's Art of War:* »Die beste Strategie ist die, feindliche Truppen zu schwächen, ohne selbst zu kämpfen.«

Obiges ist lediglich eine Spekulation über etwas, von dem wir hoffen, dass es nicht eintreten wird. Dennoch kam es vor einem Jahrzehnt tatsächlich beinahe zu einem Krieg mit übersinnlichen Mitteln zwischen China und Japan. Nachdem die Kunde von diesem Krieg durchsickerte, berichtete man in Zeitungen und Magazinen auf dem chinesischen Festland, in Hongkong und Taiwan darüber. In anderen Ländern jedoch wurde die Geschichte von den Medien ignoriert. Ob man die Informationen bewusst vorenthielt, übersah oder ihre Wichtigkeit unterschätzte – gehen wir nun auf die Ursachen und Folgen dieses Kampfes zwischen China und Japan ein.

Es war November 1986, und Yan Xin befand sich gerade mit einer Freundschaftsdelegation des chinesischen wissenschaftlichen Qigong-Forschungsverbandes (Chinese Scientific Research Association) zu Besuch in Japan. Die Delegation bestand aus sieben Personen, und geleitet wurde sie von Zhang Zhenghuan, dem Vorsitzenden des chinesischen Verbandes der Erforschung des menschlichen Körpers (Chinese Human Body Science Association) sowie des chinesischen wissenschaftlichen Qigong-Forschungsverbandes. Seine wichtigere Position jedoch war die des Oberhaupts der Staatlichen Kommission für Verteidigungstechnologie, er leitete die militärische Forschung. Wann Chinas Atomwaffentests starteten oder Langstreckenmissiles abgeschossen wurden, das alles fiel in sein Ressort. Außerdem war er schon immer ein einflussreicher Verbündeter von Qian Xuesen auf dem Gebiet der EHF-Forschung.

Zhang Zhenghuan ist der direkte Zuständige für sämtliche Personen mit EHF. In einem Video über Zhang Baosheng wurde gezeigt, wie dieser neben anderen Fähigkeiten mit großem Erfolg sein Vermögen unter Beweis stellte, Pillen aus einer Flasche zu entfernen. Dann jedoch, als er sich bemühte, ein Kleidungsstück durch Berührung mit seinem Finger in Brand zu setzen, gelang es ihm nicht, das Feuer zu erzeugen, und er sah recht irritiert aus. In diesem Augenblick setzte sich Zhang Zhenghuan, der beobachtete, dass es nicht gut aussah, neben ihn, klopfte ihm auf die Schulter und sagte ihm ein paar tröstende Worte. Es dauerte nicht lange, und Zhang Baoshengs Finger leuchtete plötzlich auf, und er brachte das Kleidungsstück auf der Stelle zum Brennen. Diese Art von psychologischer Unterstützung durch seinen Vorgesetzten erleichterte ihm das Eintreten in den Zustand, in dem er seine paranormalen Fähigkeiten beherrschte.

Bei diesem Japanbesuch war Zhang Zhenghuan nicht nur der Leiter der Delegation, sondern auch der Planungsdirektor. Zu siebt begaben sie sich zum New Otani Hotel in Tokio. Eingeladen zu diesem Abend hatten Furuoka Katsu, der Vorsitzende des japanischen Verbandes der Qigong-Wissenschaftler, und viele Mitglieder und Sympathisanten dieser Organisation und natürlich einige Repräsentanten aus Diplomatenkreisen sowie aus den Kreisen der japanischen Kampfkünste. Vor Beginn des Banketts klagte Furuoka gegenüber Zhang Zhenghuan: »Ja ja, es ist schon so, wie das chinesische Sprichwort sagt: *Der Frisör braucht jemand anderen, der ihm die Haare schneidet.* Ich bin zwar ein Qigong-Meister, aber dennoch kann ich nichts ändern an der Bänderverletzung in meinem alten Ellbogengelenk, die mir schon seit Jahren zu schaffen macht. Ich war damit bei so vielen Ärzten, aber keiner konnte mir helfen.«

Zhang Zhenghuan merkte, dass Furuoka das in Wirklichkeit sagte, weil er die Absicht hatte, Yan Xins Kräfte auf die Probe zu stellen, also sagte er: »Yan Xin, fünf Gläser auf Herrn Furuokas Gesundheit, bitte.« Zhang erwähnte mit keinem Wort die Heilung, er sprach nur davon, auf das Wohl von Furuoka zu trinken. Yan Xin verstand, was er damit sagen wollte, also schenkte er für Furuoka ein Glas Reiswein ein und reichte es ihm mit den Worten: »Auf ihre Gesundheit, Herr Furuoka.«

Ein Trinkspruch dieser Art war für gewöhnlich ganz nach Furuokas Geschmack, denn er stand in dem Ruf, ein »trinkfester Mann« zu sein, und er trank normalerweise Wein, als wäre es Wasser. Er konnte den ganzen Tag Alkohol zu sich nehmen, ohne betrunken zu werden, also nahm er das Glas mit Freuden entgegen und spülte den Inhalt mit einem Schluck hinunter. Unterdessen war Yan Xin bereits im Begriff, ein zweites Glas einzugießen, aber Furuoka murmelte mit einem Mal: »Merkwürdig. Mir kommt es fast so vor, als wäre ich etwas angetrunken.« Bei diesen Worten machte sich Überraschung auf den Gesichtern seiner gesamten japanischen Freunde breit, denn keiner von ihnen hätte so etwas für möglich gehalten. Dieser »trinkfeste Mann« stand in dem Ruf, »Tausende von Gläsern trinken zu können, ohne betrunken zu werden«. So stark Yan Xins Kräfte auch sein mochten, sie konnten doch unmöglich ausreichen, Furuoka von einem einzigen Glas betrunken zu machen. Während sie untereinander noch hierüber debattierten, schlug Furuoka ungeachtet seines Rufs als »trinkfester Mann« vor, beim nächsten Glas auf Bier umzusteigen.

Yan Xin willigte ein, und so goss er ihm ein zweites Glas ein, dieses Mal war es Bier. Obwohl Furuoka mittlerweile schon ziemlich angeschlagen war, hatte er seine fünf Sinne noch einigermaßen beisammen, und so machte er einen weiteren Vorschlag: Er würde das Glas Bier in vier Schlucken trinken, und jeder Schluck solle als ein auf sein Wohl getrunkenes Glas zählen.

Yan Xin erklärte sich mit dem Vorschlag einverstanden, und so trank Furuoka ein Viertel Glas Bier. Unverzüglich lief sein Gesicht rot an, er hob die Arme in die Höhe, schüttelte sich ein paar Mal heftig und sagte dabei: »Ich habe gar keine Beschwerden mehr. Das ist erstaunlich. Yan Xin hat enorme Kräfte.«

Wie sich herausstellte, hatte Yan Xin, als er ihm zuprostete, seine Energie in den Reiswein und das Bier fließen lassen. Er war nicht nur imstande gewesen, einen trinkfesten Mann annähernd außer Gefecht zu setzen, sondern hatte zudem die Getränke in eine Medizin verwandeln können, mit der sich dessen schwer heilbare Erkrankung behandeln ließ.

Die Japaner haben den Mut, eine Niederlage einzugestehen, sowie das Format, nie aufzugeben. Damals sah ein hochrangiger japanischer Qigong-Meister namens Kobayashi Yasuyuki, dass Furuoka als Stellvertreter des japanischen Volkes nicht gerade Eindruck schindete, also schritt er gleich ein, indem er sagte, er wolle sein Qi an dem von Yan Xin messen. Dolmetscher war damals ein Freund von mir, Herr Yan Hai, Redakteur bei *People's Sports Publishers* in Peking. Er hatte das Gefühl, dass die Weise, auf die dies geschah, zu unhöflich war, um die Herausforderung zu übersetzen, also wählte er im Chinesischen eine Formulierung, die eher in Richtung »ein Gedankenaustausch« ging.

Kobayashi Yasuyuki verfügt durchaus selbst über gewisse Fähigkeiten, die ihm den Mut gaben, Yan Yin herauszufordern. Er ist in Japan sehr berühmt und verfügt über ausgeprägte Kräfte, insbesondere, wenn es darum geht, seine Energie auf Akupunkturpunkte zu projizieren. Er hatte in seiner Laufbahn noch nie eine Niederlage erlebt, und obwohl Yan Xin berühmt war, hatte Kobayashi keine Angst vor ihm. Also sammelte er sein Qi um den *dan-tian*-Akupunkturpunkt (in der Qigong-Therorie das Zentrum der Körperenergie) und startete einen heftigen Angriff auf Yan Xin. Yan Xin verhielt sich so, als wäre nichts geschehen, ganz so, wie er sich gewöhnlich verhielt, wenn er mit Menschen plauderte, während er ihnen gleichzeitig Heilenergie schickte. Kobayashi nahm jedoch wahr, dass da eine Art Kraft war, die Yan Xin umgab, und sofort steigerte er die Heftigkeit seines Angriffs. Dennoch konnte er Yan Xins Schutzschild nicht durchdringen, und Yan Xin blieb weiterhin bewegungslos sitzen.

Kobayashi sah, dass hier etwas merkwürdig war, also hielt er inne und sammelte seine Kräfte von Neuem. Er wandte sich mit einem weiteren Ersuchen an Yan Xin: dieses Mal wollte er ihn von hinten anzugreifen versuchen. Er hegte dabei den Gedanken, dass Yan Xin vielleicht vorn über starkes Qi verfügte, aber einen Schwachpunkt im Rücken haben musste. Nachdem dieses Ersuchen übersetzt worden war, nickte Yan Xin zustimmend. Wieder schickte Kobayashi Yasusuki sein Qi, um den Angriff durchzuführen, wobei eine starke Kraft auf Yan Xins Rücken traf. Aber noch immer konnte er Yan Xin nicht im mindesten beeindrucken. Kobayashi spürte, dass Yan Xin über eine Art Schutzschild verfügte, der seinen Rücken abschirmte, so dass sämtliche Angriffe nutzlos waren!

In diesem Moment übermannte Kobayashi Yasuyuki die Frustration. Er konnte Yan Xin weder von vorn noch von hinten angreifen. War es womöglich eine Frage des Abstands? Sofort beschloss er, zwei Schritte näher zu kommen, hob die Hand und entsandte seine durchschlagende Energie in Richtung auf Yan Xins Rücken, aber es war, als versuche er, einen massiven Steinblock vom Fleck zu bewegen. Kobayashi ermattete dabei so, dass er ganz außer Atem geriet und ihm der Schweiß in Strömen floss. Nachdem er sich bis zur Erschöpfung bemüht hatte, erkannte Kobayashi, dass er einem ebenbürtigen Partner begegnet war. Würde er sich auf Qi und Energie stützen, so würde er mit Sicherheit »verlieren«. Und so beschloss er, gegen die herkömmlichen Regeln für sportliche Wettkämpfe in den Kampfsportarten zu verstoßen und wandte, ohne seinen Gegner zu warnen, eine andere Taktik an. Er machte dabei von der Technik Gebrauch, die er auch verwendete, um die Akupunkturpunkte anzupeilen: Er zielte auf den *bai-hui*-Aku-punkturpunkt an Yan Xins Stirn. Sollte er ihn treffen, so würde sein Opfer steif werden wie ein Brett und das Bewusstsein verlieren. Yan Xin jedoch rührte sich noch immer nicht. Er ließ seinen Angreifer alle erdenklichen Techniken anwenden, um seine Akupunkturpunkte zu attackieren, doch keine davon konnte Yan Xin etwas anhaben.

Kobayashi Yasuyuki ist als einer der Spitzenmeister Japans bekannt. Neben seiner Fähigkeit, Qi und jing (plötzlich zuschlagende Energie) einzusetzen sowie auf die Akupunkturpunkte seiner Opfer einzuwirken, beherrscht er noch eine weitere, außerordentlich heftige Technik, näm-lich die Drosselvene seines Gegners zu packen. Wenn er das tun, kann sein Gegner ernsthaft verletzt oder sogar getötet werden. Da Kobayashi erkannte, dass er den Wettkampf verlieren würde, und zwar haushoch, auf eine Weise, die er nie für möglich gehalten hätte, kam ihm plötz-lich ein schrecklicher Gedanke. Ohne sich um sportliche Fairness zu kümmern oder darum, welchen Eindruck das machen würde, streck-te er unvermittelt den Arm aus, um Yan Xin an der Drosselvene zu packen. Doch auch hier bewirkten seine Anstrengungen rein gar nichts, da Yan Xin seine Akupunkturpunkte bereits allesamt geschlossen hatte. Als Kobayashi nach Yan Xins Drosselvene griff, hielten alle, die die Szene beobachteten, den Atem an. Doch Yan Xin ließ einfach zu, dass er sich an ihn krallte, soviel er wollte, ohne die leiseste Spur von Angst zu zeigen.

Obwohl Kobayashi Yasuyuki rauhe Taktiken anwendete und sich bei diesem chinesisch-japanischen Kampf nicht an die Spielregeln hielt, war er ein offener und geradliniger Mensch. Nun überzeugt, dass er für Yan Xin kein ebenbürtiger Partner war, gestand er mit einer Verbeu-gung seine Niederlage ein. Freimütig bekannte er: »Die chinesischen Kampfkünste sind großartig! Meine Bewunderung.« Dann sagten er und sein Sohn, der sich an seiner Seite befand, dass Yan Xin ihr Meister sei und dass sie von ihm lernen wollten.

Ursprünglich warteten nach Kobayashi noch ein japanischer Faust-kämpfer und ein Kendo-Meister auf eine Chance zu einem »Gedan-kenaustausch«, bei dem sie ihre Kräfte an denen Yan Xins zu messen hofften, doch als sie Zeuge wurden, wie ihr Kollege derart unrühmlich verlor, beschlossen sie, eine weitere Demütigung zu vermeiden und ließen von dem Gedanken ab.

Nachdem die sieben aus Japan zurückgekehrt waren, berichteten über hundert Zeitungen und Zeitschriften über die Geschichte von Yan Xins Sieg über die japanischen Meister in Tokio. Die Berichte erschienen unter den unterschiedlichsten Schlagzeilen, wie etwa »Kampf zwischen chinesischem und japanischem Qigong-Meister in Tokio«, »Krieg China – Japan mit eindeutigem Ergebnis entschieden«, »Kampf in Tokio«, »EHF-Krieg zwischen China und Japan«, »Die wahre Geschichte der Legende Yan Xin«, » Im Tokioer Kampf kommt Hochmut vor dem Fall«, und viele mehr.

Dieser Wettkampf zwischen China und Japan vermittelt uns eine Vorstellung von der hohen Wertschätzung der Chinesen für den Verhaltenskodex der Kampfkünste. Sie gehen auf eine Herausforderung ein, werden aber nie selbst einen Kampf provozieren. Ein Sprichwort aus dem Bereich der chinesischen Kampfkünste lautet: »Ein wahrer Meister offenbart seine Kraft nicht.« Die wahrhaft überlegenen Meister sind gewöhnlich demütig und höflich. Die uralten Lektionen sind ihnen in Fleisch und Blut übergegangen: »Es gibt Menschen, die über den Menschen stehen, und Himmel jenseits des Himmels«, oder auch: »Hochmut kommt vor dem Fall.«

A c h t

Zusammenhänge zwischen Qigong und paranormalen Phänomenen

Vor Jahren dachte ich noch, paranormale Fähigkeiten seien angeboren. Nachdem ich mich nun jedoch viele Jahre mit ihnen beschäftigt habe, bin ich zu der Erkenntnis gelangt, dass es abgesehen davon, dass sie angeboren sein können, viele Möglichkeiten gibt, auf die ein Mensch solche Fähigkeiten erwerben kann. Zum Beispiel:

○ *Induktion:* Hypnotische Suggestion oder andere Methoden, wie etwa der Einsatz von Worten, Bildern, Gesten oder Gedanken durch einen Qigong- oder sonstigen Meister, um die Entwicklung der Kräfte einzuleiten.

○ *Glaube:* Paranormale Phänomene stellen sich oft entsprechend religiöser Glaubensüberzeugungen ein.

○ *Entwicklung der Kräfte nach der Genesung von einer Krankheit:* Frau Zao Qunxue, in China als »nationales Kulturgut« geltend, ist ein Beispiel für diesen Fall. Sie litt an einer schweren Erkrankung und wurde in deren Folge geistig verwirrt. Nach ihrer Genesung verfügte sie über EHF. Wir werden in Kapitel 11 noch ausführlich hierauf eingehen.

○ *Entwicklung durch Unfälle:* Zum Beispiel kann jemand diese Kräfte entwickeln, nachdem er oder sie vom Blitz oder einem Meteoriten getroffen wurde, durch eine Verletzung oder als Folge eines Großbrandes ein Trauma oder einen Schock erlitten hat.

○ *Weitergabe durch Qi oder Energiefelder:* Derartiges könnte geschehen, wenn Ihr Kind oft mit Kindern in Kontakt kommt, die über EHF verfügen oder wenn ein Qigong-Meister Ihnen die Kraft durch äußerliches Qi schickt, oder wenn Sie einen Vortrag eines Qigong-Meisters besuchen, bei dem Qi ausgesendet wird, und die Kraft durch das Energiefeld empfangen.

○ *Entwicklung durch anhaltenden Hunger:* Historisch gesehen, gab es in China und Indien immer die größte Anzahl von paranormal Begabten, was jedoch nicht an der höheren Bevölkerungszahl dort lag. Ein Grund hierfür ist nämlich auch die weitverbreitete Nahrungsmittelknappheit, die diese Völker in bestimmen Zeiten erleben. Auf ähnliche Weise entwickeln auch Menschen, die durch ihre Qigong-Praxis in einen *bi-gu*-Zustand eintreten, sehr leicht das Potential ihres dritten Auges.

○ *Entwicklung durch Praktizieren von Qigong:* Das ist einer der Hauptursprünge dafür, dass Menschen EHF entwickeln. Es ist auch der Grund, warum Professor Qian Xuesen sich auf Qigong und EHF konzentrierte. Dies ist auch ein genereller Trend in der Erforschung paranormaler Phänomene in China. Aktuell gibt es auf dem chinesischen Festland rund 20.000 bis 30.000 Personen, die EHF durch Praktizieren von Qigong entwickelt haben. Dabei sind die von Geburt an paranormal Begabten und Menschen, bei denen diese Kräfte anderweitig herbeigeführt wurden, nicht mitgezählt. Sie nehmen also die zweite Stelle gleich nach der Anzahl derer ein, die diese Fähigkeiten durch Induktion erlangten. Da die induktive Methode nur bei Kindern im Alter von sechs bis zehn Jahren funktioniert (das Phänomen bleibt nicht bis ins Erwachsenenalter bestehen), gibt es in China heute etwa 5.000 bis 6.000 Kinder dieser Art.

Was also ist Qigong? Lassen Sie uns, bevor wir hierauf eingehen, über einige chinesische Vorstellungen in Verbindung mit Qi zu sprechen kommen, damit Sie die Fachausdrücke bei den nachfolgenden Erklärungen nicht in Verwirrung bringen.

Die Chinesen kennen viele Auslegungen von »Qi«. Im geläufigsten Sinne bezieht sich Qi auf die Luft, die wir atmen. Auf den Körper bezogen, bezieht es sich auf Vitalität. Wenn es um Aktivitäten geht, meint es Fähigkeiten. Mit anderen Worten, die Bedeutung hängt vom Zusammenhang ab. Der Begriff Qigong selbst bedeutet, die körperlichen

Fähigkeiten zu trainieren und so auf ihr optimales Niveau zu bringen. Qigong kann in China auf eine dreitausendjährige Geschichte zurückblicken. In alter Zeit wurde es schon immer dazu eingesetzt, auf Gesundheit, Heilung und ein langes Leben hin zu wirken. Zu seinen Möglichkeiten gehört auch die Entwicklung der latenten Potentiale des Körpers. Qigong entwickelte sich außerdem zu einer Technik zur Stärkung von Fähigkeiten auf dem Gebiet der Kampfkunst. Wer Kampfkünste praktizieren wollte, musste zunächst Qigong lernen, um eine solide energetische Basis zu haben, auf der er sich Gegnern stellen und sich verteidigen konnte. Bedauerlicherweise sind moderne Qigong-Praktizierer mit Ungeduld darauf aus, direkt ihren Vorteil anzuvisieren und haben diese Seite vernachlässigt. Außerdem erfordert Qigong ein außergewöhnliches Maß an Geduld und eine Menge Zeit. Aus diesem Grund sind nur wenige Menschen in der Lage, Qigong meisterlich zu beherrschen. Dazu kommt, dass mit zunehmender Komplexität der ökonomischen Anforderungen der Gesellschaft die Menschen mehr damit beschäftigt waren, ihren Lebensunterhalt zu sichern, und diese Praxis deshalb so nach und nach aufgegeben wurde und in Vergessenheit geriet.

Erst 1979 bot sich für die medizinische Fachwelt Chinas per Zufall eine Chance, den außerordentlich hohen medizinischen Wert von Qigong zu erkennen. Bei vielen chronischen Erkrankungen, für die der heutigen Medizin keine Behandlungsmöglichkeiten zur Verfügung stehen, kann der Patient durch Praktizieren von Qigong gesund werden. Anfang 1979 waren chinesische Forscher so weit, entdeckt zu haben, dass Qigong ein Katalysator für EHF ist, und sie waren auf zahlreiche Menschen gestoßen, die durch ihre Qigong-Praxis paranormale Fähigkeiten entwickelt hatten. Aus diesem Grund prägten sie einen neuen Begriff, »extraordinary human body functions« (außergewöhnliche menschliche Körperfunktionen), der seitdem breite Verwendung findet. Auch die chinesische Spitzenbegabung Yan Xin entwickelte seine Fähigkeiten durch Qigong (bei einem anderen, Zhang Baosheng, sind sie angeboren). Von der Vielzahl an paranormal Begabten im heutigen China haben mindestens 80 Prozent diese Kräfte durch Qigong und Induktion erlangt.

Generell kann man sagen, dass von einer Million Menschen etwa eine Person mit paranormalen Fähigkeiten auf die Welt kommt. So hätte China bei seiner Bevölkerung von 1,2 Milliarden 1.200 Begabte

Abb. 8-1.
Die von Paul Dong ausgehende unsichtbare Energie (Qi) dringt durch eine
Schlange von Studentinnen und Studenten am San Francisco College of
Acupuncture.

dieser Art. Daneben gibt es in China 20 Millionen Menschen, die
Qigong praktizieren, und auf tausend Personen, die Qigong ausüben,
kommen jeweils eine bis drei, die EHF entwickeln. Damit ist die Anzahl
der übersinnlich Begabten in China etwas geringer als die Gesamtzahl
von Menschen dieser Art auf der gesamten restlichen Welt zusammengenommen. Würde heute ein Krieg mit Mitteln dieser Art ausbrechen,
wäre China eindeutig der Sieger. Paranormale Fähigkeiten lassen sich
auf vielerlei Weise zu militärischen Zwecken einsetzen, vor allem in
der Spionage. Viele Instrumentarien, die als Hi-Tech-Waffen gelten,
können unter Einwirkung paranormaler Kräfte zu nichtfunktionie-
renden Hülsen werden.
Täglich praktiziertes Qigong vermag nicht nur latentes Körperpoten-
tial wie die Widerstandsfähigkeit gegen Krankheiten und die Ausbildung paranormaler Fähigkeiten zu stimulieren, sondern kann auch
dabei helfen, die Stabilität paranormaler Kräfte zu bewahren. Ich habe

Abb. 8-2. Eine Gruppe von Paul Dongs Studenten am San Francisco College of Acupuncture. Oben: Die Studierenden bei einer Meditation im Sitzen. Unten: Spontane Bewegungen der Studierenden, die die Qi-Energie spüren.

gehört, wie ein US-Forscher, der sich mit paranormalen Kräften befasst, sich beklagte, dass Versuche, diese Kräfte militärisch zu nutzen, »zum Scheitern verurteilt« seien. Der Hauptgrund dafür ist die Instabilität im Hinblick darauf, ob sie funktionieren. Sie wirken bestens, wenn man es gar nicht will, und wenn man sie dringend will oder braucht, kommt nichts. Das ist der Schwachpunkt an paranormalen Phänomenen, aber es ist einer, der sich beheben lässt, genauso wie ein Linkshänder allmählich lernen kann, die rechte Hand zu gebrauchen, und ein Stotterer normal sprechen lernen kann.

Die Ausübung von Qigong kann nicht nur EHF auf Höchstniveau bringen, sondern sie darüber hinaus auch zu Anwendungszwecken stabilisieren. Wie in Kapitel 2 erwähnt, traf Professor Qian Xuesen die klare Aussage: »Qigong kann EHF hervorrufen. Das hat weitreichende Auswirkungen, und wir müssen energetisch an dieser Aufgabe arbeiten.« Immer wieder betonte er: »Qigong kann einen Menschen funktionsmäßig auf den Höchststand bringen.« Nur weil die Menschen außerhalb Chinas mit Qigong und seinem Einsatz zur Stärkung von EHF nicht sehr vertraut sind, oder weil sie Qigong sogar schlichtweg gar nicht kennen, glauben sie, dass paranormale Phänomene »nicht machbar« seien. Leserinnen und Leser, die nicht wissen, was Qigong ist, finden im Buchladen vielleicht Bücher dazu. Mein 1990 erschienenes Buch *Qigong – The Ancient Chinese Way to Health* (Marlowe & Company) führt mit Hilfe von ausführlichen Berichten in das Thema ein, und *Empty Force*, 1996 in den USA erschienen, stellt eine weiterführende Einführung in meine Gedanken zu Qigong dar. Beide können als Informationsquellen zum Thema dienen. Die zunehmende Verbreitung von Qigong in China hat dem Land geholfen, die Kosten für die medizinische Versorgung unter Kontrolle zu bekommen und hat ferner das lange Schlangestehen für Behandlungen im Krankenhaus (vor allem in den Städten) abgebaut. Ein noch großartigerer Grund dafür, Qigong zu wertschätzen, ist die Tatsache, dass hierdurch viele »unheilbar Kranke« geheilt werden konnten. Im Bereich Sport hat China, ohne große Worte darum zu machen, Qigong als Verfahren eingesetzt, die Stärke seiner Olympiadeteilnehmer zu steigern, und sie konnten so manche Gold-, Silber- und Bronzemedaille gewinnen.

Bei ihrer Qigong-Ausübung streben die Chinesen einen Zustand an, in dem »die Einheit zwischen Himmel und Mensch« besteht, eine Verfassung, in dem die Person eins ist mit dem Universum. Mond, Erde,

Sonne, Planeten und Sterne sind von Energie erfüllt. Wenn der Körper eines Menschen vollkommen entspannt ist und in einen meditativen Zustand eintritt, wobei er gleichzeitig dazu gebracht wird, eine bestimmte Orientierung im Raum einzunehmen, entsteht eine Resonanz mit den Energiefeldern des Universums, und es kommt zu einer Wechselwirkung zwischen beidem. Sind die Phasen von Person und Universum synchronisiert, funktioniert der Körper besser; sind sie nicht synchronisiert, funktioniert er schlechter. Das ist der Grund dafür, dass beständiges Praktizieren von Qigong EHF stabilisiert.

Die chinesische Philosophie geht davon aus, dass alles Materielle im Universum aus Qi-Körpern besteht. Zu Anbeginn des Universums existierte eine Art von Energie, die von den Chinesen »Qi« genannt wird. Qi ist seinem Wesen nach dynamisch. Seine Bewegungen durchlaufen Stadien des Zusammenwachsens und der Vereinigung, der Verstreuung und Teilung. Alle Dinge im Universum entstehen durch diese Bewegungen und Umwandlungen von Qi. Die Ärzte im alten China machten sich diese Perspektive bei der Entwicklung der medizinischen Wissenschaft zunutze, und so war nach ihrer Überzeugung Qi das Grundelement, aus dem der menschliche Körper besteht. Ferner erklärten sie den Werdegang des individuellen Lebens mit Hilfe von Qi. Ist reiches inneres Qi vorhanden, ist der Körper kräftig und gesund. Wenn nicht, wird er von allen erdenklichen Leiden heimgesucht. Mit anderen Worten, wenn ausreichend inneres Qi vorhanden ist, werden die paranormalen Fähigkeiten eines Menschen stärker ausgeprägt sein und nicht unter einem Abfall an Intensität oder unter Instabilität leiden. Die chinesische Medizin konstatiert, dass Qi vielfältige Auswirkungen auf den Körper hat. Einige Beispiele sind:

A. *Immunisierung:* Im Laufe der letzten zehn Jahre konnten chinesische Wissenschaftler und Mediziner aus dem Westen beweisen, dass starkes innerliches Qi das Immunsystem des Körpers kräftigen kann. Viele haben durch das Praktizieren von Qigong Krankheiten überwunden oder ihren Gesundheitszustand verbessert. Eine Professorin für Immunologie, Frau Feng Lida vom Chinese Naval Hospital, beteuerte, dass äußerliches Qi in der Lage gewesen sei, im Reagenzglas sechzig Prozent von Krebszellen abzutöten. Seit uralter Zeit ist die Stärkung des inneren Qi in China eine Technik, die zur Verlängerung des Lebens eingesetzt wird. Menschen, die über einen

133

langen Zeitraum Qigong praktizieren, können auch feststellen, dass sie sich, wenn überhaupt, seltener erkälten.

B. *Antriebskraft:* Wachstumsprozesse im Körper, Blutkreislauf, Fluss der Körpersäfte – sie alle gehen auf die Stimulierung und motivierende Kraft von Qi zurück.

C. *Erwärmungsvermögen:* Der Körper erhält durch die Regulation der wärmenden Wirkung von Qi eine normale Körpertemperatur aufrecht. Ohne diese Regulation gerät die Temperatur außer Kontrolle und weicht von den Normalwerten ab. Durch diese Einbuße des wärmenden Effekts leiden die Gliedmaßen unter der Einwirkung von Kälte.

D. *Steuerung von Körperflüssigkeiten:* Qi steuert die Verteilung der Blutflüssigkeit und stimuliert dabei gleichzeitig den Blutfluss und hält ihn unter Kontrolle. Ist das Qi einer Person schwach, so kann dies zu Blutungen oder Blutstockungen führen. Ebenso steuert Qi auch Schweiß und Urin und reguliert so deren Ausscheidung. Schwaches Qi kann zu Nachtschweiß, Inkontinenz oder Problemen beim Wasserlassen führen. Qi wirkt außerdem als Filter für die Geschlechtsflüssigkeiten. Diese werden spermienärmer und verdünnt, wenn das Qi einer Person schwach ist. Das kann zu Impotenz führen.

E. *Gleichgewicht von Yin und Yang:* Das ist eine relativ komplizierte Angelegenheit. Nach der chinesischen Vorstellung von Yin und Yang ist das Universum ein grundlegendes Ganzes, das aus dem Spannungsfeld von Yin-(negativen) und Yang-(positiven) Energien entsteht. Alles im Himmel und auf der Erde enthält Elemente dieser Dualität, etwa männlich und weiblich, Bewegung und Stille, Tag und Nacht und so weiter. Eben die Bewegungen und Umwandlungen von Yin und Yang bringen alles im Universum hervor und bewirken, dass es sich entwickelt und verändert. In Yin-Yang kommt eine Vorstellung der Dinge zum Ausdruck, die Gegensatzpaare bilden und dennoch voneinander abhängig sind. Aus diesem Grund können Yin und Yang sich zueinander entwickeln und kann man an allem eine Yin- und eine Yangkomponente entdecken. Diese Komponenten lassen sich ihrerseits wiederum in Yin- und Yang-Unterkomponenten untergliedern, und diese Aufsplittung in Bestandteile lässt sich unendlich fortsetzen. Das Phänomen, dass Dinge gleichzeitig Gegensätze sind und zusammengehören, lässt sich überall in der Natur beobachten.

Weder Yin noch Yang kann losgelöst von seinem Gegenpart existieren. Gäbe es zum Beispiel kein Links (Yin), so könnte es kein Rechts (Yang) geben; gäbe es kein Oben (Yang), so könnte da kein Unten sein (Yin); gäbe es keine Hitze (Yang), so gäbe es keine Kälte (Yin). Yang hängt von Yin ab, genauso wie Yin von Yang abhängig ist. Dennoch verharren Yin und Yang nicht in einer statischen Position. Sie befinden sich in einem fließenden Zustand, den man als »Yang nimmt ab und Yin wächst« oder »Yin nimmt ab und Yang wächst« charakterisieren könnte. So zum Beispiel finden sich bei den vier Jahreszeiten Veränderungen von der Wärme des Frühlings zur Hitze des Sommers und dann der Kühle des Herbstes und der Kälte des Winters. Dieser Prozess zeigt, wie »Yin abnimmt und Yang wächst«, gefolgt von »Yang abnimmt und Yin wächst.«

Auf den menschlichen Körper übertragen, müssen beim Bewerkstelligen jeglicher Funktionen (Yang) Nährstoffe im Körper (Yin) verbraucht werden, und die Verstoffwechselung dieser Nährstoffe erfordert eine gewisse Menge an Energie. Dies sind Prozesse, bei denen »Yang abnimmt und Yin wächst«, und »Yin abnimmt und Yang wächst«. Unter normalen Bedingungen existieren diese »Gezeiten von Yin und Yang« in einem einigermaßen stabilen Gleichgewicht, doch wenn Abnahme und Zunahme aus dem Gleichgewicht geraten und die Grenzen des Normalen übersteigen, wird der Körper ein Zuviel des einen Aspekts erleben und ein Zuwenig des anderen. Das erzeugt Krankheiten.

Um das Gleichgewicht von Yin und Yang aufrecht zu erhalten, muss der Körper also zur Bedarfsdeckung über eine hinreichende Menge von starkem Qi (Energie) verfügen. Um einen gewissen Vorrat von starkem Qi anzulegen, ist es außerdem – neben guter Ernährung, ausreichend Schlaf und Bewegung – wichtig, Qigong-Übungen durchzuführen. Abgesehen von den Vorteilen, die Qigong von Natur aus mit sich bringt, kann Qigong auch unzureichende Nahrungszufuhr kompensieren (man lese hierzu das Material zu *Bi gu*, dem meditativen Fasten an anderer Stelle in diesem Buch), Schlafmangel oder Mangel an Bewegung.

Viele Zivilisationen (insbesondere die alten Kulturen) haben ihre eigenen Meditationssysteme, und diese Systeme ähneln in ihren Grundprinzipien Qigong. Wer eine der besseren Übungspraktiken wählen möchte, sucht sich am besten eine aus der 3000-jährigen Tradition Chinas. Auf der Basis meiner eigenen Erfahrungen stelle ich hier gerne eine Qigong-Praxis vor, bei der Bewegung und Stille kombiniert werden. China kennt viele Bewegungsübungen, und jeder kann sich seine eigene Lieblingsübung aussuchen. Mit Stille ist hier ein Ausbleiben von Bewegung gemeint, wie etwa Meditation, stilles Dasitzen, -stehen oder -liegen.

Das methodische Vorgehen bei dieser Praxis ist Folgendes: Man praktiziert zunächst eine halbe Stunde lang eine beliebige Bewegungsübung, meditiert dann eine Stunde lang (fangen Sie zunächst mit einer halben Stunde an und steigern Sie die Länge der Meditation allmählich, bis Sie eine Stunde erreichen). Diese Technik wird Ihrem Körper reiche Energie spenden. Der Geist ist konzentriert, die Vitalkräfte üppig, und alle Körperfunktionen werden optimiert.

Warum müssen wir Qigong praktizieren, um diesen positiven Effekt zu erreichen? Es gibt ja das Sprichwort: »Ohne Fleiß keinen Preis.« Mit Qi ist es genauso. Ohne Übung stellt es sich nicht ein. Es ist etwas, das wir gewöhnlich nicht sehen oder wahrnehmen können, es funktioniert nicht so, wie es seinem vollen Potential entspräche. Zudem zeigt es sich nur unter bestimmten Umständen. Worin bestehen diese Umstände also? In *Huang Di Nei Jing* (*Yellow Emperor's Classic of Internal Medicine* – *Des Gelben Kaisers Standardwerk der Inneren Medizin*), einer berühmten medizinischen Enzyklopädie des alten Chinas heißt es: »Sei durch nichts zu erschüttern, und das wahre Qi wird sich einstellen, konzentriere innerlich deinen Geist, und Wohlergehen wird folgen.« In modernen Worten erklärt: Der Geist sollte ruhig und leer sein, ohne Verlangen, nicht kontrollierend, leicht, harmonisch ... Unter solchen Bedingungen wird Qi in Erscheinung treten und von Nutzen für die Gesundheit und die Ausbildung latenter Fähigkeiten sein.

Wenn wir eine Erkrankung mit Akupunktur behandeln, und wir wollen, dass *De qi* (ein Fachausdruck in der Akupunktur, der sich auf das Empfinden des Qiflusses bezieht, der entsteht, nachdem die Nadel an einem Akupunkturpunkt angesetzt wurde), müssen wir uns an dieses Prinzip halten. Im *Yellow Emperor's Classic of Internal Medicine* wird hervorgehoben, wie wichtig die »Heilung des Geistes« ist (der Geist muss konzentriert sein, und die volle Aufmerksamkeit sollte auf dem Patienten ruhen), während die Nadeln gesetzt werden. Von daher hängt Qi mit dem Geist zusammen, und Qi zeigt sich nur in bestimmten spirituellen Zuständen. Diese Zustände sind Meditation, Entspannung und Konzentration. So steht es in den alten Schriften, und moderne

Akupunkteure haben es bestätigt. Auch wenn es darum geht, die Kunstfertigkeit eines Akupunkteurs oder einer Akupunkteurin zu beurteilen, sollten Sie dieses Prinzip anwenden, um ihre Wahl treffen zu können. Ist der oder die Behandelnde während der Behandlung geistesabwesend und nicht auf den Patienten fokussiert, so wäre es nur klug, ihn oder sie zu meiden.

Obwohl Qigong EHF produzieren und die Funktionsfähigkeit des Körpers erhöhen kann, können nicht alle gut auf diesem Gebiet sein. Im Allgemeinen verhält es sich so, dass von tausend Menschen, die empfänglich sind für Qi, nur einer bis drei EHF entwickeln werden. Bei denen, die nicht empfänglich für Qi sind, tritt keine Wirkung ein. Zum jetzigen Zeitpunkt verfügt die Welt über kein Messinstrument, das anzeigt, ob ein Mensch für Qi empfänglich ist. Wir können es nur feststellen, indem wir einen Qigong-Meister von außen Qi zu einer Person senden lassen. Ich schicke meinen Studenten oder Menschen, die mich um Heilung bitten, oft von außen Qi, um ihre Sensibilität zu testen, und ich habe diesbezüglich eine Menge Erfahrung.

Wie kommt es, dass nur Menschen, die empfänglich für Qi sind, EHF entwickeln können? Der Grund dafür ist der, dass Qi die verborgenen Körperpotentiale aktivieren kann. Wenn man für Qi sensibel ist, spürt man ganz natürlich seine Wirkung, wenn nicht, spürt man nichts. Es ist ganz genauso, wie es ja Menschen gibt, die stark auf Alkohol ansprechen oder solche, die eine empfindliche Haut haben. Wenn wir Qigong praktizieren und in einen entspannten, meditativen Zustand eintreten, fördert es die Durchblutung, die Körpertemperatur steigt an, die Atmung verlangsamt sich, der Körper fühlt sich innerlich so an, als würde Strom durch ihn hindurchfließen; man erlebt es so, als würde man in ein Magnetfeld eintreten, der Körper wird leicht und scheint zu schweben, man ist fröhlich gestimmt und fühlt sich wie in einer anderen Welt. Natürlich erzeugen Dinge dieser Art gute Bedingungen dafür, die latenten Potentiale des Körpers zu aktivieren.

Ich glaube, in nicht allzu ferner Zukunft werden uns Wissenschaftler oder Forscher, die sich mit paranormalen Phänomenen beschäftigen, mehr darüber sagen, wie Qigong besondere Fähigkeiten eröffnet, damit wir mehr lernen und von diesem natürlichen Schatz den bestmöglichen Gebrauch machen können – auf dass die Menschheit davon profitiert.

Chinas paranormal begabte Kinder und ihre Ausbildung

China ist, so heißt es gelegentlich, die viertmächtigste Nation der Erde. Seine Bevölkerungszahl beträgt derzeit 1,2 Milliarden, doch 1979, in dem Jahr, als EHF entdeckt wurde, betrug sie »nur« eine Milliarde (die zusätzlichen 0,2 Milliarden, die seitdem hinzukamen, entsprechen annähernd der Bevölkerung der gesamten USA). Wenn man von der Schätzung ausgeht, dass jede millionste Person EHF aufweist, hätte China bei einer Bevölkerungszahl von einer Milliarde 1.000 Menschen mit EHF. Die überwältigende Mehrheit davon sind Kinder. Das liegt daran, dass diese Kräfte bei Menschen, sobald sie das Alter von fünfundzwanzig hinter sich lassen, dazu neigen, nach und nach schwächer zu werden und schließlich zu verschwinden.

Vielleicht war Ihnen noch nicht bekannt, dass es in China so viele Kinder mit EHF gibt. Zu denen, die mit diesen Fähigkeiten geboren werden, kommen dann aber noch viele weitere, die ein staatliches Ausbildungsprogramm absolviert haben, das seit 1981 an Chinas Grundschulen durchgeführt wird. Die Forscher wandten alle erdenklichen Techniken an, um die Fähigkeiten der Kinder hervorzulocken, darunter hypnotische Suggestion, psychologische Einflussnahme, Qi-Energie-Felder und Qi-Übertragung, von außen gesandtes Qi von Qigong-Meistern, Stimulierung der Akupunkturpunkte, Sprache und Bild. Innerhalb eines Jahres hatte die Zahl von Kindern, bei denen diese Kräfte durch die genannten Techniken zutage befördert worden waren, dreitausend erreicht. Zhang Yansheng, einer der Top-Begabten Chinas auf dem Gebiet von EHF, auch mit dem Beinamen »Chinas moderner Zauberer« bedacht, hat persönlich beim EHF-Training von sage und schreibe 500 Kindern assistiert.

Warum sollte die chinesische Regierung solches Interesse daran haben, für ein EHF-Training der Kinder zu sorgen? Die Forschung geht davon aus, dass jeder Mensch bislang nicht angezapfte Kräfte besitzt, und dass sich die einzelnen Personen nur im Hinblick auf die Anzahl und die Ausprägung dieser Fähigkeiten unterscheiden. Verfügt jemand über eine Fülle unangezapfter Kräfte, werden diese sich von selbst manifestieren, wenn im Leben dieses Menschen der rechte Zeitpunkt dafür gekommen ist. Werden sie jedoch durch Trainingstechniken stimuliert, so kann es eher zu EHF kommen, obgleich es bei Menschen mit schwächer ausgeprägten Kräften dieser Art sein kann, dass diese sich nicht zeigen. In den meisten Fällen jedoch treten EHF bei Kindern im Alter von sechs bis dreizehn Jahren zutage.

Die Einleitung von EHF bei chinesischen Kindern begann mit einigen Assistenzprofessoren an der Universität Peking, für die bei diesen Forschungsarbeiten ihre berufliche Laufbahn auf dem Spiel stand. Sie begannen an einer Grundschule, wo sie EHF-Induktion betrieben und mit Jungen und Mädchen von etwa zehn Jahren trainierten. Zur großen Überraschung aller hatten sechzig Prozent der Kinder Fähigkeiten wie etwa die, »mit dem Ohr zu lesen«. Die Forscher, die dies hochgradig spannend fanden, veröffentlichten ihre Ergebnisse in der Zeitschrift *Ziran Zazhi*, und das Echo war enorm. Danach wurden unter der Leitung von Wissenschaftlern Tests an allen Grundschulkindern des Landes durchgeführt. Die Erfolgsquote lag im Bereich von 30 bis 40 Prozent. Das aufsehenerregendste Ergebnis kam aus Shanghai. Die Wissenschaftler erreichten dort in den sechs Bezirken Zhabei, Hongkou, Nanshi, Jiading, Changning und Xuhui die höchsten Erfolgsquoten. Der Durchschnitt für die Stadt in ihrer Gesamtheit betrug 60 Prozent, darunter waren 30 Prozent jener Kinder, die derartige Fähigkeiten nach nur einer Trainingsstunde erwarben (während die restlichen 70 Prozent viele Trainingsstunden benötigten, um ihre Fähigkeiten zutage zu befördern). Was ist der Grund dafür, dass diese zweitgrößte Stadt der Welt eine derart hohe Punktzahl im Hinblick auf die EHF-Entwicklung bei Kindern erreichte? Von manchen Seiten witzelte man, Shanghai sei ja schließlich »in der gesamten

Abb. 9-1.
1983 wurden an vielen Schulen Kinder auf paranormale Fähigkeiten getestet. Hier ein Bild nach dem Test an einer der Schulen.

Geschichte schon immer das Land unbekannter Supermänner gewesen«. Es ist wahr, dass Shanghai eine ganze Reihe ungewöhnlicher Dinge und Menschen aufweist, und es ist eine Stadt voller Rätsel. Die hohe Erfolgsquote beim Zutagebefördern von EHF bei Kindern aus Shanghai mag nicht repräsentativ für andere Regionen sein. Vielleicht ist Shanghai eine einsame Ausnahme. Im Bezirk Xuchang der Stadt Chongqing wurden die Tests an Kindern im Alter von sieben bis zwölf durchgeführt, und nur bei dreizehn von neunundsechzig fand man EHF, entsprechend einer Quote von nur 18,8 Prozent. Das mag der Bezirk mit dem niedrigsten Anteil gewesen sein. Im Allgemeinen kann man beim Blick auf die Zahlen für das gesamte Land sagen, dass die Methoden, die man anwandte, um EHF hervorzulocken, etwa bei dreißig Prozent der Kinder wirksam waren – in dem Sinne, dass jeweils bei dreißig von hundert Kindern EHF zutage trat.

Im Licht dieses Erfolges beim Hervorlocken der EHF-Fähigkeiten bei Kindern könnten wir zu dem Schluss kommen, dass EHF bei Naturtalenten anzutreffen ist und dass wir alle sie in größerem oder kleinerem Umfang besitzen. Dieses Ereignis zeigt auch, dass EHF-Forschung bei den Kindern anfangen sollte. Obwohl China eine Menge Arbeit geleistet hat, wenn es darum ging, EHF bei Kindern zu entwickeln, so hielt man die Forschung doch geheim. Hier einige Gründe dafür:

1. Kinder sind der zukünftige Reichtum einer Nation, und die Nation hat die Verpflichtung, sie zu schützen.
2. Die meisten Eltern sind der Meinung, angeborene, natürliche paranormale Kräfte seien den durch Training Erworbenen überlegen. Sie wären wenig erfreut, würde man ihre Kinder nur als Zweitbeste einstufen und sie so als »Ware zweiter Wahl« deklarieren.
3. Die bei den Kindern entwickelten EHF waren nicht stabil, und so kann es sein, dass die Forscher eine Einflussnahme auf die Stimmung der Kinder vermeiden wollten.

Natürlich hatte man auch noch weitere Gründe. Von daher haben wir, mit einigen wenigen Ausnahmen, bei den in China entdeckten EHF-Kindern keine Chance, herauszufinden, ob diese Fähigkeiten ihnen angeboren waren oder ob sie durch Training ausgebildet wurden. Das Einzige, was wir wissen, ist, dass die Zahl der Kinder, die durch Training EHF entwickelten, um ein Vielfaches höher liegt als die der Kinder, bei denen diese angeboren waren.

Obwohl viele glauben, angeborene paranormale Fähigkeiten seien stärker als die durch Training errungenen, ist das eine falsche Vorstellung. Zhang Baoshengs Fähigkeiten sind angeboren, während die von Yan Xin ein Produkt seiner Qigong-Praxis sind, und dennoch hat noch nie jemand behauptet, Zhang Baoshengs Kräfte überträfen die von Yan Xin oder umgekehrt. In den Köpfen der Menschen sind sie gleichrangig. Paranormale Fähigkeiten sollten nicht in »angeboren« und »durch Training erworben« unterschieden werden, sondern in die vielen unterschiedlichen Arten von Fähigkeiten, die es gibt. So zum Beispiel sind Yan Xins EHF in der Regel auf dem Gebiet des Heilens am stärksten, während Zhang Baosheng nicht sehr gut im Heilen ist. Aus diesem Grund bitten auch nur wenige Zhang Baosheng um Heilung. Andererseits kann Zhang Baosheng durch Wände gehen und mit der Kraft seines Geistes Gegenstände von der Stelle bewegen – Fähigkeiten, die Yan Xin nie besessen hat. Mit den paranormalen Fähigkeiten verhält es sich ganz genauso wie mit anderen Talenten. Manche Menschen sind sehr gut in Mathematik, aber es kommt oft genug vor, dass sie in der Schule Schlusslichter im schriftlichen Ausdruck und in Kunst sind. Manche mögen Geografie, manche Astronomie. Alle haben ihre eigenen Stärken. Stellen wir nun einige von Chinas EHF-Kindern vor. (Einige von ihnen sind mittlerweile schon den Kinderschuhen entwachsen.)

Das erste Kind, das wir hier gerne vorstellen würden, ist Shen Kegong. Im Alter von dreizehn Jahren konnte er die aus 26 Stellen bestehende Lösungszahl bei einer mathematischen Problemstellung in zwanzig Sekunden im Kopf berechnen. Aufgrund dieser Fähigkeit wurde er als »der Supercomputer« bekannt. Aus der Befürchtung heraus, er könnte bei der Berechnung einen Fehler gemacht haben oder in dem veröffentlichten Bericht sei womöglich ein Druckfehler unterlaufen, brachte ich zwei Tage damit zu, 625^9 zu berechnen, wobei 14.551.915.228.366.851.806.640.625 herauskam. Da ich keinen elektronischen Taschenrechner oder Abakus auftreiben konnte, der mit einer derart großen Zahl hantieren konnte, blieb mir nichts anderes übrig, als mich zwei Tage lang an diese Rechenaufgabe zu setzen und sie schriftlich, mit Bleistift und Papier, zu lösen. Ich war tief beeindruckt, und ich werde dieses chinesische Wunderkind, Shen Kegong, nie vergessen.

Shen Kegong wurde nur zwölf Monate nach Tang Yu entdeckt. Seinem Vater zufolge waren den Eltern die erstaunlichen Rechenkünste des Jungen nie zuvor aufgefallen. Sein Vater erinnerte sich an einen Vorfall, als er zusammen mit Kegongs Mutter und Kegong beim Einkaufen war. Die Mutter wollte gerade zahlen, da sagte ihr der Junge, dass sie sich verrechnet hatte. Als sie nachrechnete, stellte sie fest, dass sie in der Tat einen Fehler gemacht hatte. Shen Kegongs Vater beherrscht selbst meisterhaft das Rechenbrett und arbeitet als Buchhalter in einem Fertigungbetrieb. Sein Sohn spielte während der Arbeit oft neben ihm. Immer, wenn dem Vater ein Fehler unterlief, wies der Sohn ihn darauf hin. Zuerst dachte der Vater, der Kleine erlaube sich einen Spaß, doch dann entdeckte er, dass er wirklich einen Fehler gemacht hatte. Nach vielen ähnlichen Erlebnissen wurde ihm klar, dass sein Sohn ein Wunderkind war.

1980 war Shen Kegongs Glücksjahr. Am 18. September dieses Jahres

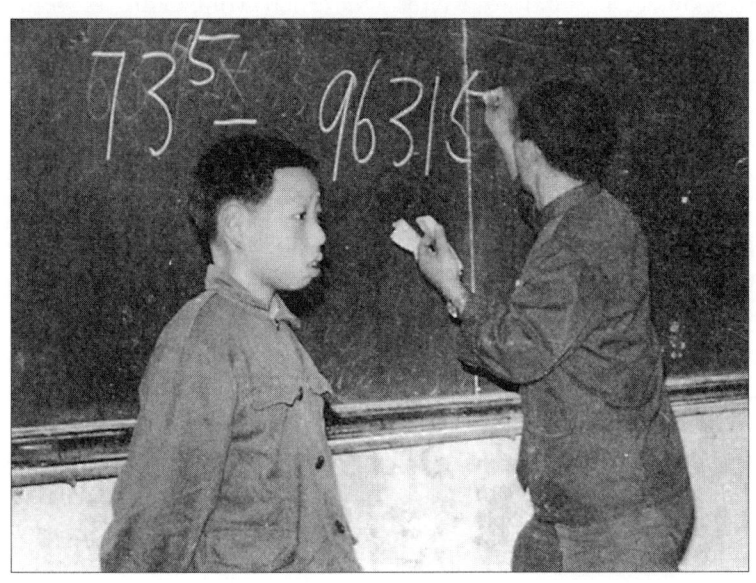

Abb. 9-2.
Chinas »Supercomputer«, Shen Kegong, ein dreizehnjähriger Sprössling, der zwanzig Sekunden zur Beantwortung der Frage braucht, was 625^9 ergibt, nämlich 14.551.915.228.366.851.806.640.625.

fanden in der Provinz Shanxi Abakusmeisterschaften statt, zu denen 2000 Teilnehmer aus der gesamten Provinz kamen, unter ihnen Shen Kegong. Zu den Kategorien, die bei diesen Meisterschaften vertreten waren, gehörten unter anderem vielstellige ganze Zahlen, Dezimalzahlen, Bruchrechnen, Quadrate und Quadratwurzeln. Die Meisterschaft resultierte darin, dass er die Lösung für 639 x 33 + 3÷884.736, nämlich 21.183, schneller berechnete als jeder Abakus oder elektronische Taschenrechner (er brauchte dazu 3,4 Sekunden). Später in diesem Jahr sponserten das Zentralkolleg für Wirtschaft und Finanzen sowie der chinesische Abakusverband gemeinsam eine Veranstaltung, bei der Shen Kegongs Schnellrechenkünste vorgeführt wurden. An dieser Veranstaltung, einem Wettstreit, beteiligten sich Hunderte, und sie versuchten sich in sage und schreibe zwanzig Kategorien, was die mathematischen Operationen anging. Auch hier wieder fielen Shen Kegong im Handumdrehen die Antworten ein. Beispielaufgaben waren: 4.789.240 ÷ 45 = 106.427,555 (1,6 Sekunden); 35 x 45 x 25 = 39.375

(1,8 Sekunden)... und so weiter. Natürlich vollbrachte er seine brillanteste Leistung in der China Agricultural Bank, wo er, beobachtet von sämtlichen Bankangestellten, in zwanzig Sekunden ausrechnete, was 625^9 ergab. Die Beobachter brachen daraufhin allesamt in Jubelrufe und Applaus aus. Seit dieser Zeit gilt er in China als Supercomputer Nr. 1.

In Shanghai gibt es ein Mädchen namens Xiao Xiong, deren EHF entdeckt wurden, als sie elf Jahre alt war. Es heißt, dass Xiao Xiongs Vater sich ebenfalls sehr für EHF-Forschung interessiert. Eines Tages sagte er zu seiner Tochter: »Wie wäre es mit einem Lesetest?« Sie nickte zustimmend, und so steckte er einen Zettel in ihr Schreibetui, auf den er die chinesischen Schriftzeichen für *gelber Hund* geschrieben hatte, und bat sie, sie solle versuchen, zu lesen, was auf ihm geschrieben stand. Xiao Xiong konzentrierte sich darauf und starrte unentwegt auf das Schreibetui. Nach etwa zehn Sekunden sagte sie, sie könne die Worte *gelber Hund* in Rot auf dem Papier sehen. Ihr Vater war hocherfreut und öffnete das Etui, um den Zettel wieder herauszunehmen. Da fiel ihm auf, dass am oberen Rand des zusammengefalteten Zettels noch einmal, wenn auch in Bleistift, die Worte *gelber Hund* standen. Er war völlig perplex. Beim näheren Hinsehen erkannte er, dass die Bleistiftnotiz der Schrift seiner Tochter entsprach. Das überraschte ihn noch mehr. Die Schriftzeichen für *gelber Hund* hatte er selbst in roter Tinte geschrieben. Eine zweite Notiz, in Bleistift, hatte er nicht vorgenommen. Eilig fragte er seine Tochter, wie das geschehen war. Sie sagte, sie wüsste nicht, wie die zusätzlichen Worte auf das Papier gekommen waren, erinnere sich aber, wie sie die Schreibweise der Schriftzeichen im Geist durchspielte, während sie sie las. Ihr Vater hörte aufmerksam zu, als sie das sagte. Danach bat er sie um einen weiteren Lesetest. Dieses Mal schrieb er in blauer Tinte die Schriftzeichen für *hoher Berg fließendes Wasser*. Außerdem wies er sie an, sich die Schreibweise zu vergegenwärtigen, während sie sie las. Das Ergebnis war, dass sie weniger als zwei Minuten brauchte, um die Worte *hoher Berg fließendes Wasser* zu erkennen. Als ihr Vater das Schreibetui öffnete, standen die Worte dort wiederum noch ein zweites Mal in Bleistift.

Der Vater des Mädchens war ganz aufgeregt, als er herausfand, dass seine Tochter über derartige Fähigkeiten verfügte. Am nächsten Tag bat er sie, probeweise etwas auf einen leeren Zettel zu schreiben. Er nahm einen Zettel, auf dem gar nichts geschrieben stand, und steckte ihn zu einem Bleistift in das Schreibetui. Er bat sie, sich vorzustellen, sie schriebe beliebige Worte, die ihr gerade in den Sinn kamen. Sie stimmte zu und setzte sich in einen Stuhl, um still nachzudenken. Nach einer Weile sagte sie, sie sei fertig. Sie habe im Geist *Hallo* geschrieben. Sofort öffnete ihr Vater das Etui, um sich den Zettel anzusehen, und in der Tat stand in Bleistift »Hallo« auf dem Zettel. Danach bat er seine Tochter noch mehrmals, es erneut zu versuchen, und jedes Mal gelang es ihr. Sie produzierte manchmal ein Wort, manchmal zwei, oder fünf, sechs – je nachdem, was ihr gerade in den Sinn kam.

Xiao Xiongs Vater berichtete EHF-Forschern aus der Gegend von dieser Neuentdeckung. Auch sie testeten Xiao Xiongs Fähigkeit wiederholt und bestätigten sie. Danach prägten sie für diese Art von EHF den Begriff »paranormales Schreiben«.

Xiao Xiong ist mit ihren oben beschriebenen Fähigkeiten keinesfalls das einzige Kind in China, das »paranormales Schreiben« beherrscht. 1981 wählten EHF-Forscher am Yunnan-Wenshan-Lehrerseminar in der Provinz Yunnan fünf Kinder mit EHF dafür aus, weiterführendes Training zu erhalten. Anfang war das Einzige, was diese Kinder konnten, mit dem Ohr zu lesen. Nach einer Woche jedoch hatten sie sich soweit entwickelt, dass sie mit ihren Fingern, Handflächen, Zehen und Fußsohlen lesen konnten sowie mit dem Punkt auf der Stirn, an dem sich das »Dritte Auge« befindet. Ihre Fähigkeiten verstärkten sich mit jedem Tag, und nach einem Monat Training dieser Art konnten sie mit Gedankenkraft die Zeiger einer Uhr verstellen.

Aufgrund personeller Veränderungen wurde das Forschungsprojekt rund um das Training der fünf EHF-Kinder der Abteilung zwei der Geologischen Vermessungsstelle der Provinz Yunnan übergeben. Dort begann man, indem man das mit H gekennzeichnete Kind (keine der Testpersonen bei den Versuchen war bereit, ihren Namen preiszugeben) dafür auswählte, seine Fähigkeiten auf dem Gebiet des »paranormalen Schreibens« zu testen. Das Experiment wurde von fünf Personen überwacht. Der Versuchsleiter, Zhao Yun, steckte ein leeres Blatt Papier und einen blauen Tintenschreiber in eine Aktenmappe. Man ließ jedoch die Kappe auf dem Stift. Die Aktenmappe wurde rundum komplett mit Klebeband zugeklebt. Kind H wurde instruiert, an die chinesischen Schriftzeichen für *kostbarer Gegenstand* zu denken. Der Kleine legte die Aktenmappe unter seinen linken Fuß, und dann blickte er hoch und starrte vor sich hin. Nach einer Minute sagte H:

»Fertig«, und Zhao Yun öffnete die Aktenmappe. Dort standen in blauer Tinte die Worte *kostbarer Gegenstand* geschrieben.

Danach bat sich Versuchsleiter Zhao Yun ein weiteres Experiment aus. Dieses Mal verwendete er einen Kugelschreiber, bei dem man per Knopfdruck die Farben verändern konnte. Diesen legte er zusammen mit einem leeren Blatt Papier in eine Aktenmappe, die dann fest mit Klebeband verschlossen wurde. Dieses Mal wurde H gebeten, die Worte *kostbarer Gegenstand* in Rot zu schreiben. Er stimmte zu und begann im Geist zu schreiben. Dieses Mal ließ sich das Kind zwei Minuten Zeit, bis es verkündete, fertig zu sein. In Gegenwart der Beobachtergruppe öffnete Zhao Yun die Aktenmappe, und dort standen wie gewünscht die Worte *kostbarer Gegenstand* in Rot.

Später führten acht Personen an einer Schule namens Wenshan First Middle School, unter ihnen der Direktor, Zhao Bixin, und der stellvertretende Direktor, Li Chenghua, ähnliche Experimente hinsichtlich sämtlicher Aspekte des paranormalen Schreibens an Kindern durch, die mit »C«, »G«, »Z2 und »Y« gekennzeichnet wurden. Sämtliche Versuche verliefen erfolgreich. Insgesamt führte man dort zwischen dem 4. Oktober 1981 und dem 20. Oktober 1983 59 Experimente durch. (Hinweis: Von den Namen der Kinder wurde auf Bitte der Kinder und ihrer Eltern jeweils nur der Anfangsbuchstabe angegeben.)

Von allen paranormalen Phänomenen habe ich Telepathie und das Öffnen von Blüten immer am meisten bewundert. Ein chinesisches Sprichwort lautet: »Eine Blüte öffnet sich dem Wohlstand.« Wenn das chinesische Neujahr naht, werden allerorts gute Wünsche wie »Frohes Neues Jahr« und »Eine Blüte öffnet sich dem Wohlstand« ausgehängt, was symbolisch für das Glück steht, das der bevorstehende Frühling bringen soll. Das Sichöffnen einer Blüte gilt als glückbringend. Es gibt eine ganze Reihe von EHF-Phänomenen, die ein Sichöffnen von Blüten beinhalten, und von diesen wurde in Zeitungen und Zeitschriften unter vielen merkwürdigen Schlagzeilen berichtet, wie etwa »Warum die Blumen früher blühen als sonst«, »Blumenregen in der Stadt des Frühlings«, »Warum die Blumen so schön sind« und »Blumen blühen wie verrückt«. Betrachten wir uns nun einige dieser Berichte.

Das Klima in der Stadt Kunming, in der Provinz Yunnan in Südchina gelegen, ist das ganze Jahr über frühlingshaft. Aus diesem Grund wird sie auch die »Stadt des Frühlings« genannt. Da der Frühling ja der Zeitpunkt ist, zu dem Blumen erblühen und die Stadtverwaltung von Kunming sehr auf die Anlage herrlicher Blumenbeete bedacht ist, ist die Stadt im Frühjahr ein Blütenmeer. Eines der Ereignisse in Zusammenhang mit dem Erblühenlassen aufgrund paranormaler Fähigkeiten wurde in der Zeitungsschlagzeile »Blumenregen in der Stadt des Frühlings« gut beschrieben.

Zhu Yiyi, Redakteurin bei Shanghais Naturzeitschrift *Ziran Zazhi*, ist Vorreiterin bei der Erforschung von EHF bei Kindern und der Weiterentwicklung (oder Schulung) ihrer Fähigkeiten. Eines Tages kam sie nach Kunming, um mit Professor Luo, Professor Zheng von der Universität Yunnan sowie mit Xiao Li, Xiao Yan, Xiao Ling und Xiao Chun zusammenzutreffen. Es standen Experimente zum Öffnen von Blüten auf dem Programm. Jedes dieser Mädchen erhielt eine mit einem Deckel versehene Porzellanvase. Diejenigen, die das Experiment beaufsichtigten, wiesen die Kinder an, mit der Kraft ihrer Gedanken Blumen zu pflücken; sie konnten sich dabei beliebige Blumen oder Knospen aussuchen, die sie mochten. Dabei behielten die Beobachter die Vase, die jedes der Mädchen in den Händen hielt, sorgfältig im Auge.

Als die vier Kinder mit Hilfe ihrer Gedankenkraft Blumen zu pflücken versuchten, kam der erste Ausruf von Xiao Li. Mit leuchtendem Gesichtchen rief sie, dass sie es geschafft habe. Sie war sehr glücklich darüber, da dies das erste Mal war, dass es ihr je gelungen war, mit ihrer Gedankenkraft Blumen zu pflücken. Sie hatte eine Winterjasminknospe gepflückt. Als die drei anderen Mädchen hörten, dass Xiao Li es geschafft hatte, gewannen auch sie mehr Selbstvertrauen, und so dauerte es nicht lange, bis sie alle eines nach dem anderen zu rufen begannen: »Die Blume ist da!« Als die Vasendeckel gelüftet wurden, hatte eines der Mädchen ein Blatt von einem Baum, ein anderes hatte eine Blütenknospe, und eines hatte eine wunderschöne, voll erblühte Blume.

Der Versuch mit den Kindern dauerte insgesamt dreißig Minuten, und insgesamt kamen dabei 35 Winterjasminblüten- und -knospen sowie Knospen und Blätter von Bäumen zusammen. In Xiao Lis Vase jedoch entdeckte man die Knospe einer Teepflanze. Einer der Versuchsleiter, Herr Yang, war sehr überrascht und dachte, mit dieser Knospe müsse es etwas ganz Besonderes auf sich haben. Er begab sich zurück nach

Hause, zu seinem Balkon, und siehe da, bei seiner seltenen Teesorte, die er seit drei Jahren dort züchtete, bis sie in diesem Jahr endlich eine Knospe gebildet hatte, war diese Knospe verschwunden; das paranormal begabte Mädchen hatte sie gepflückt. Zwar ärgerte ihn sein Verlust, doch gleichzeitig fand er es auch spannend, dass das Blumenpflücken durch Gedankenkraft geglückt war. Die Erfahrung bereitete ihm gemischte Gefühle; sie machte ihn gleichzeitig glücklich und traurig.

Diese Tests unter der Leitung von Frau Zhu Yiyi, bei denen es darum ging, Blumen zu sammeln oder zu öffnen, warfen die Frage auf, warum sich die Blüten »früher als sonst öffneten«. Einmal verwies Frau Zhu, als sie ein solches Sichöffnen der Blumen bei Anwendung paranormaler Mittel beschrieb, darauf, dass die moderne Biologie uns sage, dass alles Lebendige von Naturgesetzen beherrscht sei. Das Blühen einer Blume hinge eng mit ihren biologischen Stadien zusammen. Wo dies doch so sei, wie könnten EHF da diese biologischen Gesetze verletzen und eine Knospe dazu bringen, sich vorzeitig zu öffnen? Hier müssen wir Biologen zu Rate ziehen.

Ende 1980 wurden sechs paranormal begabte Kinder, darunter Xiao Pan, Xiao Zhang und Xiao Li eingeladen, zu demonstrieren, wie sie Blumen dazu brachten, sich zu öffnen. Vor der Demonstration wurden zahlreiche Azaleenblüten gepflückt und an die sechs Kinder verteilt, wobei sich die Knospen in Kunststoffbehältern befanden. Sieben Minuten nach dem Beginn des Experiments sagte Xiao Pan, die Blumen hätten sich nun komplett geöffnet. Zehn Minuten später sagte Xiao Zhang, ihre Blumen seien nur ungefähr halb offen. Die anderen vier Kinder sagten allesamt, ihre Blumen seien ganz geöffnet. Die Versuchsleiter prüften jede dieser Blüten, und sie stellten fest, dass die von Xiao Zhang nur halb geöffnet waren, während die anderen sich komplett geöffnet hatten.

EHF-Kinder können hundert Blumen zum Blühen bringen, aber welcher Prozess bringt die Blumen dazu, sich zu öffnen? Weil man dieser Frage auf den Grund gehen wollte, wurde Xiao Pan gebeten, von sich aus zu demonstrieren, wie es funktionierte, dass sich die Blume öffnete. Man gab ihr eine noch dicht verschlossene Nelkenknospe. Dann hielt Xiao Pan den Stiel der Nelke fest in der Hand und starrte unverwandt auf die Knospe. Die Beobachter um sie herum sahen mit angehaltenem Atem zu. Nach etwa zehn Minuten begann die Knospe vor aller

Augen aufzublühen. Es war, als sähe man einen Film in Zeitlupe. Alle lobten das Mädchen für seine Leistung. Es war ein seltenes Schauspiel, eines, das man vielleicht nur einmal im Leben zu sehen bekommt. In den Jahren 1993 und 1994 organisierte der Pekinger Autor Ke Yunlu eine Filmcrew, um einen Dokumentarfilm zu drehen, der den Titel *An Investigation of Life's Extraordinary Phenomena (Studien zu außergewöhnlichen Phänomenen des Lebens)* trug. Hierfür wurden EHF-Darbietungen in ganz China gefilmt. Der Dokumentarfilm bestand aus insgesamt vierundzwanzig fünfundvierzigminütigen Teilen, von denen sich jeder mit einem anderen Thema befasste. Dreizehn Videos kamen infolgedessen heraus, von denen eines sich mit dem Thema »Entwicklung latenter Kräfte bei Kindern« befasste. In diesem Video geht es um ein Projekt, bei dem der Qigong-Meister Liang Guangyiang elf Grundschülerinnen und -schüler (vier Jungen und sieben Mädchen) von der Dong Si Shi Tiao Elementary School in Peking auswählte, damit diese eine weiterführende Ausbildung in EHF erhalten würden. Zeitpunkt war der Morgen des 16. Januar 1994, Ort war das Guanyuan Children's Activity Center in Peking. Meister Liang gebot den Schulkindern, sich zu entspannen, die Augen zu schließen und still dazusitzen. Dann schickte er ihnen von außen Qi und sagte ihnen, sie sollten den Nachthimmel vor sich sehen und sich eine Lichtkugel vorstellen, die immer heller würde. Nach etwa zehn Minuten wies er sie an, sich vorzustellen, wie diese Lichtkugel ganz hell in ihrem eigenen Körper aufleuchtete. Dann sagte er ihnen, sie sollten in sich hineinsehen. Kurz danach bemerkten einige von ihnen, sie könnten ihre eigenen Blutgefäße, ihre Knochen, ihr Herz, ihren Magen und so weiter sehen. (Hier eine Warnung an unsere Leserinnen und Leser: Bitte versuchen Sie dies nicht ohne Aufsicht eines Arztes oder Qigong-Meisters.)

Liang Guangyiang hat bei diversen Gelegenheiten und unter den verschiedensten Umständen mehr als zehnmal diese Art von Training und Aktivierung der verborgenen Kräfte von Kindern durchgeführt. Davon, den Kindern beizubringen, in sich selbst hineinzublicken, ging er dazu über, sie zu lehren, die inneren Organe anderer Menschen zu sehen und durch Dinge hindurchblicken zu können. Seine Schulungen beginnen auf einer einfachen Ebene und führen dann zunehmend mehr in die Tiefe, wodurch die Fähigkeiten der Kinder allmählich gestärkt werden. Er hat eine Erfolgsquote von 80 Prozent aufzuweisen, und bei einer der Kindergruppen erreichte diese im Test 100 Prozent. Sie wurden in der Gegenwart von Versuchsleitern geprüft, um die Glaubwürdigkeit der Ergebnisse sicherzustellen. Zu den Versuchs-beobachtern gehörten die Assistenzprofessorin Xu Yan von der Psychologischen Fakultät des Lehrerseminars in Peking, ein (männ-licher) Reporter des *Guangmin Ribao*, Frau Cheng Xiaofen, leitende Ärztin der Optometrischen* Fakultät der Medizinischen Hochschule in Peking und andere.

In Peking gibt es ein Schwesternpaar, Wang Qiang, die ältere Schwester, die bei ihrer Entdeckung dreizehn Jahre alt war, und Wang Bin, die jüngere, bei ihrer Entdeckung elf Jahre alt (siehe Kapitel 3). Anfangs bestanden die Fähigkeiten der beiden in Telepathie sowie darin, mit dem Ohr, den Fingern und der Achselhöhle lesen und Farben wahrnehmen zu können. Ersteres war besonders ausgeprägt. Aus diesem Grund wurden die beiden Mädchen von vielen Forschern als Versuchspersonen bei Experimenten zur Telepathie eingesetzt. Berichten zufolge wurden bislang mehr als fünfzig Versuche zu ihren telepathischen Fähigkeiten durchgeführt.

Zu diesen Versuchen gehörten auch die von der Filmcrew durchge-führten, die *An Investigation of Life's Extraordinary Phenomena* drehten. Am 20. Februar leiteten sie im Bejing Modern Information Develop-ment Center eine Demonstration der telepathischen Begabung der beiden Schwestern Wang Qiang und Wang Bin. Was sie dabei vorführten, war eine Aufgabe, bei der es auf die Abstimmung aufein-ander ankam, wobei sie Bauklötzchen und Telepathie verwendeten. Die beiden Schwestern hatten dieses Spiel oft gespielt, als sie klein waren. Es funktionierte so, dass eine von ihnen mit den Bauklötzchen eine bestimmte Figur baute, und die andere, die sich an einem anderen Ort befand, machte von ihren telepathischen Fähigkeiten Gebrauch, um genau die gleiche Figur entstehen zu lassen. An diesem Tag sollte der Vorgang von mehreren Beobachtern überwacht und bestätigt werden, die sich an verschiedenen Orten befanden. Diese Beobachter durften sich nicht bewegen und nicht sprechen. Wang Qiang und Wang Bin erhielten jeweils eine ähnliche Sammlung von Bauklötzen. Wang Bin saß zunächst nur still da, aber nachdem Wang Qiang einige Klötzchen

---

* Sehkraft-, Sehweitemessung (Anm. d. Übers.)

Abb. 9-3.
Der berühmte Schriftsteller Xiao Jun und seine Frau bei der Überprüfung der EHF
von Wang Qiang (links) und Wang Bin. Das Foto entstand nach der Prüfung.
(Foto mit freundlicher Genehmigung von Zhou Wan Bin.)

arrangiert hatte, machte auch sie sich ans Werk. Wang Qiangs Gedanken folgend, gruppierte sie Stück für Stück ihre Bauklötze. Die Figuren, die bei den beiden Mädchen am Ende hierbei herauskamen, waren
gleich.
Tatsache ist, dass telepathisches Bauklötzchenarrangieren ein neuartiges
und interessantes Spiel ist. Ich weiß von einem noch interessanteren
Vorfall bei einer Demonstration von Wang Qiang und Wang Bin. Am
19. November 1993, als es darum ging, dass sie bei der Firma Sitong
in Peking demonstrieren sollten, wie sie mit den Fingern lasen, schrieb
Präsident Ni Zhiwei von der Firma Haihua in Peking die fünf englischen Buchstaben H H N Z W, steckte den Zettel in einen fest verschlossenen und undurchsichtigen Briefumschlag, und reichte ihn
Wang Bin, damit sie ihn mit den Fingern lesen würde. Nachdem sie
den Umschlag entgegengenommen und befühlt hatte, nahm sie die fünf
englischen Buchstaben H H Z Z V wahr. An dieser Stelle könnte man
sagen, dass sie falsch lag, aber man könnte auch sagen, dass sie teil-

weise richtig lag. H H stimmte ja, der dritte Buchstabe, Z, war ein auf der Seite liegendes N, und das V ist ja in der Tat ein Teil des W.

Es verhält sich durchaus so, dass viele Kinder in frühen Jahren ähnliche Kunststücke vollbringen können. Ich konnte das persönlich bei einer Reise nach Shanghai beobachten, wo ich eine öffentliche EHF-Demonstration besuchte. Dabei befanden sich zwei Mädchen auf der Bühne, die mit Ohren und Achselhöhlen lasen. Ein Assistent ging durch das Publikum und bat Anwesende, etwas auf einem Zettel zu notieren, und diese Zettel wurden zusammengefaltet und in eine Schachtel gesteckt, um die Fähigkeiten der Mädchen zu testen. Ich meldete mich gleich zweimal dafür, etwas zu schreiben, und beim ersten Versuch rieten die Mädchen richtig. Beim zweiten Mal schrieb ich zwei Buchstaben aus dem russischen Alphabet, Я Н. Ein Mädchen malte das an die Tafel, was es sah, nämlich Я Н, was ja korrekt war.

Das zweite Mädchen schrieb das Я rückwärts, als wäre es ein R. Es scheint ein gängiger Fehler zu sein, dass die visualisierten Bilder wie hier auf die eine oder andere Weise gedreht sind. Nach der Vorstellung gelang es mir auch, mich ein wenig mit den Mädchen zu unterhalten. Sie sagten mir, sie hätten erstmals von ihren Fähigkeiten erfahren, als bei einem an der ganzen Schule stattfindenden Testprogramm ihre Empfänglichkeit auf diesem Gebiet festgestellt wurde und man sie für ein weiterführendes Training auswählte. Sie schilderten mir auch den Sehvorgang, der in ihrem Geist stattfand und sagten, sie verspürten ein Taubheitsgefühl und ein Summen, und dann stellten sich Visionen ein, die sie scharf fokussieren konnten.

Wie ich bei weiteren Nachforschungen herausfand, ist der Grund für den Ruhm von Wang Qiang und Wang Bin der, dass sie neben den simplen Fähigkeiten, über die sie zunächst verfügten, noch viele weitere entwickelten. Hierzu gehörten die Rekonstruktion einer zerrissenen Visitenkarte, das Beseitigen von Tabletten aus einer Arzneimittelflasche durch Gedankenkraft, paranormales Schreiben, zerbrochenes Porzellan wieder zusammenzufügen, Ausfindigmachen von Mineralien sowie Heilen. Jeder, der sich mit EHF-Forschung befasst, sollte wissen, dass EHF sich verstärken lassen. Es kann allerdings auch vorkommen, dass sie entweder durch übermäßigen Gebrauch oder Missbrauch geschwächt werden. Das entspricht einem Prinzip in der Evolution, das gern mit dem Slogan »use it or loose it« (Mach Gebrauch davon, oder du wirst es verlieren) beschrieben wird,

Abb. 9-4.
Zhu Yiyi (Mitte), Redakteurin des *Nature Journal*, Spezialistin auf dem Gebiet der
Organisation von Forschungsarbeiten an EHF-Kindern; rechts Paul Dong, und
links ein Qigong-Meister aus Shanghai.

und das besagt, dass Fähigkeiten, die auch zum Einsatz kommen,
tendenziell stärker werden. Dazu kommt, dass selbst eine Person, die
überhaupt keine Gaben in Sachen EHF besitzt, diesbezüglich trainiert
werden kann.

Professor Song Kongzhi, der sich seit Jahren mit EHF-Forschung befasst,
sagt, EHF-Phänomene hätten nichts Mystisches. Mit Hilfe von Techniken, die auf wissenschaftlichen Prinzipien basieren, ist es recht gut
möglich, eine Person ohne EHF in eine Person zu verwandeln, die über
EHF verfügt.

In den letzten zehn Jahren hat China systematisch Erfahrungen mit
paranormal begabten Kindern aus dem gesamten Land gesammelt, diese
mit psychologischer Theorie kombiniert und die gewonnenen Informationen als Grundlage für die Erschaffung einer Methode verwendet, mit deren Hilfe paranormal begabte Kinder geschult werden
können. Zusätzlich hat man ein Verfahren ersonnen, nach dem Gruppen von Jugendlichen und jungen Erwachsenen zwischen fünfzehn und

153

zwanzig trainiert werden können. Jede Gruppe wird dabei einem zehntägigen Training unterzogen, wobei dieses Training täglich jeweils früh morgens und am Nachmittag stattfindet (nach einem Mittagsschlaf). Das Training dauert je eine Stunde. Das erste, woran hierbei gearbeitet wurde, war das »Non-okulare Sehen«, da dies eine Fähigkeit ist, die sich relativ einfach herbeiführen lässt. Nachdem man hierbei Erfolg gehabt hatte, ging man zu anspruchsvolleren Fertigkeiten über. Beim Training für »Non-okulares Sehen« lag die Erfolgsquote der Kindergruppen in etwa bei dreißig bis vierzig Prozent, während sie bei den Teenagern nur drei Prozent betrug, gehörig niedriger also.

Als man in der Forschung landesweit mit dem Training von Kindern begann, befanden sich die Befürworter und Gegner noch inmitten der Debatte um die Existenz paranormaler Phänomene. Das machte es unmöglich, Trainingsprogramme in so großem Maßstab durchzuführen, wie man es gerne gesehen hätte. Außerdem stießen die Wissenschaftler bei der Umsetzung ihrer Pläne auf viele Hindernisse. Dennoch zeigten ihre Experimente zum Thema Training am Ende, dass EHF sich tatsächlich herbeiführen lassen.

Professor Song Kongzhi sagte, die Hauptgründe dafür, dass Kinder eine höhere Erfolgsquote zu verzeichnen hätten als Jugendliche oder noch Ältere, sei der, dass deren Geist mit weniger Gerümpel befrachtet sei, wodurch sie sich leichter konzentrieren könnten und sie empfänglicher seien für ein psychologisches Dirigiertwerden, während für Teenager genau das Gegenteil zutrifft. Während der Trainings durchleben sowohl Kindergruppen als auch Gruppen von Jugendlichen körperliche Reaktionen, wie etwa ein Pochen im Kopf und aufkommende Ängste, doch treten diese Symptome bei Teenagern stärker in Erscheinung. Das liegt vermutlich daran, dass Kinder sich besser an Belastungen dieser Art anpassen können.

Bemerkenswert an den entwickelten Trainings zur Förderung von EHF ist auch, dass Mädchen hier leichter zu unterweisen sind als Jungen. Wenn ein Kind innerhalb von drei Tagen EHF erlernt, muss man es mit einem Mädchen zu tun haben. Daraus könnte man die Vermutung ableiten, dass Chinas allerhöchste Koryphäe auf paranormalem Gebiet eine Frau sein müsste. Mehr hierüber in Kapitel 11.

Zehn

Wie man das Dritte Auge erzeugt

Die Frage, was das Dritte Auge ist, mag man im Westen anders beantworten als in den Ländern des Ostens. Das erste, was den meisten Chinesen in den Sinn käme, wäre der Gott Erlang aus dem berühmten, jahrhundertealten Klassiker *Xi You Ji* (in englisch *Journey to the West* oder auch unter dem Titel *Monkey* veröffentlicht). Zwischen seinen beiden Augen hatte Erlang ein zusätzliches Auge entwickelt, das über tausend Meilen weit sehen konnte und das über grauenerregende Kräfte verfügte. *Journey to the West* ist heute eines der meistveröffentlichten und am weitesten verbreiteten Bücher in der Geschichte Chinas. Diese phantastische, auf dem Buddhismus basierende Geschichte um eine spirituelle Suche, ähnlich der nach dem heiligen Gral, ist ein wunderbares Werk, das Kinder und Erwachsene gleichermaßen fasziniert. Jedes Jahr werden von diesem Buch Millionen Exemplare verkauft, und man würde in China niemanden finden, der noch nie von dem Gott Erlang und seinem Todfeind, dem Affenkönig, gehört hat. Das »Goldfeuerauge« des Affenkönigs war ganz genauso machtvoll wie das Dritte Auge Erlangs, und mit ihm konnte dieser durch Gegenstände hindurchsehen und wahr von falsch unterscheiden. Dieses Dritte Auge des Affenkönigs und des Gottes Erlang sind Beispiele für das Auge des Buddha bei buddhistischen Meistern. Es ermöglicht eine ihrer höchsten spirituellen Fähigkeiten.

Man kennt das Dritte Auge in den chinesischen Lehren des Taoismus und des Buddhismus gleichermaßen, und die Unterschiede zwischen beiden sind gering. In der Regel wird das Dritte Auge eher mit dem Buddhismus in Verbindung gebracht. Die Buddhisten sprechen von den *wu yan tong* – den »fünf spirituellen Gaben des geistigen Durchdringens« oder »fünf Augen der Meisterschaft« – die aus dem *rou yan tong* oder dem »Auge des Fleisches«; *tian yan tong* oder dem »Auge des Himmels« (das, was wir das Dritte Auge nennen); *hui yan tong* oder »Auge der Weisheit«; *fa yan tong* oder dem »Auge des Dharma«; *fo yan tong* oder dem »Auge des Buddha« bestehen. Sie repräsentieren jeweils unterschiedliche Entwicklungsstadien, die in zunehmend höhere Dimensionen führen. Bringen wir zunächst in Erfahrung, was es mit diesen fünf Augen auf sich hat, und gehen wir dann auf das Dritte Auge ein.

Das Auge des Fleisches meint ein Auge, das dem Auge des gewöhnlichen Menschen überlegen ist. Andere können weit entfernte Objekte oder Objekte, die sehr klein oder schlecht beleuchtet sind, nicht deutlich sehen, doch dieses Auge kann alles sehen, gleich wie weit entfernt, wie klein oder wie dunkel es ist. Wer diese Fertigkeit übt, dessen Sehvermögen wird geschärft, und das führt dazu, das Auge des Fleisches zu erlangen. Weiteres Üben führt mit der Zeit zu einem Fortschreiten zur nächsten Stufe, dem Auge des Himmels.

Das Auge des Himmels (Drittes Auge) ist kein gewöhnliches Auge, sondern der *tian-mu*-Akupunkturpunkt (auch *bai-hui*-Akupunkturpunkt genannt). Wird es geöffnet, bringt es die Fähigkeit des Sehens weit entfernter Objekte oder einen Röntgenblick mit sich. Das Sehvermögen, das ein Wahrnehmen weit entfernter Objekte erlaubt, wird auch als das Tausend-Meilen-Auge bezeichnet. Doch im Gegensatz zu dem Sehen über große Entfernungen, das dem Auge des Fleisches möglich ist, wird hier mit dem Geist gesehen, statt mit dem Auge. Der Röntgenblick wurde in alter Zeit Geisterblick genannt. Eigentlich hat man es hier nicht mit Geistern zu tun, sondern mit einer besonderen Fähigkeit des Körpers.

Die meisten würden glauben, wenn sie das Auge des Himmels erlangt hätten, stünden sie ganz oben, und ihre Kräfte seien groß. In Wirklichkeit befindet sich das Auge des Himmels nur eine Stufe über dem Auge des Fleisches, und es kommt den höchsten Stufen des Erreichbaren nicht im Entferntesten nahe. Das Auge des Himmels ist lediglich in der Lage, sich Dinge im Geist vorzustellen, kann aber keine weiteren Einzelheiten zu ihnen offenbaren. So zum Beispiel sieht es vielleicht die Vorderseite des Objekts, kann aber nicht seine Rückseite sehen, oder es sieht nur die Oberseite ohne die Unterseite. Es kann die Textur des Objekts nicht fühlen und so nicht wissen, ob es aus Holz besteht oder aus Keramik, welche Farbe es hat, wie es zehn Jahre zuvor aussah ... Wer jedoch das Auge der Weisheit erlangt, sieht nicht allein das Objekt in seiner Gesamtheit, sondern kennt auch seine Vergangenheit und seine Zukunft. So zum Beispiel kann dieses Auge sehen, dass ein Keramikobjekt zehn Jahre zuvor bei einem Brand leicht beschädigt wurde, dass es vor einiger Zeit einmal mit Essig gefüllt war und so weiter, sehr detailliert. Mit dem Auge der Weisheit zu sehen, ist eine Fertigkeit, die auf einem recht hohen Niveau angesiedelt ist. Bei den Chinesen gibt es den Spruch »jemanden mit dem Auge der Weisheit kennen lernen«, was bedeutet, das man fähig ist, sich gute Menschen zum Freund zu machen.

Natürlich gehört das Auge des Dharma auf eine noch höhere Stufe als das Auge der Weisheit. Das Auge des Dharma verfügt nicht nur über alle Fähigkeiten des Auges der Weisheit, sondern hat auch eine sehr hohe Energie und erhellt das Universum. Außerdem vermag es Dinge zu reparieren. So zum Beispiel kann man, wenn man das Auge des Dharma hat, in dem oben erwähnten Fall mit dem Keramikobjekt, das durch Brand beschädigt war, den Teil, in dem sich der Bruch befindet, reparieren und so gut wie neu machen. Ein Meister des Auges des Dharma kann einen Stahldraht mit seinem Blick zerschneiden und auch ein zerbrochenes Stück reparieren.

Es will scheinen, dass nur extrem wenige Menschen das Auge des Buddha erlangen können. In den Annalen der buddhistischen Geschichte sagte man nur Buddha und seinen Schülern diese Fähigkeit nach. Wie die Buddhisten sagen, ist der Buddhismus grenzenlos, was heißen soll, dass es nichts gibt, was er nicht vermag. Das Auge des Buddha kann die Vergangenheit sehen und die Zukunft, kann das Universum erhellen, den Gang der Ereignisse und Materie im Universum verändern. Seine Kraft erstreckt sich auf das Universum, und wenn dieses Auge die Stufe des »Buddhalichts, das überall scheint« erreicht, wird alles, was sich in Reichweite des Buddhalichts befindet und von ihm erhellt wird, von ihm gesteuert und verändert, darunter auch das menschliche Schicksal.

Das Auge der Weisheit, das Auge des Dharma und das Auge des Buddha sind tiefe und schwer ergründbare Mysterien des Buddhismus, und es übersteigt unsere Möglichkeiten, sie in dieser kurzen Einführung zu erklären, also tun wir besser daran, unsere Aufmerksamkeit dem

Auge des Himmels zuzuwenden und uns anzusehen, was es mit diesem auf sich hat. Obwohl das Auge des Himmels einige besondere Fähigkeiten hat, die sich von denen des Auges des Fleisches unterscheiden, so gehören zu ihm dennoch die gewöhnlichen Fähigkeiten des Auges des Fleisches. Über das himmlische Auge zu verfügen, ist ein instabiler Zustand, und man kann es auch verlieren. Deshalb können wir hieraus schließen, dass beim Übergang zwischen beiden der Unterschied nicht qualitativ ist, sondern quantitativ. Die meisten quantitativen Unterschiede lassen sich problemlos umkehren, doch qualitative Unterschiede sind schwierig umzukehren. Deshalb handelt es sich beim Auge des Himmels noch immer um Fähigkeiten, die auf einer niedrigen Stufe von EHF stehen. Erlangt jemand das Auge der Weisheit, ist das eine qualitativ andere Fähigkeit und eine hohe Stufe von EHF.

Da es sich beim Auge des Himmels um EHF einer niedrigen Stufe handelt, ist es gar nicht so schwierig zu erlangen, vor allem für Kinder und junge Erwachsene. Sie können es in einem Alter vor Abnahme ihrer Fähigkeiten durch Praktizieren von Qigong entwickeln. Für Kinder mag es nicht einmal nötig sein, Qigong zu praktizieren, und sie können mit Hilfe psychologischer Methoden der Induktion geschult werden. Bestimmte Erwachsene, die die entsprechenden Merkmale aufweisen, können das Auge des Himmels auch noch über das Alter hinaus, in dem ihre EHF-Kräfte schwächer wurden, erreichen, indem sie Qigong praktizieren.

Der Gedanke, der hinter dem Auge des Himmels steht, ist ganz simpel. Wie Lu Mianchuan, ein Forscher aus der chinesischen Provinz Sichuan sagte, der sich mit dem menschlichen Körper befasst, sehen die Buddhisten Augen, Ohren, Nase, Zunge, Körper und Geist (yi oder die Intention) als die sechs Hauptlinien (oder sechs Einsatzweisen). Diese sechs Hauptlinien gehören allesamt zu yi (der Intention), da die Intention der Ursprung der fünf anderen Einsatzweisen ist. Wenn zum Beispiel der Geist mit den Augen verbunden ist, sehen wir Bilder, und wenn er mit den Ohren verbunden ist, hören wir Klänge. Werden jedoch die Verbindungswege zum Geist abgeschnitten, so sind sie leere Hülsen, und das Gleiche gilt für Nase, Zunge und Körper. Augen und Ohren sind Werkzeuge, die dem Sehen und Hören dienen, doch auf fundamentalerer Ebene ist der Gedanke der Ursprung des Sehens und Hörens. Wenn sich die Werkzeuge (fünf Hauptlinien) einsetzen lassen, so lassen sie sich auch verändern. Deshalb kann das Denken die

Art und Weise verändern, wie die fünf Hauptlinien eingesetzt werden (zum Beispiel durch Einsatz des Ohres anstelle des Auges).

Ferner umfassen die sechs Hauptlinien die Gegensatzpaare Yin und Yang, Materielles und Immaterielles. Um genauer zu sein, nimmt das Auge sichtbare Objekte wahr (die materieller, greifbarer Natur sind und somit Yang), und das Ohr hört unsichtbare Klänge oder Geräusche (immateriell, also nicht greifbar und somit Yin). Die Gerüche, die von der Nase wahrgenommen werden, sind immateriell (Yin), Dinge, die wir schmecken, sind materiell (Yang), und der Tastsinn des Körpers ist materiell (Yang), während die Gedanken in unserem Kopf immateriell (Yin) sind. Yin, Yang, immateriell und materiell sind Gegensätze, und so können sie umgewandelt werden (siehe Erklärung des Konzepts von Yin und Yang in Kapitel 8). Daher behauptet der Buddhismus, dass die sechs Hauptlinien eine unrichtige Unterscheidung darstellten und in Wirklichkeit wechselseitig austauschbar seien. Der einzige Grund dafür, dass sie sich nicht vermischten, seien die Festlegungen in den Köpfen der Menschen. Heute konnte man diese Philosophie in Teilen bestätigen, zum Beispiel bei allen aktuellen Fällen in ganz China, in denen EHF-Kinder mit ihren Ohren, Unterarmen, Fingern und so weiter lesen. Sie alle sind Hinweise auf die Auswechselbarkeit der sechs Hauptlinien. Und das Auge des Himmels (Dritte Auge) dazu einzusetzen, um mit Hilfe der Geisteskraft Dinge zu sehen, basiert auf den gleichen Prinzipien.

Viele haben schon einmal das nachfolgende Erlebnis gehabt: Sie sitzen mit geschlossenen Augen da und meditieren, der Geist denkt an nichts anderes, und dabei stellt sich eine bestimmte Sensibilität ein. Wenn jemand leise in Ihre Nähe kommt oder von hinten an Sie herantritt, spüren Sie sofort die Gegenwart dieser Person. Junge Menschen sind in dieser Hinsicht viel sensibler als ältere, und kleine Kinder sind hier am sensibelsten von allen. Das sind EHF, nur auf einer niedrigen Stufe. Um dieses Niveau und die Sensibilität zu steigern, kann man Qigong-Übungen praktizieren oder sich Schulungen westlichen Stils unterziehen, was die paranormalen Fähigkeiten angeht.

Nachfolgend mein eigener Trainingsplan für das Dritte Auge:

1. Setzen Sie sich auf einen bequemen Stuhl, in etwa auf die vordere Hälfte der Sitzfläche, und legen Sie die Hände dabei auf die Knie. Schließen Sie die Augen und entspannen Sie sich am ganzen Körper.

2. Streichen Sie dreimal leicht über die Stelle auf der Stirn, wo sich das Dritte Auge befindet.

3. Verwehren Sie allen ablenkenden Gedanken den Zutritt und sitzen Sie etwa zehn Minuten lang still da. Visualisieren Sie dann, wie das Dritte Auge drei Atemzüge tut (konzentrieren Sie sich aber nur auf das Einatmen, nicht auf das Ausatmen). De facto erfolgt das Atmen bei diesen drei Malen über die Nase, und Sie stellen sich einfach vor, dass die Luft durch das Dritte Auge eintritt. Nachdem Sie das dreimal getan haben, atmen Sie normal weiter.

4. Beginnen Sie, nachdem Sie noch einmal zehn Minuten gewartet haben, ihr Qi (ihre Energie) vom *dan tian* (etwa fünf Zentimeter unter dem Nabel) abwärts zirkulieren zu lassen, über hui yin, ming men, da zhu, yu zhen, bai hui (Scheitelgegend), und dann abwärts zu yin tang (Stelle des dritten Auges), ren zhong, cheng liang, tian tu, shan zhong, und wieder zurück zum dan tian. Das sind die Namen der elf Akupunkturpunkte am Körper. Wenn Sie diese nicht auswendig lernen wollen, können Sie sich einfach merken, dass sie Ihr Qi vom dan tian nach unten wandern lassen, über den Genitalbereich, den Rücken hinauf, geradewegs bis zum höchsten Punkt des Kopfes, hinunter zur Position des dritten Auges (zwischen den Augenbrauen), und dann in einer geraden Linie hinunter zum dan-tian-Punkt. Üben Sie das fünf Minuten lang und lassen Sie die Qi-Energie dabei langsam kreisen. Die Chinesen nennen das xiao zhou tian (»der kleine Kreislauf«). Der kleine Kreislauf ist eine gesundheitsförderliche Praxis, aber auch eine EHF-Praxis, die das Auge des Himmels öffnen kann.

5. Wenn das Qi zum dan-tian-Punkt zurückgekehrt ist, konzentrieren Sie sich fünf Minuten lang auf das dan tian. Öffnen Sie dann langsam die Augen, stehen Sie auf, und beginnen Sie mit der Abschlussübung.

Beim Praktizieren des chinesischen Qigong gilt die Regel, dass die Übungen immer mit einer Abschlussübung enden müssen. Ansonsten kann es geschehen, dass sich körperliches Unwohlsein einstellt. Indem Sie die Abschlussübung praktizieren, gelangen Sie leichter in den regulären Zustand zurück. Nachfolgend die einzelnen Schritte für die Abschlussübung:

1. Heben Sie, nachdem Sie die Augen geöffnet haben und stehen, die Arme vor den Brustkorb, führen Sie die Handflächen zusammen und reiben Sie diese dann, bis sie sich erwärmen. Fahren Sie sich damit über das Gesicht, als wollten Sie es waschen. Tun Sie das zehnmal. (Vom Gesicht bis zum Hals und Nacken zählt dabei jeweils als einmal.)
2. Lassen Sie mit den Armen vor dem Brustkorb ihr Qi abwärts in Richtung dan tian wandern. Wiederholen Sie dies mehrmals.
3. Klopfen Sie wiederholt mit der rechten Hand Ihren linken Arm abwärts, von oben nach unten.
4. Klopfen Sie wiederholt mit der linken Hand Ihren rechten Arm abwärts, von oben nach unten.
5. Klopfen Sie wiederholt mit beiden Händen Ihre Beine abwärts, von oben nach unten.

Praktizieren Sie dies jeden Morgen eine Stunde lang nach dem Aufwachen und jeden Abend vor dem Zubettgehen.
Diese Vorgehensweise wird in den ersten drei Übungsmonaten angewandt. Nach drei Monaten ändert sich der Ablauf wie folgt:
1. Setzen Sie sich auf einen Stuhl, in etwa auf die vordere Hälfte der Sitzfläche, und legen Sie die Hände dabei auf die Knie. Schließen Sie die Augen und entspannen Sie sich am ganzen Körper.
2. Machen Sie Ihren Geist leer von Gedanken. Stellen Sie sich vor, dass sich das Auge des Himmels geöffnet hat. Ein Licht fließt vom bai-hui-Punkt am Scheitel in Ihren Körper, es erhellt Ihren Kopf und verbreitet sich dann nach weiter unten, wodurch Ihr ganzer Körper erhellt wird.
3. Setzen Sie sich still für zehn Minuten zur Meditation hin. Stellen Sie sich vor, wie das Dritte Auge atmet, kehren Sie dann in den Normalzustand zurück und praktizieren Sie die Qi-Zirkulation nach dem »kleinen Kreislauf« durch Vorder- und Rückseite des Körpers. Gelangen Sie dann nach und nach dazu, dieses Zirkulieren zehn Minuten lang fortzusetzen (in den ersten drei Monaten waren es nur fünf Minuten). Lassen Sie das Qi dann zurück zum dan tian wandern.
4. Nachdem das Qi zum dan tian zurückkehrt, konzentrieren Sie sich zehn Minuten lang auf das dan tian, bevor Sie mit der Abschlussübung beginnen.

Üben Sie dies zweimal am Tag. Beachten Sie, dass es sehr wichtig ist, es mindestens einmal am Morgen zu tun.

Praktizieren Sie diese zweite Übungsfolge drei Monate lang. Dann können Sie zur dritten Übungssequenz übergehen, die wie folgt aussieht:

1. Setzen Sie sich still hin, schließen Sie die Augen, machen Sie ihren Geist leer. Stellen Sie sich vor, dass das Dritte Auge sich ein wenig öffnet. Zuerst sehen Sie ein Licht in der Dunkelheit, wie der Schein eines Fernsehbildschirms, und dann erscheint unverrückbar ein Objekt in diesem Schein. Versuchen Sie bei dieser Visualisierung nicht, irgend etwas zu erzwingen. Wenn Sie etwas sehen, ist das prima, doch wenn nicht, sehen Sie eben nichts.

2. Wenn Sie beim ersten Mal nichts in diesem Licht sehen, könnten Sie vielleicht versuchen, ein vertrautes Objekt zu sehen, das sich auf dem Tisch befindet (nur ein Artikel und nicht für sehr lange). Zum Beispiel können Sie eine Armbanduhr auf den Tisch legen. Versuchen Sie es, aber erzwingen Sie dabei nichts.

3. Wenn Sie die Uhr nicht sehen können, könnten Sie vielleicht ihre inneren Organe visualisieren, zum Beispiel Ihre Eingeweide, Ihren Magen, Ihre Lungen, Leber, Niere und so weiter, oder Sie sehen vor sich, wie Ihr Blut zirkuliert.

4. Wenn Sie Obiges nicht sehen, könnten Sie damit beginnen, dass Sie sich das Gesicht und das Lächeln Ihres Mannes oder Ihrer Frau vorstellen (oder einer Person, die Sie gerne sehen wollen). Wenn das gelingt, können Sie zum nächsten Schritt übergehen und versuchen, die anderen oben erwähnten Dinge vor sich zu sehen.

Bei dem obigen Training dürften Sie innerhalb etwa eines Monats in der Lage sein, Dinge vor sich zu sehen. Wenn Sie es in einem Monat nicht schaffen, können Sie aufgeben, denn nicht jeder ist in der Lage, die Gabe des dritten Auges zu entwickeln. Diese Fähigkeit zu erlangen, fällt jungen Menschen und Menschen mit einer Sensibilität für Qi nicht schwer, insbesondere letzteren nicht. So zum Beispiel sind auch Akupunktur und energetische Heilung bei manchen wirksamer als bei anderen, und bei wieder anderen zeigen sie gar keine Wirkung. Es hängt von der Empfänglichkeit der Person ab. Diese Technik könnte also bei einer Person, die hochgradig sensibel für Qi ist, einen Wirkungsgrad von 98 Prozent haben, für eine, die nur halb so sensibel ist, 40 Prozent und so weiter.

Wenn wir wissen, ob wir sensibel für Qi sind oder nicht, können wir uns eine Menge Kosten für medizinische Behandlungen ersparen (zum Beispiel durch Akupunktur und energetisches Heilen), und wir können in Notfällen die Notwendigkeit kritischer Maßnahmen umschiffen. Wenn wir unser Maß an Sensibilität nicht kennen, haben wir zwei Methoden, es herauszufinden. Die beste Methode, das zu testen, ist natürlich die, einen Qi-Meister oder eine Qi-Meisterin darum zu bitten, Qi zu unserer Handfläche zu schicken. Ein zweiter Weg ist ein versuchsweiser thermographischer Test. In den westlichen Ländern hat man eine Art thermographischen Scanner entwickelt, der die Sensibilität und Stärke von Qi anzeigen kann, aber er ist relativ teuer. Ich habe schon oft Menschen geholfen, ihre Sensibilität für Qi zu bestimmen, und sie haben sich immer zufrieden damit geäußert.

Elf

Die moderne Göttin der Barmherzigkeit

China verfügt über neunundzwanzig Provinzen und 1,2 Milliarden Menschen, durchschnittlich 40 Millionen Menschen pro Provinz – rund 20 Millionen mehr also als Kalifornien, der bevölkerungsreichste Bundesstaat der USA. Je höher die Bevölkerungsdichte an einem Ort, desto mehr außergewöhnliche Menschen werden sich dort auch finden. Jede Provinz ist voller unbekannter, aber erstaunlicher Leute. Außerdem kann man aus schon angeführten Gründen davon ausgehen, dass die wirtschaftlich ärmste Provinz die mit den meisten Superbegabungen in Sachen paranormale Fähigkeiten sein muss. Unter anderem deshalb kann man bezweifeln, dass es in den USA eine große Zahl von Menschen mit solchen Kräften geben könnte. Wenn man etwas darauf achtet, wird einem auffallen, dass zwei bis drei von vier Männern übergewichtig sind und einen gewaltigen Bauch vor sich herschieben. Das ist ein Zeichen für eine üppige Ernährungsweise. Wenn Menschen in einer Umgebung leben, wo mit geringer Anstrengung Nahrung im Überfluss erhältlich ist, werden sie korpulent und schädigen ihre Gesundheit, doch eine weitere Konsequenz ist die, dass sie keine überragenden paranormalen Fähigkeiten erwerben. Die größten Koryphäen auf diesem Gebiet stammen gewöhnlich aus armen Nationen oder Entwicklungsländern, wie in der Vergangenheit bei China und Indien der Fall. Seit den neunziger Jahren ist es mit China wirtschaftlich stark bergauf gegangen, und die Menschen in den Küstenregionen werden zunehmend wohlhabender. Mit diesem Trend dürfte der Anteil an paranormal Hochbegabten abnehmen. Die unten beschriebenen Personen wurden in den siebziger und achtziger Jahren geboren, und eine ist kraftvoller als die andere. Zu ihnen gehört auch die Frau, die den absolut allerhöchsten Rang unter Chinas Superkoryphäen einnimmt.

Eine vielseitig begabte junge Dame – Yao Zheng

Zuerst würde ich gerne auf Yao Zheng zu sprechen kommen, eine hübsche und unschuldige junge Dame. Im Oktober 1991 nahm ich eine Einladung in Zhengs Zuhause im Bezirk Tanggu der Stadt Tianjin an. Mich begleiteten drei Redakteure des *Journal of UFO Research*, herausgegeben vom Gansu Province Publishing House. Yao Zheng demonstrierte immer wieder ihre vielseitigen EHF-Fähigkeiten. Ich bin mit ihrem Vater befreundet und hatte eine lange Anreise von Amerika hinter mir, und sie erwiesen mir große Gastfreundschaft und luden mich zu sich nach Hause ein. Yao Zheng selbst zog ins Gästezimmer, um mir ihr eigenes Zimmer zu überlassen. Ich hatte die Sorge, es könne ihren Schlaf beeinträchtigen und sich somit auf ihre EHF-Fähigkeiten auswirken, aber diese Furcht war, wie die Ereignisse zeigen sollten, unnötig.

Wir vier trafen um elf Uhr morgens bei ihr zu Hause ein. Nach dem Mittagessen konnten wir es kaum erwarten, Yao Zhengs Demonstration ihrer EHF zu sehen.

Ich hatte meinen eigenen Löffel mitgebracht, ein besonders solides Exemplar, damit sie es bei der Demonstration benutzen würde. Zusätzlich hatte ich in einer Hotelapotheke eine Flasche mit weißen Tabletten gegen Entzündungen erworben (einige Arzneimittel, die man in den USA unmöglich erhält, kann man in Hongkong und China problemlos über den Ladentisch kaufen). Mein Plan sah so aus, dass ich Yao Zheng dazu bringen wollte, sie zu verwenden, um uns ihre Fähigkeit vorzuführen, »Pillen durch Flaschen hindurch wandern zu lassen«. Zu meiner Überraschung war ihr Vater, Herr Yao Wenji, dagegen, dass wir diese Tabletten verwenden würden. Der Grund dafür war der, dass die Tabletten gegen Entzündungen gedacht waren, und er befürchtete, die Tabletten würden in Yao Zhengs Magen gelangen. Er erklärte, dass es in China schon viele Fälle gegeben hatte, wo bei EHF-Demonstrationen, die zeigten, wie »Tabletten durch Flaschenwände wandern«, einige der Arzneipillen im Magen der Person landeten, die die Demonstration durchführte.

Aus Sicherheitsgründen schlug er also vor, ich solle ein harmloses

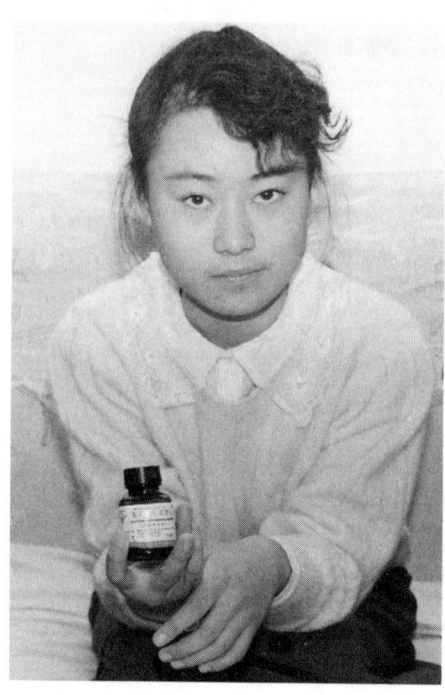

Abb. 11-1.
Yao Zheng benutzt ihre
Gedankenkraft, um Vitamintabletten aus einer Flasche
heraus zu befördern.

Produkt erwerben, etwa Vitamintabletten. Das schien logisch, also
kaufte ich für die Demonstration eine nagelneue Flasche mit chinesischen Vitamintabletten. Die Pillen waren schwarz, von dem Typ, wie
man ihn in China herstellt.

Nach meiner Rückkehr aus dem Laden bestand die erste Demonstration darin, »Tabletten durch Flaschenwände wandern zu lassen«.
Zusätzlich dazu, dass sie mit einem Stopfen versehen sind, sind chinesische Medizinflaschen auch noch mit Wachs versiegelt, und dieses
Wachs bricht, sobald jemand die Flasche öffnet. Zusätzlich befindet sich
noch eine durch Drehen abziehbare Schutzmanschette über dem Hals
der Flasche. Nachdem Yao Zheng die Flasche an sich genommen hatte,
konzentrierte sie sich auf sie, wobei sie die Flasche gelegentlich ein
wenig schüttelte. Nach etwa zwölf Minuten tauchten plötzlich von
irgendwo her acht Vitamintabletten auf. Die Versiegelung der Flasche
war noch immer völlig intakt, und nichts deutete auf Manipulation
welcher Art auch immer hin. Offenbar stammten die acht Tabletten

aus der Flasche, aber sie mussten wohl zu schnell aus ihr herausge-
kommen sein, als dass wir vier, die sie im Blick behielten, eine Chance
gehabt hatten, zu sehen, woher genau sie gekommen waren. Als sie
auf den Tisch fielen, hörten wir ein leises Klicken.

Nachdem die Vitamintabletten zutage befördert worden waren,
lächelte Yao Zheng und sagte, nun sei sie fertig. Ich habe von EHF-
Forschern gehört, dass Personen, die EHF demonstrieren, ziemlich mit-
genommen und frustriert seien, wenn die Tabletten nicht herauskämen,
und ihnen stünden sogar Schweißperlen auf der Stirn.

In unserem Gespräch erzählte Yao Zhengs Vater, wie es war, als die
Medien und die allgemeine Öffentlichkeit Yao Zhengs EHF entdeckten. Am 2. Juli 1990, sagte er, seien die Schülerinnen und Schüler der
Dagu-Realschule in Tianjin einem Test unterzogen worden. Yao Zheng
konzentrierte sich und versuchte, die Fragen zu beantworten, als plötzlich von ihrem Rücken Rauch aufstieg. Im Handumdrehen waren zwei
Löcher in ihr Kleid gebrannt. Alle Klassenkameradinnen und -kame-
raden und der Lehrer starrten wie gebannt dorthin. Danach erstattete
die Schule der örtlichen Schulbehörde über den Vorfall Bericht. Als
sich die Geschichte herumsprach, war sofort ein Reporter des in Tianjin ansässigen *Chinese Journal of Petroleum* zur Stelle und berichtete
darüber.

Yao Zhengs Vater, Yao Wenji, ist als Ingenieur im Erdölforschungslabor
einer Niederlassung der Bohai Oil Corporation im Bezirk Tanggu der
Stadt Tianjin beschäftigt, und ihre Mutter, Wang Lei, ist Ärztin an der
Kinderabteilung der Klinik für die Mitarbeiter dieser Firma. Yao Zhengs
Vater erzählte mir von einem unerklärlichen Vorfall. Als Yao Zheng
zum ersten Mal EHF zeigte, kam es etwa alle zehn Tage zu einer
Episode, bei der sie Elektrizität und Feuer abgab. Bevor das geschah,
zeigten sich schwarze Ringe an ihren Lidrändern. Einmal streichelte
sie, als ihre Lidränder sich wieder schwarz verfärbten, gerade ein
kleines Kaninchen. Das Kaninchen bekam Krämpfe und starb kurz
darauf. Yao Zheng nahm das damals ziemlich mit. Als sie ihre Hand
auf ein leeres Blatt legte, brannte das chinesische Schriftzeichen für
Kaninchen in das Papier. Ein anderes Mal erschien ein weiteres
Zeichen, das anzeigte, dass eine EHF-Erfahrung bevorstand. Ihre Handfläche wurde heiß und brannte einen Yin-Yang-Kreis, wie aus dem Tai
Chi bekannt, in ein leeres Blatt, obwohl Yao Zheng das Symbol noch
nie zuvor gesehen hatte. Wäre es möglich, dass ihr Vater oder ihre

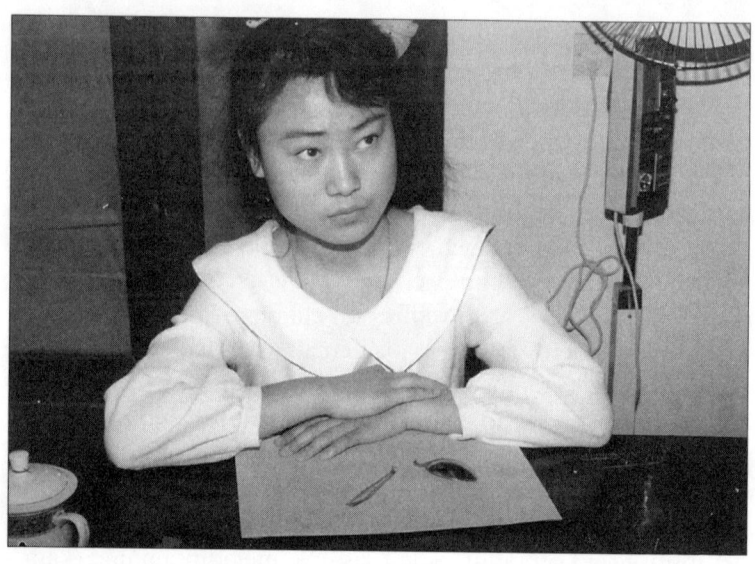

Abb. 11-2.
Yao Zheng zerbricht durch EHF einen Suppenlöffel. Er machte ein Geräusch, als er brach.

Mutter einen Yin-Yang-Kreis gesehen hatten und die bildliche Vorstellung davon gedanklich auf sie übertrugen? Wir können nur mutmaßen.

In den beiden Tagen, die ich im Haus der Familie verbrachte, sah ich Yao Zheng mit der Kraft ihrer Gedanken einen Löffel zerbrechen. Es kam zu einem Geräusch, als er brach. Dann gab ich ihr den Löffel, den ich mitgebracht hatte, um sie zu testen. Vielleicht lag es daran, dass der Löffel allzu massiv war, jedenfalls brach er nicht, obwohl die Kraft ihres Geistes es schaffte, ihn zu verbiegen. Überraschender noch war die Tatsache, dass er, bevor er verbogen wurde, an einem anderen Ort landete. Das geschah so: Wir alle konzentrierten uns auf den Löffel, aber lange schien nichts zu passieren. Ich sah, dass sie offenbar zu kämpfen hatte, also brach ich die Demonstration ab. Danach begannen wir uns alle über Anderes zu unterhalten. Kurz darauf merkte ihr Vater, dass der Löffel, der eben noch auf einem Teetischchen gelegen hatte, verschwunden war. Wir machten uns auf die Suche nach ihm, und er tauchte an einer anderen Stelle im Zimmer auf. Als ich ihn dort fand, war er verbogen.

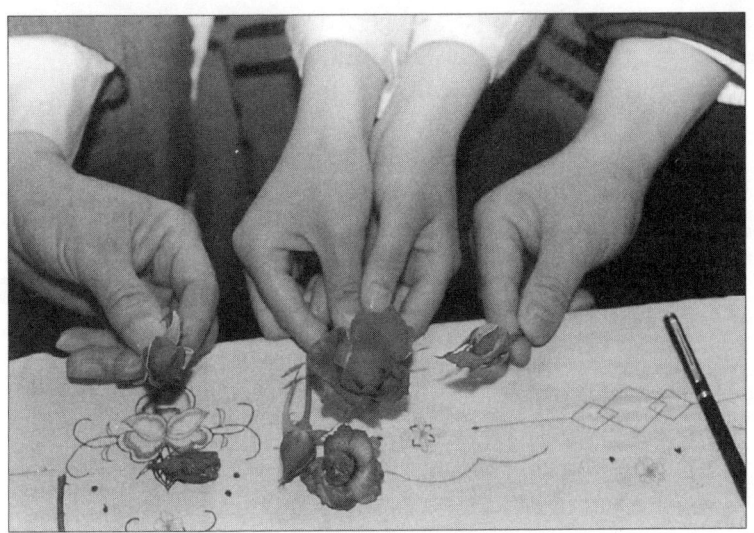

Abb. 11-3.
Yao Zheng verwendet ihre Geisteskraft dazu, eine Blütenknospe aufspringen zu lassen. Bei dieser Demonstration waren Redakteure dreier Zeitschriften zusammen mit Paul Dong anwesend. Links sieht man seine Hand.

Ich habe im Hinblick auf paranormale Phänomene schon öfter die Erfahrung gemacht, dass dann, wenn man sich auf ein Objekt konzentriert, nichts damit geschieht, doch sobald man etwas weniger darauf achtet, und sei es vielleicht nur für eine Mikrosekunde oder eine Nanosekunde, fliegt das Objekt davon. Chinesische Forscher haben gezeigt, dass wir bei diesem Phänomen, das sie als »nicht beobachtbaren Flug« bezeichnen, nicht imstande sind, mit bloßem Auge die Bewegung zu verfolgen, die sich da vollzieht. Manche glauben sogar, dass es sich bei den Flugbewegungen von UFOs um eine Art von »nicht beobachtbarem Flug« handelt.

Yao Zhengs Eltern sagten mir, dass sie auch Blumen öffnen könne. Am nächsten Morgen gingen ihr Vater und ich in einen Blumengarten ganz in der Nähe und pflückten ein paar Rosenknospen und sonstige Blumenknospen für Demonstrationen ihrerseits. Sie bildete mit den Händen eine Schale, nahm die Blumen in diese auf und schloss sie um die Blumen. Dann schüttelte sie die Knospen dicht neben ihrer Schläfe.

Abb. 11-4.
Zwei Blüten öffneten sich durch Yao Zhengs Geisteskraft. Die Blumenknospen wurden von Paul Dong in einem nahegelegenem Garten gepflückt.

Kurz darauf sagte sie, die Blumen hätten sich geöffnet. Als sie die Hände öffnete, standen die Rosen in voller Blüte.

Nachdem sie zweimal Blüten geöffnet hatte, schlug ich ihr vor, ich könne ja Qi zu ihrem Kopf schicken, und dann würden wir sehen, ob sie dann schneller imstande wäre, die Blumen zu öffnen. Sie nickte zustimmend. Also sammelte ich mein Qi in meiner Handfläche und schickte es zu ihrer Scheitelregion. Es dauerte nicht lange, und sie fühlte sich völlig energiegeladen, und dann blühte die Blume. Sie erzählte uns später, als ich ihr das Qi schickte, hätten sich die Blumen einfacher geöffnet. Als ihre Mutter mich nach dem Grund hierfür fragte, sagte ich ihr, dass ich fast seit zwanzig Jahren Qigong praktizierte und dass ich meine Energie nach außen schicken konnte. Yao Zhengs Mutter bat mich, das zu demonstrieren, also schickte ich Qi zu ihrer Handfläche. Sie spürte eine Art von elektrischem Strom durch ihren gesamten Körper fließen.

Nach mehreren weiteren Demonstrationen zum Öffnen von Blumen schlug ich einen neuen Versuch dazu vor, Tabletten aus Flaschen hinaus zu befördern, dieses Mal unter Verwendung des von mir gekauf-

Abb. 11-5.
Elf weiße Tabletten kommen aus der Flasche heraus (Mitte), eine davon in zerbröckeltem Zustand.

ten Entzündungspräparats. Yao Zhengs Vater schien zu zögern, aber ich erklärte ihm: »In den letzten beiden Tagen hat Yao Zheng uns ihre EHF demonstriert und dabei keinen einzigen Fehler gemacht. Das zeigt, dass sie ihre Kräfte in die richtige Richtung schickt. Heute hat sie schon viele Male Blütenknospen geöffnet. Ihre Kräfte sind in Höchstform, und jetzt können ihr keine Fehler unterlaufen.« Ihr Vater fand die Argumentation überzeugend, und so gab er Yao Zheng das Startsignal für eine neue Demonstration.

Nachdem sie die Flasche mit den Tabletten in die Hand genommen hatte, schüttelte sie diese leicht, wobei sie gelegentlich mit den Händen darüber strich, sich aber größtenteils geistig auf die Flasche konzentrierte. Plötzlich kamen elf weiße Tabletten heraus. Eine von ihnen war zerbröckelt. Diese eine Tablette nahm unsere Aufmerksamkeit gefangen. Wieso war nur eine zerbröckelt? War es beim Aufprall auf dem Tisch passiert oder bei der Überwindung »räumlicher Hindernisse«, als die Tablette durch die Flasche hindurch musste? Uns gingen Fragen über Fragen durch den Kopf.

Da Yao Zhengs Fähigkeiten, ein Feuer in Gang zu setzen, besonders ausgeprägt waren, hoffte ich, dass ich einmal die Chance haben würde, das zu sehen. Doch ihre Mutter sagte mir, die Verbrennungskraft ihrer Tochter habe man vor mehreren Monaten gezielt eingedämmt, und sie wolle nicht, dass das jetzt wieder losginge. Sie erklärte: »Wenn sich ständig diese Verbrennungskraft zeigt, verbrennt unsere Tochter ihre gesamte Kleidung, und das wird uns zu teuer. Besonders aufgelöst war unsere Tochter, als sie sich Löcher in eines ihrer guten Kleider brannte.«

Sie sagte mir, Yao Zhengs Verbrennungsfähigkeiten seien am Morgen des 7. Dezember 1989 zum ersten Mal entdeckt worden. Damals war ein Teil ihrer Bettwäsche angesengt. Danach fanden sie oft Brandlöcher in ihrer Kleidung, ihren Socken, Hosen, Ärmeln, Bezügen, Handschuhen und so weiter. Die Löcher hatten im Allgemeinen einen Durchmesser von ein bis zehn Zentimetern und befanden sich eher in der unteren Hälfte oder hinten an ihrer Kleidung. Das Eigenartige daran ist, dass ihre Unterwäsche immer ohne Brandflecken davonkam und dass es keine Hinweise auf Brandverletzungen oder Schmerzen gab.

»Wer hat Zhengs Verbrennungskräfte gedämpft?« fragte ich.

»Jemand vom Medizintechnischen Institut für Luft- und Raumfahrt«, gab sie zurück, ohne einen Namen zu nennen. Aber ich hatte eine Idee, wer es war. Yao Zheng erzählte mir später, diejenigen, die ihr beigebracht hatten, ihr Feuer zu bändigen, seien Professor Song Kongzhi vom Medizintechnischen Institut für Luft- und Raumfahrt gewesen sowie Professor Chen Songliang vom Institut für Lebenswissenschaften der Universität Peking.

Als ich mit dem Schreiben dieses Buches begann, erhielt ich das *Chinese Journal of Somatic Science*, Band 2, 1994, mit einem Artikel, der unter dem Titel abgedruckt war: »The Transformation of Uncontrollable EHF to Controllable EHF« (Die Umwandlung von unkontrollierbarer EHF in kontrollierbare EHF). Die Autoren waren Zhai Chengxiang und Professor Song Kongzhi. Der Erstgenannte ist der neue Leiter des staatlichen Forschungsprogramms zur Erforschung von EHF des menschlichen Körpers (er trat an die Stelle von Zhang Zhenghuan, der an früherer Stelle erwähnt wurde), und der zweite ist uns schon in Kapitel 5 begegnet. Hauptgedanke dieses Artikels ist, dass es zwei Arten von EHF gibt: kontrollierbare und unkontrollierbare. Ein Jahr vor seiner Begegnung mit Yao Zheng entdeckte Professor Song Kongzhi noch eine weitere Person mit unkontrollierbaren EHF (er gab den Namen nicht preis). Deshalb verfügte er über die Erfahrung, die es ihm erlaubte, Abhilfe bei Yao Zhengs unkontrollierbaren EHF, durch die sie ihre Kleidung versengte, zu schaffen.

Zuerst wurde ihr eine simple Technik beigebracht, die Kraft zu kontrollieren. Diese Technik sollte sie zu Hause üben. Da sie jedoch nicht gründlich übte, war die Wirkung nicht der Rede wert. Eines Tages, am 6. November 1990, erlebte Yao Zheng eine Episode mit unkontrollierbaren Brandausbrüchen, bei denen sie die Schlafsäle der Schule, deren Vorhänge und einige Schulutensilien von Schülern in Brand setzte. Das Rektorat bat sie, die Schule zu verlassen und wollte sie nicht mehr aufnehmen. Ihr stand es bevor, vom Schulunterricht ausgeschlossen zu werden. Da wandten sich ihre Eltern mit diesem Problem erneut hilfesuchend an das Medizintechnische Institut für Luft- und Raumfahrt. Dort blieb sie sechsundfünfzig Tage, und seitdem gelingt es ihr, ihre Verbrennungskräfte in Schach zu halten.

Wie oben erwähnt, ist Yao Zhengs Vater Ingenieur und in der Forschungsabteilung der Bohai Oil Company beschäftigt, einem bekannten chinesischen Unternehmen. Könnte das der Grund dafür sein, dass Yao Zheng das Vermögen entwickelte, unterirdische Erdölvorkommen zu schen? 1994 entdeckte sie in Begleitung eines chinesischen Teams, das Erdölvorkommen auskundschaftete, in der Region von Ikezhaomeng in der Inneren Mongolei Wasser- und Erdölvorkommen. In einem Brief, den sie in neuerer Zeit schrieb, heißt es, wenn sie in guter Stimmung sei, habe sie noch weitere Fähigkeiten – sie könne etwa in den Körper von Menschen hineinsehen und dabei das Geschlecht eines Fötus bestimmen sowie Steine und Tumore auffinden und dergleichen mehr.

Wie schon zuvor erwähnt, ist meine Lieblingsfähigkeit, was EHF angeht, das Öffnen von Knospen. Alle Welt liebt Blumen, aber ich habe das Glück gehabt, eine Demonstration zu sehen, bei der tatsächlich Knospen geöffnet wurden, und die Person, die sie öffnete, ist mit mir befreundet. Hier eine bislang noch unveröffentlichte Information hierzu. 1992 hielt das Somatikinstitut der Stadt Tianjin eine Demonstration des »Blumenöffnens« und »Entfernens von Tabletten aus einer Flasche« als Unterhaltungsprogramm für Führungskräfte von US-Ölfirmen ab. Dabei war es Yao Zheng, die die Blumen aufspringen ließ. Die zweite

Abb. 11-6.
Hochrangige Führungskräfte eines US-Ölkonzerns beobachten Yao Zheng beim
Öffnen einer Knospe durch die Kraft ihrer Gedanken. Die junge Dame neben ihr
entfernt mit Hilfe von EHF Tabletten aus einer Flasche. Das Foto entstand 1992 in
Peking.

Person, die demonstrierte, wie sie Pillen aus Flaschen verschwinden ließ,
war ebenfalls weiblich, aber ich weiß nicht, wie sie hieß.

Es gibt in China eine Menge Menschen, die in der Lage sind, Knospen aufspringen zu lassen, und Yao Zheng ist nur ein Beispiel von
vielen. Natürlich gibt es andere, deren Kräfte stärker sind. Am Abend
des 1. April 1994 gelang es Oberst Fu Songshan im Hörsaal des Fern-
meldekorps Peking, alle Blütenknospen, die das mehr als tausendköpfige
Publikum in den Händen hielt, innerhalb von dreißig Minuten zum
Aufspringen zu bringen. (Ich habe ein Foto von diesem Ereignis, das
ich hier aber aufgrund urheberrechtlicher Einschränkungen nicht
abdrucken kann.) Jedoch ist Fu Songshan nicht der Spitzenmann. Es
gibt eine geheimnisvolle Frau, die vor Tausenden und Abertausenden
von Blütenknospen nur eine Handbewegung zu machen und zu sagen

174

Abb. 11-7.
Bei einer EHF-Demonstration vor einem Publikum von mehreren Hundert Personen produziert Yao Zheng ein goldenes »Geistlicht«, als sie ihre Energie freisetzt. Später werden viele der Anwesenden feststellen, dass sie von Beschwerden geheilt sind. Viele Menschen mit EHF, die in China entdeckt werden, erzeugen derartige Lichtsäulen. Paul Dong hat es bereits dreimal gesehen.

braucht: »Ich will, dass ihr euch alle öffnet«, und schon springen sie ausnahmslos auf.

Nach meiner Rückkehr in die USA schickte mir Yao Zheng einige Seiten aus ihrem Tagebuch von 1989-1991. In diesen Auszügen sind die Gelegenheiten aufgeführt, bei denen Yao Zheng EHF-Episoden erlebte. Die bereits beschriebenen Teile wurden von mir gelöscht, um Wiederholungen zu vermeiden. Der Rest davon ist hier als Quellenmaterial aufgezeichnet. Ich bin stark der Überzeugung, dass Yao Zheng zukünftig noch wirkungsvollere EHF haben wird. Die junge Dame hat große Aussichten auf dem Gebiet der EHF, und es kann sein, dass aus ihr eine der größten Koryphäen in dieser Hinsicht wird. Sie und ihr Vater haben mir gesagt, dass sie bereit sei, sich zu Forschungszwecken ins Ausland zu begeben. Wenn jemand gerne mit ihr Kontakt aufnehmen oder einige von Chinas medial Begabten sehen möchte, für den kann ich gerne als Vermittler dienen. Bitte schreiben Sie an Paul Dong, P.O. Box 2011, Oakland, CA 94604, USA.

1989

7.12., 7.00 Uhr. Beim Aufwachen festgestellt, dass eine Ecke des Bettlakens (Baumwolle) verbrannt war.

9.12. Beide Ärmel meines Unterkleids aus Nylon verbrannt. Brandloch in rechtem Strumpf.

11.12., 22.30 Uhr. Brandlöcher in rotem Nylonunterkleid.

14.12. Brandloch an Sohle der Socken, Loch an einer Ecke von gestrickter Wollhose.

16.12., 8.30 Uhr. In der Schule sind blaue Funken aus meiner linken Hand gestoben. Zwischen ein bis vier Funken fielen auf ein Blatt Papier und brannten reiskorngroße kleine Löcher hinein. Teilweise nicht ganz durchgebrannt, nur gelb geworden.

17.12., 19.00 Uhr. Kleines Brandloch in rechter Hosentasche (aus Stoff).

19.12., 13.05 Uhr. Brandschäden an Baumwollunterhemd rechts unten sowie Nylonhose. Qualm, Brandgeruch vorhanden. Durchmesser des Lochs in den Kleidungsstücken zehn Zentimeter.

15.00 Uhr. Unten rechts Brandloch im Unterhemd. Gleichzeitig durchdringendes Geräusch gehört. Schwer zu ertragen. Geräusch legte sich nach einer Stunde.

28.12. Vor dem Schlafengehen Neujahrskarten und Füllfederhalter auf Regal am Fußende des Bettes gelegt und versuchsweise ausprobiert, durch Gedankenkraft Grüße zu schreiben. Eingeschlafen. Mehrmals aufgewacht, um mit dem Versuch weiterzumachen. Eingeschlafen. Aufgewacht und ein teilweise fertiggestelltes chinesisches Schriftzeichen, »zeng« (»Geschenk an«) geschrieben vorgefunden, ohne den Füller berührt zu haben. Der Füller lag auf dem Boden, seine Verschlusskappe war ungeöffnet. Handschrift und Tinte genau wie meine.

1990

4.1., 13.30 Uhr. Beim Einkaufen Loch von einem Zentimeter Durchmesser in Papiergeld gebrannt.

16.15 Uhr. In der Schule benommen gefühlt. Mehrere Löcher in rechte Socke gebrannt. Mich wieder wach gefühlt.

176

5.1., 16.00 Uhr. Eine Stunde lang zwei Münzen in der Hand gehalten und dabei aneinandergedrückt. An Kontaktstelle schwarze Punkte und braunes fadenartiges Ding.

6.1. Morgens im Unterricht Schulbuch verschwunden. Inhalt von Klapppult komplett weg.

7.1., 16.00 Uhr. Vermisstes Schulbuch wieder aufgetaucht. Plötzlich auf Pult gelegen.

11.1. Nach der Schule beim Gehen auf der Straße plötzlich schwindlig. Mir wurde alles schwarz vor Augen. Ich spürte, dass die Kraft kam. Ich schnappte mir eine Neujahrskarte, hielt sie in der Hand. Nachdem sie einen Brandfleck hatte, alles wieder normal.

14.1. In der Schule meinen Schlüssel verloren. Plötzlich das Gefühl gehabt, er müsste im Reistopf sein. Ihn dort auch gefunden.

30.1. Ohne zu schauen durch Spüren das Schriftzeichen für »Pferd« gelesen.

31.1. Ein Wasserglas in der Hand gehalten, und es platzte. Im Wasser waren kleine Luftbläschen.

8.2. Ein Plastikspielzeug (Reh) stand zu Hause im Bücherregal. Nachmittags bemerkt, dass es ganz von allein auf den Fußboden vor dem Regal gewandert war.

9.2. Thermosflasche vom Küchenregal in die Waschmaschine im Bad gewandert. Zu diesem Zeitpunkt waren die Türen geschlossen und die Waschmaschine zu.

14.2. Um 12.30 Uhr festgestellt, dass die Thermosflasche für Wasser vom Küchenregal zu dem Korb gewandert war, den wir zum Gemüseputzen verwenden (stand senkrecht).

16.2. Um zwölf Uhr mittags eine Lampe gefunden, die auf dem Schreibtisch gestanden hatte, bevor sie auf den Fußboden wanderte. Das Stromkabel war ziemlich gestrafft, aber der Stecker steckte noch in der Steckdose.

25.2. Heute nachmittag kam wieder die Kraft, und ich habe den Henkel von einer Tasse abgebrochen.

2.3. In der ersten Unterrichtsstunde heute morgen gemerkt, dass sämtliche Bücher aus meiner Büchertasche verschwunden waren. Das Einzige, was noch da war, war ein Sweatshirt von mir. Nach Hause gekommen, um dort die vermissten Bücher zu finden. Sie lagen im ganzen Raum zerstreut.

29.3. Bewölkt. Um 10.00 Uhr Löcher in beide Socken gebrannt. Sie auf das Bett geworfen. Um 19.15 Uhr festgestellt, dass die verbrannten Socken komplett wiederhergestellt waren, keine Spur von einer Beschädigung.

2.4. Um die Mittagszeit entdeckt, dass das Gemüsemesser fehlte. Es um 13.00 in der Waschmaschine im Bad gefunden.

16.4., 6.20 Uhr. Wanduhr im Haus hat sich von selbst um drei Stunden zurückgestellt.

17.4. Am Nachmittag waren die Zeiger der Quarzuhr wieder um eine Stunde zurückgestellt. Habe nicht beobachtet, wie es passierte, nur das Ergebnis gesehen.

3.5. Unerträglichen, ohrenzerreißenden Lärm gehört.

7.6. Brandlöcher in einem Paar Socken.

22.7. Morgens Regen. Weißes Kaninchen, das ich eine Woche zuvor hinausgeworfen hatte, erschien plötzlich vor meinen Augen. Es wieder hinausgeworfen (in einen eisernen Käfig gesteckt).

27.7. Eisenkäfig mit Kaninchen auf Balkon zurückgewandert.

10.10. Unter Bauchschmerzen gelitten. Arzt diagnostizierte Blinddarmentzündung und behandelte konservativ mit Antibiotika. Half nicht. Um 22.00 am 13. beim Sitzen auf einer Decke ein Loch hineingebrannt. Die Schmerzen von der Blinddarmentzündung waren schlagartig verschwunden.

4.11. Nachmittags um 15.00 Uhr geschafft, das Schriftzeichen »Sonne« zu lesen, ohne die Augen zu gebrauchen. Dauerte achtzehn Minuten. 22.30-23.30 Uhr nachts geschafft, den Buchstaben »A« zu lesen, dauerte eine Stunde. Im Laufe der zwei Monate, in denen ich versuchte, mit anderen Sinnesorganen als den Augen zu lesen, einige Erfolge und einige Misserfolge. Auch schaffte ich es in diesem Zeitraum dreimal, Pillen aus Flaschen zu entfernen.

1991

15.1. Pillenentnahme erfolgreich (Entfernen von Tabletten aus dicht versiegelter Glasflasche.) Drei Tabletten herausbekommen.

17.1. Pillenentnahme erfolgreich. Sieben Pillen herausbekommen. Zehn Minuten dafür gebraucht. Mittlerweile in der Lage, 24 Tabletten aus einer Flasche zu entfernen. Auch außerkörperliche Reisen getestet. Verliere dabei ab und zu noch die Kontrolle. Phänomen der Brandspuren an Kleidung etc. ist jedoch nicht wiedergekommen. Erfolgs-

Abb. 11-8.
Yao Zheng (Mitte) mit einer Koryphäe auf dem Gebiet paranormaler Fähigkeiten:
Zhao Qunxue (rechts). Links einer ihrer Projektleiter, Zhai Yan Xiang.

quote beim Lesen von Schriftzeichen ist gesunken, aber relativ hohe
Erfolgsquote bei Versuchen mit dem Entfernen von Tabletten (durch
besondere Barrieren hindurch). Wiederholbarkeit von Experimenten nicht gut. Erfolgsquoten zwischen 30 und 50 Prozent.

Die vom Himmel begnadete Wunderärztin Zhao Qunxue
Ich lernte die Wunderärztin Zhao Qunxue kennen, als mir Yao Zheng
vorgestellt wurde. Im Verteidigungsministerium in Peking gibt es eine
Abteilung für »Verteidigungsforschung«, und Zhang Baosheng, Yan
Xin, Zhao Qunxue und andere gelten in dieser Abteilung allesamt als
VIPs und stehen unter staatlichem Schutz. Seit ihrer Entdeckung ist
auch Yao Zheng oft dort, um an Experimenten teilzunehmen. Sie ver-
bringt viel Zeit bei Zhao Qunxue. Dem Altersunterschied nach könn-
ten die beiden Mutter und Tochter sein, und Yao Zheng nennt sie Tante
Zhao. Da Yao Zheng ein hübsches Mädchen ist, ist sie allseits beliebt,
und viele EHF-Begabte mögen sie. Aus diesem Grund haben Yao
Zhengs EHF enorme Fortschritte gemacht.
In dem vorherigen Abschnitt, in dem auf das Training paranormal

179

begabter Kinder eingegangen wird, wurde als eine der dort angewandten Techniken beschrieben, dass man sie Zeit in der Nähe anderer Menschen mit EHF verbringen lässt, um so die Zunahme der EHF zu stimulieren. So kommt es auch, dass Yao Zheng über so viele verschiedene Arten von Fähigkeiten verfügt. Sie schrieb mir einmal in einem Brief: »Tante Zhao mag mich wirklich! Sie will meine Fähigkeiten steigern.« Sie sagt auch oft, dass Zhang Baosheng ihr helfe, höhere Fähigkeiten zu entwickeln. Anfangs schien Yao Zheng nicht in der Lage, zu heilen, aber seit sie das »Geistlicht« hat (einen gelben Schein um den Kopf, wenn sie von ihren Kräften Gebrauch macht), kann sie zahlreiche Erkrankungen heilen. Diese Fähigkeiten hat ihr möglicherweise Tante Zhao verliehen.

Zhao Qunxue wird »die Wunderärztin von Guizhou« genannt (Guizhou ist eine der chinesischen Provinzen). Gegen Abend des 1. Oktober 1976 erschienen drei Feuerbälle am Himmel. Sie schwebten mit einem strahlend hellen Licht in der Luft, das man meilenweit im Umfeld sehen konnte. Alle Leute starrten sie verwundert an. Manche nannten dies »Geistlicht«, manche sagten, es sei ein UFO, andere glaubten, es sei ein Meteorit, und wieder andere sagten, es sei ein Teil einer Rakete, der auf die Erde zurückfalle. In der Öffentlichkeit geriet die Sache bald in Vergessenheit, Zhao Qunxue jedoch verlor nach ihrer Begegnung mit diesem »Geistlicht« auf unerklärliche Weise den Verstand. Mit wirrem Haar wanderte sie ziellos umher, um gelegentlich bei Passanten stehen zu bleiben und sie zu warnen, dass sie zu einem bestimmten Zeitpunkt krank werden würden, oder dass in einigen Tagen unter ihrem Dach ein Unfall passieren würde und dass sie sehr vorsichtig sein sollten ... und so weiter. Obwohl es verrückt klang, trat alles von ihr Vorhergesagte ein. Als sich Geschichten dieser Art häuften und weitersprachen, stand sie in der Gegend bald im Ruf einer »Wunderfrau«.

Obwohl man sie als Wunderfrau pries, war den Menschen jedoch nicht wohl bei ihrer Geistesgestörtheit. Vier Monate später normalisierte sich ihre geistige Verfassung. Eines Tages weinte der kleine Sohn von Nachbarn bitterlich und ließ sich durch nichts trösten. Sie nahm ihn in die Arme, und er hörte auf zu weinen. Daran ist nichts Merkwürdiges. Vielmehr war es so, dass der Junge schlimme Bauchschmerzen hatte, und als sie seinen Bauch berührte, hörten die Schmerzen auf. Wie lässt sich das erklären? Und wie könnte man es außerdem erklären, dass sie in der Lage war, Menschen bei alltäglichen Beschwerden wie Kopf-schmerzen, Verstauchungen, Nasenbluten und so weiter zu helfen, einfach nur, indem sie die Leute berührte? Da Zhao Qunxue über diese wundersame Heilkraft verfügte, schlugen ihre Nachbarn ihr vor, sie solle doch eine eigene Praxis eröffnen, um so Geld zu verdienen, mit dem sie das Darlehen zurückzahlen konnte, das sie beim Hausbau aufge-nommen hatte. Sie besprach sich mit ihrem Mann darüber, und schon am nächsten Tag hatte sie ihre ersten Sprechstunden. Als sich diese Neuigkeit herumsprach, zeigte sich, dass viele Menschen von ihr Hei-lung brauchten. Im Laufe der Zeit brachte es die ursprünglich arme Fami-lie zu einigem Wohlstand. Doch dann nahm das Unheil seinen Lauf.

Am 29. April 1980 veröffentlichte die *Guizhou Daily* einen Bericht, in dem stand, um Geld für die Rückzahlung eines Baudarlehens zu ver-dienen, praktiziere Zhao Qunxue auf betrügerische Weise ohne ent-sprechende Ausbildung Medizin und profitiere von feudalistischem Aberglauben, indem sie vorgäbe, über geistige Kräfte zu verfügen, und durch diesen Schwindel brächte sie Menschen um ihr Geld. Da sie nicht vorbestraft war und ihre Vergehen gestand, erhielt sie nur eine milde Strafe, aber sie kam immerhin in Haft.

Ein chinesisches Sprichwort lautet: »Wenn der alte Landmann sein Pferd verlöre, wie könnte er sagen, ob das Pech war oder Glück?« Das bedeutet, dass ein Verlust durchaus in der Zukunft zu größerem Gewinn führen kann. Aufgrund ihrer Inhaftierung wurde Zhao Qunxue später zum nationalen Kulturgut, das dem Schutz der Regierung unterstand. Es stellte sich heraus, dass es im Gefängnis viele Kranke gab, und sie heilte sie allesamt. Als die Wärter und Gefängnisbeamten davon hör-ten, wollten sie alle von ihr auch Heilung für sich selbst und ihre Familien. Hierauf heilte sie auch diese. Dann erstattete das Gefäng-nispersonal den höheren Stellen davon Bericht. Nachdem die Beweise geprüft waren, ließ man Zhao Qunxue sofort frei und brachte sie zu einem staatlichen Zentrum für Verteidigungsforschung in Peking. Von da an stellte man sie unter »staatlichen Schutz«.

Zhao Qunxue führt regelmäßig Heilarbeit für die höchste Regie-rungsspitze durch. Gewöhnlich vermischt sie Teeblätter mit der Hand und weist ihre Patientinnen und Patienten dann an, sie mit Wasser zu übergießen und zu trinken. In diesem Tee ist Geisteskraft, und ihn zu sich zu nehmen, bewirkt Heilung. Wenn sie mit der Hand die Tee-blätter mischt, sehen viele ein bläuliches Licht aus ihren Händen kommen. Ich würde gerne hinzufügen, dass wir uns bei Yao Zheng zu Hause befanden, um zu beobachten, wie sie Blütenknospen öffnete, und ein Journalist in der Gruppe sah ein bläuliches Licht aus Yao Zhengs Hand kommen. Ich habe großen Respekt vor diesem bläulichen Licht, schließlich ist es ein Geistlicht.

Natürlich endet die erstaunliche Geschichte von Zhao Qunxue an dieser Stelle nicht. Wie der Kolumnist der Hongkonger Zeitung *Ming Pao* publik machte, beteiligte sich Zhao Qunxue, als sie im Verteidigungsministerium war, an einem Experiment, entflohene Sträflinge aufzufinden, indem sie ihre Fähigkeit des Fernblicks anwandte, und es gelang ihr, den Häftling aufzuspüren. Auch Zhao Qunxues Vorhersagen sind erstaunlich exakt. Sie hat in vielen Fällen auf der Basis der Namen von Menschen deren Charakter, Gesundheitszustand, Loyalität und dergleichen mehr bestimmt.

Li Lianjie, ein Star in chinesischen Kampfkunstkreisen, litt einmal unter einer merkwürdigen Krankheit. Seine Magenschleimhaut war geschwollen, er hatte Schwierigkeiten beim Essen und litt unter Verstopfung, was bewirkte, dass er körperlich und energiemäßig abgeschlagen war. Später zeigten Röntgenaufnahmen im Krankenhaus, dass seine inneren Organe sich überall befanden, nur nicht dort, wo sie normalerweise hingehörten. Dick- und Dünndarm schlängelten sich um seinen Magen und seine Leber. Wie er selbst eingestand, machte er mit seinem Körper bei Wettkämpfen mitunter ziemliche Verrenkungen, und das mochte der Auslöser für seine Probleme sein. Er hatte jedoch Angst vor einer größeren Operation. Später bat er, nachdem Zhang Baosheng mir ihr bekannt gemacht hatte, Zhao Qunxue um Hilfe bei der Heilung. Sie befühlte seine Magengegend ein paar Mal mit ihren Händen, und schon war die Erkrankung geheilt. Auf die Frage, wie sie Li Lianjies Krankheit geheilt habe, sagte sie, sie habe wahrscheinlich seine Organe an die richtige Stelle gerückt, als sie ihm über Bauch und Magen strich. Wenn uns der Bauch schmerzt, ist es eine natürliche Reaktion, mit den Händen darüber zu reiben. Der Unterschied ist der, dass ihre Hand blaues Licht abgibt und eine Wunderhand ist.

Bis heute habe ich mehrmals Kostproben des »Geisttees« zu mir genommen, der mit Zhao Qunxues blauem Licht getränkt war und den sie mir schickte. Wenn jemand hiermit gerne Experimente durchführen möchte, besorge ich gern welchen.

Ein Magier unserer Tage – Zhang Yansheng

Man könnte sagen, dass Zhang Yansheng der beste Wahrsager ist. Er verfügt über eine Sensibilität für Körperenergie, die er dazu benutzt, bei Menschen Krankheiten zu diagnostizieren. Geboren ist er in der Provinz Shandong. Er absolvierte die Pekinger Hochschule für Luft- und Raumfahrttechnik und entdeckte nach längerer Qigong-Praxis, dass er die Fähigkeit besass, Krankheiten durch Handlesen zu diagnostizieren, und dass er sogar Ferndiagnosen stellen konnte. Nachdem er berühmt geworden war, nannte man ihn oft einen »Magier unserer Tage«.

Hier ein Beispiel für Zhang Yansheng in Aktion. Eine Frau bat Yansheng, ihr aus der Hand zu lesen. Yansheng hatte diese Frau noch nie zuvor gesehen, doch nachdem er sich ihre Handfläche besehen hatte, sagte er ihr, sie hätte sich drei oder vier Tage zuvor mit ihrem Mann gestritten.

Bei diesen Worten wand sich die Frau, als sei die Situation ihr unbehaglich. Ihre Begleiterinnen hatten Mühe, sich das Lachen zu verkneifen. Es stellte sich heraus, dass ihr derzeitiger Ehemann im diplomatischen Dienst tätig war und sich seit mehr als einem Jahr im Ausland aufhielt. Aber sie hatte gerade eine Begegnung mit ihrem Ex-Mann gehabt, und hierbei hatten sie sich tatsächlich gestritten. Es war ihr hochnotpeinlich, dass diese ganze Geschichte durch ein Handlesen wie dieses publik wurde.

Wie macht Zhang Yansheng das? Er ist außerordentlich sensibel für Körperenergie. Bei einem Anlass zum Beispiel besuchte Yansheng einen Freund. Sobald er durch die Tür getreten war, fühlte er sich unwohl. Er ging suchend durch das Zimmer, immer Ausschau haltend nach einem Objekt mit »mystischer Energie«. Schließlich fand er eine buddhistische Statue und schrie aufgeregt: »Das ist es!« In der Statue hatten sich hundert Jahre Energie gesammelt, die von Lamas freigesetzt worden war, die vor der Statue meditierten, und diese Energie war nicht irgendwo versickert – sie blieb in der Statue gespeichert. Gewöhnliche Menschen können diese Art von Energie nicht spüren, aber Menschen, die erfolgreich Qigong praktiziert haben, können sie ganz deutlich spüren.

Vielleicht fällt es dem Leser oder der Leserin schwer, diese Geschichte zu verstehen. Betrachten wie das Ganze also aus einem anderen Blickwinkel. Nehmen wir einmal an, jemand hat fünf Jahre oder länger

Qigong praktiziert und darin eine gewisse Kraft erlangt. Nehmen wir weiter an, dass er jedes Mal, wenn er Qigong praktiziert, die gleiche Kleidung trägt und diese Kleidung nie wäscht. In dieser Kleidung sammelt sich dann das Qi (die Energie), das durch seine Qigong-Praxis freigesetzt wird. Nehmen wir nun einmal an, sein Kind zieht sich eines Tages eine Erkältung zu. Er lässt das Kind diese Kleidung anziehen. Nun wird das Kind die Krankheit doppelt so schnell wie gewöhnlich auskurieren, da die menschliche Körperenergie hochgradig wirksam gegen Erkältungen ist. Ich praktiziere seit über zwanzig Jahren Qigong und habe diesen Erfahrungshintergrund – das macht es einfacher, die etwas schwer fassbare Geschichte mit der buddhistischen Statue zu verstehen.

Einige Erlebnisse von mir sind sehr gute Beispiele, an denen man diese Situation erklären kann. 1993 unterrichtete ich für das College of Acupuncture in San Francisco Qigong. Die meisten Studenten hatten meine Energiejacke schon ausprobiert, und alle sagten, sie könnten das Qi spüren. 1995 unterrichtete ich einen achtundzwanzigköpfigen Kurs im US-Bundesstaat Oregon in Qigong. Sechsundzwanzig der Teilnehmerinnen und Teilnehmer sagten, mein Jackett habe Qi. In jüngerer Zeit bat mich die Soziologieprofessorin Deborah Woo, für ihr aus fünfzig Studenten bestehendes Seminar an der University of California in Santa Cruz eine Vorlesung über Qi zu halten. Nur zwei der Studierenden sagten, sie würden in meiner Qi-durchtränkten Jacke nichts spüren. Das belegt die Tatsache, dass sich Qi durchaus in einem Gegenstand anreichern kann.

Zhang Yanshengs Freund hatte die besagte Statue von einer Tibetreise mitgebracht. Ein Lama hatte sie ihm gegeben und gesagt, es handle sich um einen buddhistischen Schutzgeist, die Art von Figuren, wie sie die Buddhisten in großer Zahl in ihren Tempeln aufstellen. Die Lamas meditierten jeden Tag davor, und im Laufe der Jahre sammelte sich dort das Qi der Lamas an. Und mehr noch als das, das Qi der Lamas unterscheidet sich von gewöhnlichem Qi, da ihre Meditation ein starkes, strahlendes Qi hervorbringt, während von gewöhnlichem Qi kein Strahlen ausgeht. Dieses Qi ist eine Kraft, die heilende Eigenschaften hat.

Zhang Yanshengs Handlesen ist nichts Ungewöhnliches; es gibt überall auf der Welt Menschen, die anderen aus der Hand lesen. Was daran jedoch in der Tat ungewöhnlich ist, das ist seine Fähigkeit, aus der Hand einer Person das Schicksal ihrer Verwandten ablesen zu können. Einmal führte ein Reporter für ein Magazin ein Interview mit Zhang

Yansheng durch. Nachdem er die Hand des Reporters untersucht hatte, verkündete Yansheng, in den nächsten drei Tagen würden sich bei seiner Frau Beschwerden an der Schulter einstellen. Der Reporter beachtete die Bemerkung nicht weiter, denn seine Frau hatte bis dahin noch nie Probleme mit der Schulter gehabt. Doch es kam, wie es kommen musste, und die Frau bekam drei Tage später plötzlich tatsächlich heftige Schmerzen in der Schulter und musste ins Krankenhaus.

Dem Reporter war die Sache ein Rätsel. Er kam noch einmal zurück, um ein zweites Interview zu führen und sagte, er verstünde ja, wie Zhang die Erkrankung einer Person diagnostizieren könne, indem er ihre Handfläche ansah, denn vielleicht zeigten sich dort einige Symptome dieser Krankheit, die seinen Körper befallen hatte. Aber er fragte sich, welche Erklärung Zhang dafür hatte, dass er sich die Handfläche von jemandem ansehen konnte und hierdurch Krankheiten von *Verwandten* diagnostizierte.

»Oh, das ist der Informationsübertragungseffekt«, sagte Yansheng ohne zu zögern. Nachdem der Mann und seine Frau ja über längere Zeit zusammengelebt hatten, so seine Erklärung, waren Informationen zwischen ihnen hin und her geflossen, und seine eigenen sowie auch die Informationen seiner Frau müssten sich in ihren Händen wiederfinden. Zhang Yansheng teilte dem Reporter einiges von seinen Gedanken zu diesem Effekt mit. Chinesische Wissenschaftler haben herausgefunden, dass die ätherische Substanz im Körper, die in der traditionellen chinesischen Medizin Qi genannt wird, eigentlich ein Energiefluss ist, ein Informationsträger. Qigong, die Form von Meditation, die auf dem chinesischen Festland in jüngerer Zeit so populär geworden ist, ermöglicht es einer Person, die die Übungen für eine bestimmte Zeit praktiziert hat, das Qi in ihrem Körper nach außen zu leiten. Selbst Menschen, die noch nie Qigong praktiziert haben, strahlen etwas Qi ab, aber so schwach, dass nur sehr sensible oder übersinnlich begabte Menschen es spüren können. Das ist auch die Grundlage für das Wahrsagen und die medizinische Diagnose durch Astrologie sowie für Magie und spirituelle Deutungen, wenn man einmal davon absieht, dass es einige gibt, die paranormale Fähigkeiten lediglich vortäuschen und diese Übungen als betrügerische Fassade verwenden, um Menschen ihr Geld aus der Tasche zu ziehen.

Ein Freund des Reporters, der diese Unterhaltung mithörte, wurde ganz neugierig, und so ließ er seine rechte Hand vorschnellen und bat Zhang

Yansheng, aus ihr den Gesundheitszustand seiner Frau abzulesen. Zhang Yansheng konzentrierte sich auf die Handfläche.

»Ihre Frau ist in den vergangenen zwei Tagen in einer fremden Umgebung gewesen, und sie hat eine Hautallergie«, sagte er.

»Das stimmt!« rief der Freund aus. »Gestern abend hat meine Frau ein Ferngespräch mit mir geführt. Sie sagte, sie vertrüge das südliche Klima und das Essen nicht gut, und sie hätte eine Allergie entwickelt.« Er erklärte, dass seine Frau im Rahmen ihrer Arbeit zur Insel Hainan geschickt worden sei. Es erstaunte ihn, dass Yansheng aus einer Entfernung von 2.000 Kilometern ihre Symptome ablesen konnte.

Zhang Yansheng erklärte: »Für Fernlesungen gibt es eine einfache Erklärung. Jeder hat ein Energiefeld, und jedes Energiefeld ist anders, genauso wie jeder Fingerabdruck anders ist. Es reicht, dass Sie den Namen einer Person nennen, oder mich am Telefon mit ihr reden lassen, oder mich ein Wort sehen lassen, dass diese Person geschrieben hat – kurz, dass sie mir eine kleine Menge an Informationen zu dieser Person geben – und es ist einfach so, als würde man bei einem Radiogerät die richtige Frequenz einstellen: Dann kann ich ablesen, was mit dieser Person gerade vor sich geht.«

Woher kommen Zhang Yanshengs eigenartige Fähigkeiten? Seine Kräfte sind nicht angeboren, sondern er hat sie durch seine Qigong-Praxis entwickelt. Wir müssen zugeben, dass angeborene Fähigkeiten nicht unbedingt ausgeprägter sein müssen als solche, die durch Training entwickelt wurden, noch sind Fähigkeiten, die durch Training entstanden sind, unbedingt besser als angeborene. Gerechterweise muss man sagen, dass sowohl angeborene als auch durch Training erlangte Fähigkeiten ihre Vorteile haben.

Der große Meister der universellen Sprache – Chen Letian

Meister Chen Letian gehört zur neuen Generation der EHF-Begabten auf dem chinesischen Festland, und man kennt ihn vor allem in der Gegend der Städte Shanghai und Hanzhou. Nachdem er Berühmtheit erlangt hatte, wurde er natürlich auch ins Ausland eingeladen, um dort zu lehren und zu heilen. Nach Reisen durch Japan und Europa kam er auch nach San Francisco, USA, wo ich ihm begegnete.

Schon von unserer ersten Begegnung an waren wir wie alte Freunde. Auf dem chinesischen Festland hatte er oft das *Journal of UFO Research* gelesen, eine jeweils im Abstand von zwei Monaten erscheinendes

Abb. 11-9.
Meister Chen Letian demonstriert seine Heilfähigkeiten vor einer aus Studenten bestehenden Menschenmenge in San Francisco.

Publikation (Auflage: 320.000 Exemplare), die über das Gansu Province People's Publishing House erschien, bei dem ich als leitender Redakteur tätig war. Wie viele Menschen, die sich in China mit paranormalen Phänomenen befassen, liest er gern Magazine über UFOs. Diejenigen, die EHF entwickelt haben, berichten tendenziell häufiger über Kontakte mit UFOs. Sie sind davon überzeugt, dass übersinnliche Phänomene und UFOs oder Außerirdische in gewisser Weise zusammenhängen. Diejenigen, die in den USA und Europa UFO-Forschung betreiben, teilen diesen Eindruck. Wir stehen kurz vor einem weltweiten Konsens zu diesem Thema. Am ersten Tag meiner Begegnung mit Meister Chen lud mich dieser ein, als Berater für die Tian Gong Research Society zu fungieren. Tiang Gong ist eine von ihm entwickelte Meditationsform. Durch das Praktizieren von Tian Gong hatte er EHF entwickelt.
Ich habe ein ganzes Buch gelesen, das sich mit ihm befasst und einen Dokumentarfilm über seine Arbeit auf Video gesehen. Auch habe ich einige seiner Vorträge besucht und war zweimal bei seinen »Vorträgen

mit Aussendung von Qi« in San Francisco. Er ist mir recht vertraut, und ich weiß, wie stark seine Kräfte sind.

Einmal sagte er mir, da sei eine Professorin gewesen, die seit sieben Jahren lang unter heftigen Kopfschmerzen litt. Sie hatte mehrere Behandlungen versucht – ohne Erfolg. Nachdem sie seinen Qigong-Kurs besucht hatte und dreimal zu seinen »Vorträgen mit Aussendung von Qi« gegangen war, war sie von den Kopfschmerzen geheilt, die ihr sieben Jahre lang zu schaffen gemacht hatten. Ich habe mich einmal vergewissert, dass es wirklich so war, indem ich die Professorin, die gerade neben mir saß, nach ihren Kopfschmerzen fragte. Sie bestätigte, dass sie von ihnen geheilt sei. Die Frau eines Freundes von mir ging zu ihm, weil sie heftig unter Müdigkeit litt. Nach dreimaliger Heilbehandlung durch ihn konnte sie eine achtzigprozentige Verbesserung ihres Zustands feststellen. Natürlich habe ich auch viele seiner Schüler befragt (die meisten besuchen seine Kurse aufgrund gesundheitlicher Probleme). Über die Hälfte von ihnen sagte, sie erzielten gute Erfolge. Als sein Berater besuche ich ihn oft in seiner Praxis. Er hat einige Assistentinnen, die ihm zur Seite stehen, da sie bei ihm gelernt und davon profitiert haben. Aus Dankbarkeit und Bewunderung sind sie froh, ihm bei seiner Arbeit helfen zu können. Eine der Damen, eine Frau vom chinesischen Festland, die nicht namentlich genannt werden möchte, ist, so sagt man, in der Lage, bei sich zu Hause alles sehen zu können, was sich in der Praxis abspielt. Eine andere, Frau Chen Meifang, ist Geschäftsführerin einer Näherei. Sie litt an Rhinitis, Magenbeschwerden und einem kranken Herzen. Zuerst glaubte sie nicht an Qigong, und ihr war unbehaglich, wenn jemand behauptete, übersinnliche Fähigkeiten zu besitzen oder erfahren zu haben. Nur weil ihr Zustand so ernst war, kam sie zu Meister Chens Vortrag mit Aussendung von Qi, und ihre Idee dabei war, es einfach einmal auszuprobieren. Die ganzen zwei Stunden lang fühlte sie sich pudelwohl. Sie war überrascht. Konnte das ein psychologischer Effekt sein?

Nach dem Vortrag erstand sie ein Souvenir, das von Meister Chens Energie durchdrungen war. Derartigen Artikeln (Andenken, Plakate, Kalender, Karten etc.) sagt man heilende und schützende Eigenschaften nach, was nach Aberglauben klingt. Das eigenartige ist jedoch, dass ihre Rhinitis besser wurde. Also beschloss sie, sich zu seinem Qigong-Kurs anzumelden. Als sie zum Kurs kam, wollte sie zuerst persönlich auf Meister Chen zugehen und ihm sagen, dass die Rhinitis, an der sie viele Jahre gelitten hatte, im Abklingen begriffen war. Als sie vor ihm stand, machte Meister Chen eine Geste, die auf ihre Nase wies, und schickte etwas Qi dorthin. Sie sagt, hierdurch sei sie komplett von ihrer Rhinitis kuriert worden.

Ihre Magen- und Herzbeschwerden besserten sich allmählich, während sie diese Übungen praktizierte. Ein noch größeres Glück für sie war, dass sie an sich *Bi gu*, das paranormale Fastenphänomen erfuhr. Seit dieser Zeit aß sie nichts mehr. Sie sagte, am 16. März 1996 habe sie Fleisch aufgegeben, und danach begann sie auf Gebratenes und Fritiertes zu verzichten. Dann hörte sie ganz mit dem Essen auf und nimmt seitdem nur etwas Wasser zu sich. Zum Zeitpunkt meines Interviews, am 2. November 1996, hatte sie schon seit über sieben Monaten nichts mehr gegessen.

Sie sagte mir, zuerst seien ihre Mutter und ihr Mann dagegen gewesen, doch da der Verzicht auf Nahrungsmittel ihre körperlichen und geistigen Kräfte nicht negativ beeinflusste und ihre Beschwerden sich mit jedem Tag mehr besserten, hat ihr Mann keinen Grund zu Klagen und versucht nicht, sie davon abzuhalten.

Diese Geschichte sprach sich bis zu einem Zahnarzt herum. Vielleicht kam es dazu durch jemanden aus ihrem Freundeskreis, der den Zahnarzt kannte. Eines Tages kam sie in seine Praxis, um sich einen Zahn ziehen zu lassen. Der Zahnarzt jedoch verweigerte ihr die Behandlung, da sie seit Monaten nichts gegessen und getrunken hatte und der Zahnarzt befürchtete, sie würde die Behandlung nicht unbeschadet überstehen. Also musste sie sich zum Zahnziehen notgedrungen einen anderen Zahnarzt suchen, einen, den sie nicht kannte. Dieses Erlebnis erinnerte sie an eine chinesische Volksweisheit, die da lautet: »Sage den Menschen nur einen Teil dessen, was du weißt; offenbare nicht alles, was du denkst.«

Chen Meifangs Fasten habe ich selbst miterlebt. Am 2. November 1996, es war fünf Uhr nachmittags, begegnete ich ihr in Meister Chens Praxis. Um sechs gingen sie, Meister Chen und ich zusammen zum Abendessen aus. Frau Chen gab für uns die Bestellung auf. Sie wählte drei Gerichte und davor eine Suppe. Das erste, was die Kellnerin zu ihr sagte, war: »Möchten Sie heute wieder nichts essen?« Frau Chen nickte lächelnd. Es stellte sich heraus, dass sie oft dorthin kam.

Als das Essen aufgetragen wurde, konnte ich mich davon überzeugen, dass es ausgezeichnet aussah und köstlich roch. Aber dennoch kostete sie keinen Bissen. Sie sah sehr entspannt aus, und nichts wies darauf hin, dass sie uns um das gute Essen beneidete. Ich glaube nicht, dass das nur gespielt war. Das hätte ihr ja auch keinen Nutzen gebracht.

Eine weitere Dame mittleren Alters, Ha Toi Chun, ist eine Geschäftsfrau aus Hongkong, die oft beruflich zwischen Hongkong, Taiwan und den USA unterwegs ist. Sie kenne ich noch besser, und ich habe dreimal auf ihre Einladung hin mit ihr zu Mittag gegessen, auf ihre Rechnung. Das erste Mal gingen wir zum Mittagessen in ein Teehaus (ein kantonesisches Dim-Sum-Lokal). Sie bestellte sieben oder acht Dim-Sum-Köstlichkeiten, aß aber selbst keinen Bissen. Ich fragte sie, warum, und Meister Chen antwortete an ihrer Stelle: »Sie fastet seit einem halben Jahr.«

»Sie isst gar nichts?« fragte ich.

»Ich fühle mich nicht wohl, wenn ich esse, aber ich fühle mich bestens, wenn ich es nicht tue«, gab sie zurück.

Mir ist das Phänomen des meditativen Fastens sehr vertraut, also stellte ich ihr nur diese eine Frage. Ein andermal aßen wir zusammen zu Mittag, und sie führte uns in ein erstklassiges Restaurant in Chinatown. Die Preise waren hoch, und wir bestellten für uns drei fünf Gerichte. Auch hier aß sie wieder nichts. Ich stellte sie ein wenig auf die Probe, indem ich fragte: »Wie wäre es mit einem kleinen Happen hiervon?« Sie schüttelte einfach nur den Kopf. Vielleicht wollte Meister Chen seine Kräfte beweisen. Er nahm eine mundgerechte Portion mit seinen Essstäbchen auf und reichte sie ihr mit den Worten: »Iss das.« Sie aß es. Dann fragte ich sie: »Haben Sie nicht die Befürchtung, dass Sie sich davon hinterher unwohl fühlen?« Meister Chen antwortete auch hierauf, indem er sagte, sie habe nichts zu befürchten, wenn er ihr sage, sie solle das essen.

Vielleicht ist Ihnen beim Lesen die Frage durch den Kopf geschossen, wie er denn seine eigenen Essstäbchen nehmen konnte, um ihr einen Bissen zum Probieren zu reichen. Als Meister mit besonderen Fähigkeiten ist er, so heißt es, in der Lage, Gegenstände zu desinfizieren, indem er sich auf sie konzentriert. Ungefähr zwölf Jahre zuvor, als ich zum ersten Mal das chinesische Festland bereiste, um mich mit Qigong und EHF zu befassen, begegnete mir Tan Yaoxinang, ein Qigong-Meister aus der Provinz Guangxi. Er wusch seine Kleidung in einer Wanne mit schmutzigem Wasser, zog dann eine Nadel aus seiner Kitteltasche und steckte sie dem Patienten ins Bein. Ich fragte ihn, wie er denn

dieses Wasser verwenden könne, in dem sich schon so viele Menschen die Hände gewaschen hatten. Ob er denn keine Bedenken habe, auf diesem Weg eine Infektion zu verbreiten. Er sagte: »Ich habe die Nadel mit meinem Geist desinfiziert.« Bevor er die Nadel benutzte, sah ich, wie er ein paarmal die Fingern darüber hin und her schwenkte. Vermutlich verwendete er sein äußerliches Qi, um sie zu desinfizieren. Als Frau Ha uns das letzte Mal zum Essen ausführte, besuchten wir ein Dim-Sum-Lokal. Wieder bestellten wir alle erdenklichen Dim-Sum-Delikatessen, und sie rührte nichts davon an, ja sie trank sogar nicht einmal einen Tee. Sie sagte, seit sie mit dem Fasten begann, habe sie neun Kilo abgenommen (sie war übergewichtig gewesen), hätte aber so viel Kraft wie noch nie, sei weder abgeschlagen, noch leide sie unter Schlaflosigkeit, und die sechs Monate Fasten hätten sie von ihren Krankheiten befreit. Außerdem wirkte sie so, als wäre sie voller Energie. Ich bin auch überzeugt davon, dass dies der Realität entsprach, denn sie hätte ja nichts dabei gewonnen, wenn sie derart komplizierte Strapazen auf sich genommen hätte, um mich im Hinblick auf so etwas an der Nase herumzuführen. Ich werde nur wenig über das Leben in San Francisco befragt, das konnte also auch nicht der Grund sein. Abgesehen davon ist diese Art von Fasten nicht allein bei ihr anzutreffen. Es gibt viele Fastende dieser Art auf dem chinesischen Festland. Die längste Zeit des Fastens erstreckt sich mittlerweile über sechs Jahre – jemand, der bei Yan Xin gelernt hat.
Ich unterhalte mich oft mit dem Meister Chen Letian. Er empfahl mir ganz besonders eine seiner Schülerinnen, eine Sechsundzwanzigjährige vom chinesischen Festland. Ihr Name ist Zou Benlan und sie ist Kinderärztin aus der Stadt Qingdao in der Provinz Shandong. Am 15. März 1995 begab sie sich in die Stadt Hangzhou. Der West Lake von Hangzhou zählt zu den berühmtesten Touristenattraktionen in China und gilt bei den Chinesen wie auch bei internationalen Besuchern als etwas, das man absolut gesehen haben muss. Er liegt rund drei Bahnstunden von Shanghai entfernt. Zou Belan fuhr dorthin, um sich mit Tian Gong zu befassen (die von Meister Chen Letian praktizierte Form von Qigong). Am vierten Tag entwickelte sie EHF auf dem Gebiet der Malerei. In chinesischen EHF-Forscherkreisen bezeichnet man dieses Phänomen als »Qigong-Gemälde«. Sie nimmt lediglich einen Pinsel zur Hand, und sofort verwandelt er sich in ein Gemälde, ohne dass sie irgendwelche bewussten Gedanken dabei hegt. Sie will

den ganzen Tag über malen – Federzeichnungen und chinesische Tuschezeichnungen, Aquarelle und Ölbilder. Sie hatte jedoch nie Malerei studiert. Im Juni 1996 hatte sie mehr als 2.000 Werke fertiggestellt, bei denen keines aussah wie das andere. Ein Professor an der Kunstakademie in Peking liebte ihre Qigong-Gemälde und bat sie, siebzig für eine »Qigong-Ausstellung« anzufertigen.

Zou Benlans Malereien sind nicht nur schön, sondern haben zudem auch Heilkräfte. Viele Menschen, die von ihr Gemälde erhielten, wurden geheilt. Natürlich nicht alle, aber es ist eindeutig, dass der Zusammenhang zwischen den Gemälden und der Genesung der Personen kein Zufall ist. Diese Art der Auswirkungen eines EHF-Informationssignals kennt man auch von anderen Fällen. So zum Beispiel werden einige von ihren Krankheiten geheilt, indem sie Videos von Vorträgen Yan Xins hören, bei denen dieser Qi abstrahlt. Das funktioniert genauso, auch wenn Sie es vielleicht als »psychologischen Effekt« betrachten.

Zou Benlan ist davon überzeugt, dass ihre Fähigkeit ein Geschenk des Himmels ist, und so will sie Gutes damit tun. Sie richtet es so ein, dass ein bestimmter Prozentsatz ihrer Einkünfte aus dem Verkauf ihrer Gemälde nach Abzug ihrer Kosten einer wohltätigen Einrichtung namens Hope Engineers gespendet wird. Es handelt sich dabei um eine erst kürzlich in China gegründete Bildungseinrichtung, die Kindern aus armen Familien einen kostenlosen Grundschulbesuch ermöglicht. Neulich fertigte sie fünfundsiebzig Aquarelle und Ölgemälde an und schickte diese, zusammen mit Fotos davon, an Meister Chen. Er ließ mich drei davon als Geschenk an mich auswählen.

Zou Benlan ist nicht die einzige Person in China, die Qigong-Gemälde produziert. Ich lese in aktuellen Zeitungsmeldungen oft von Menschen, die durch die von ihnen praktizierte Meditation Talente auf dem Gebiet der »Qigong-Malerei« oder »Qigong-Kalligraphie« erworben haben. China verfügt über viele übersinnlich Begabte, mit den unterschiedlichsten Fähigkeiten, als hätte jemand hoch oben in der Luft Funken versprüht, um die Welt zu einem schöneren Ort zu machen.

Die vielseitig Begabte Zou Benlan kann, abgesehen davon, dass sie Qigong-Gemälde herstellt und mit ihnen heilt, auch universelle Lieder singen und die universelle Sprache sprechen. Ich bin mit ersterem nicht vertraut, aber das Letztgenannte ist Meister Chens besondere Heilmethode. Wie Meister Chen es schildert, erlernte er, als er durch seine Qigong-Praxis EHF entwickelte, gleichzeitig damit eine Art Sprache. Er selbst weiß nicht, worum es sich handelt, also nennt er sie *tian you* (universelle Sprache). Vielleicht ist das die Sprache, die Magier in alter Zeit für ihre Zaubersprüche verwendeten. Er spricht sie spontan, wenn er Menschen Heilung spendet. Der Patient braucht nicht zu verstehen, was das Gesagte bedeutet; es zu hören reicht aus, um dazu beizutragen, dass die Krankheit verschwinden kann. Meister Chen ist selbst nicht sicher, ob es die universelle Sprache ist, die den Patienten heilt, oder seine Geisteskraft. Für den Patienten macht es keinen Unterschied, solange er geheilt wird. Man könnte natürlich auch die Möglichkeit in Betracht ziehen, dass der Patient, wenn Meister Chen bei seiner Heilarbeit die universelle Sprache anwendet, von diesem wunderschönen und geheimnisvollen Klang umhüllt wird und demzufolge konzentrierter und entspannter ist, so dass die Behandlung besser wirkt.

Meister Chen hat mir gegenüber schon diese universelle Sprache gesprochen. Einmal, er verwendete dabei das Verfahren des spirituellen Schreibens,widmete er mir eine Grußkarte, auf der er mir »Gesundheit, Weisheit, Frieden und Erfolg« wünschte. Sie sieht aus wie ein rasch hingeworfener Namenszug oder ein magischer Talisman. Ein dekorativer Anblick.

Eine Polizistin und ihre verblüffenden Fähigkeiten

In Peking gibt es einen Polizisten namens Li Denglai. Die meisten Menschen, die in Peking leben, wissen um seine Angst und Schrecken einflößenden Kräfte, aber die wenigsten wissen, dass die Superwaffe, die er verwendet, um den Kampf mit Verbrechern zu gewinnen, Wasser ist. Er praktiziert diesen Kniff seit zwanzig Jahren. Das Wasser, das er aus seinem Mund versprüht, hat die Wucht eines Luftgewehrs, nur dass man mit einem Luftgewehr nur jeweils ein Kügelchen abfeuern kann, und diese Kügelchen können ihr Ziel auch verfehlen. Die Wassertröpfchen jedoch, die er aus seinem Mund speit, ergeben einen dichten Sprühnebel aus unzähligen Kügelchen, und diesen kann keiner ausweichen. Die einzige Verteidigung, die dem Kriminellen hier bleibt, ist die, so schnell er kann davonzulaufen.

Li Denglai trägt in der Regel keine Schusswaffe und kein Messer bei sich. Das einzige, was er mitführt, ist eine Wasserflasche. Die ihm begegnen, wissen nicht, wozu sie braucht. Aber wer weiß, wie er dieses

Wasser einsetzt, wird es nicht wagen, in seiner Reichweite Ärger zu machen.

Bedeutet das also, dass Li Denglai der mächtigste Meister ist? Vielleicht nicht, denn es gibt da noch jemanden, der dazu nicht einmal Wasser braucht. Es ist eine Frau, und sie geht allein durch die Kraft ihres Geistes als Siegerin aus solchen Kämpfen hervor! Das ist keine freie Erfindung, sondern eine bestens gesicherte Tatsache.

Seit 1986 wurde von Militär und Polizei in allen großen Städten Chinas, wie etwa Peking, Tianjin, Shanhai und Guangzhou, eine Reihe von Topleuten mit EHF beschäftigt. Ihre Fähigkeiten reichen von Fernsicht über die Zukunft vorhersehen, Röntgenblick und durch Wände sehen können, Schlösser öffnen, Uhren aufziehen (Zeiger verstellen), Wandernlassen von Gegenständen ... bis zu der Fähigkeit, durch Wände hindurchgehen zu können. Mit Hilfe dieser EHF-Fähigkeiten waren sie in der Lage, ihre Fälle viel schneller zu lösen (oder ihre Aufträge viel schneller zu erfüllen), mitunter in nur einer Stunde.

Wie man sich leicht vorstellen kann, spielen EHF eine zentrale Rolle bei Militär, Luftfahrt, Technik und Medizin, in der Industrie und bei nationalen sportlichen Wettkämpfen. Dies alles übersteigt jedoch den Rahmen dessen, was wir hier besprechen. In diesem Abschnitt werden wir uns lediglich auf Fräulein Sun Xiaogang konzentrieren, eine EHF-Person, die für die Ortspolizei von Zhengzhou tätig ist.

Sun Xiaogang ist zu dem Zeitpunkt, zu welchen dieses Buch verfasst wird, sechsundzwanzig Jahre alt. Bei ihr wurden EHF vor siebzehn Jahren festgestellt, als sie eine Nachbarin vorbeigehen sah. Die Frau war schwanger, und Sun Xiaogang starrte sie neugierig an. Während sie so konzentriert auf sie blickte, fand sie heraus, dass das Kind ein Mädchen war. Das erwies sich später als korrekt. Damals legte sie gewöhnlich Fähigkeiten an den Tag wie etwa einen Röntgenblick und dem Auge nicht zugängliche Objekte sehen zu können. Mit vierzehn Jahren fehlte sie aufgrund einer Erkrankung einen Monat lang in der Schule. Als die Zeit der Prüfungen nahte, erwartete man von Seiten der Schule von ihr, dass sie für den Test den Unterrichtsstoff nachholte, den sie verpasst hatte. Sie musste hart lernen, um aufzuholen, doch am Ende schnitt sie höher ab als irgendjemand sonst, da sie Dinge vorhersehen konnte und vorher wusste, was in der Prüfung gefragt werden würde.

Als sich diese eigentümlichen Fähigkeiten Sun Xiaogangs bis zu den staatlichen Vollzugsbehörden herumsprachen, wies man ihr eine Arbeit im Klinischen Forschungslabor für EHF des städtischen Polizeikrankenhauses von Zhengzhou, Provinz Henan, zu. Einmal führte Cen Wei, ein Reporter aus der Provinz Henan, ein Interview mit ihr durch und bat sie, die EHF-Kräfte zu demonstrieren, indem sie eine Schraube dazu bringen würde, sich eigenständig in eine Mutter zu schrauben. Der Reporter hatte eine Mutter und einen Schraubenbolzen mitgebracht, die er in ein Brillenetui steckte, das er Sun Xiaogang überreichte und schloss. Sun Xiaogang nahm das Brillenetui fest in ihre Händen und schloss die Augen. Nach etwa einer Minute drehte Sun Xiaogang das Etui herum, und man konnte dabei innerhalb des Etuis ein rollendes Geräusch hören. Man hörte auch, dass es sich nur um einen Gegenstand handelte, was zeigte, das die beiden Teile nun zusammengefügt waren. Nach dem Öffnen des Etuis saß die Mutter um den Schraubenbolzen, aber nur etwa in der Mitte des Gewindes. Der Reporter, Chen Wei, fand das genug.

Sun Xiaogang ist auch in der Lage, Blütenknospen zum Aufspringen und Blühen zu bringen, doch ist diese Fähigkeit allzu weit verbreitet und nichts im Vergleich dazu, aus einer grünen Frucht eine rote zu machen. An einem bestimmten Tag im März 1990 kam ein Fernsehproduktionsteam aus Shanghai nach Zhengzhou, Provinz Henan. Sie drehten einen Dokumentarfilm über die ungewöhnlichen Menschen und Dinge Chinas, und der Titel lautete naheliegenderweise »Amazing People and Things of China« (Staunenswerte Menschen und Dinge Chinas).

Zu Anfang der Szene bringt ein Vollzugsbeamter eine Schale mit unreifen, grünen Kirschen, und Sun Xiaogang nimmt eine davon in die rechte Hand. Damals ruhten Hunderte von Augenpaaren auf ihrer rechten Hand. Nach etwa drei Minuten zeigt sich ein Lächeln auf Sun Xiaogangs Gesicht. Sie öffnet ihre Hand, und vor dem Publikum erscheint eine vollreife, rote Kirsche! Wie heißt es doch in einem chinesischen Reim: »Rote Kirschen sind soweit, grüne Bananen sind grün, wenn sie reif sind.«

Gegenstände mit Geisteskraft bewegen zu können, auch Psychokinese genannt, ist eine sehr gängige Form von EHF. Das ist nichts im Vergleich dazu, einem zerbröckelten Blatt seine ursprüngliche Form wiederzugeben und es zum Schrumpfen zu bringen. Es geschah am 17. Oktober 1990 um 7.00 Uhr früh. Die Journalistin Zhong Zhanghong suchte Sun Xiaogang in ihrem Zuhause auf. Nachdem sie Zeugin ihrer vielen Arten von EHF geworden war, bat die Journalistin Sun Xiaogang, sie doch einmal ihre Fähigkeit beobachten zu lassen, Blätter zum Schrumpfen zu bringen. Nachdem Sun Xiaogang eingewilligt hatte, pflückte die Journalistin im Garten ein Blatt, zerriss es in drei Teile und übergab es Fräulein Sun. Sun Xiaogang fügte das Blatt wieder zusammen, wobei sie die einzelnen Stücke so aneinandersetzte, wie sie vor dem Zerpflücken zusammengehört hatten. Dann zeichnete sie auf ein leeres Blatt Papier ein vollständiges (nicht gebrochenes) Blatt, zusammen mit fünf weiteren Blättern, ein jedes kleiner als das Vorherige. Darunter schrieb sie: »Zuerst zusammenfügen, dann schrumpfen, schrumpfen und verändern.« Außerdem schrieb sie ganz unten auf die Seite: »Der Geist hat den Gedanken, der Gedanke wird stärker, das Blatt wird wiederhergestellt, das Blatt behält seine Form, das Chlorophyll des Blattes nimmt ab.« Dann drückte sie die Blätter in ihren Händen aneinander. Anderthalb Minuten später sagte sie: »Erledigt«, und öffnete ihre Hände. In diesem Moment traute die Journalistin, wie sie sagte, ihren Augen nicht: Nicht genug damit, dass das Blatt wieder heil war, sondern es war auch noch um ein Vielfaches kleiner als zu Beginn, und es war so groß wie ein Fingernagel!

Dem Leser oder der Leserin mag aufgefallen sein, dass Sätze wie »das Chlorophyll des Blattes nimmt ab« nicht so recht einen Sinn zu ergeben scheinen. Wir können nie sagen, was die übersinnlichen Mysterien wirklich bedeuten. Ich schätze, es heißt, wenn weniger Chlorophyll vorhanden ist, wird das Blatt kleiner werden. Die Wirkung trat nicht nach den Worten »nimmt ab« ein, sondern nach dem Wort »schrumpfen«.

Sun Xiaogangs EHF sind beeindruckend, doch die Fähigkeit, die den Vollzugsbehörden am meisten zusagt, ist ihr Vermögen, Kriminellen anhand der hinterlassenen Hinweise auf die Spur zu kommen. Eine diesbezüglich besonders interessante Geschichte ereignete sich im September 1988. Jemand hatte 100 Yuan (chinesische Währung) aus ihrer Aktentasche in einem Saal der Polizeiunterkünfte gestohlen. Sie lag einen Moment lang schweigend auf dem Bett, und dann dachte sie an die Szene, wie die Person in ihr Zimmer gekommen war. Eine vertraute Gestalt tauchte vor ihrem geistigen Auge auf (vielleicht aufgrund der Spuren, die die Informationssignale dieser Person hinterließen). Sie sah, wie diese Gestalt sich heimlich zu der Aktentasche schlich, sie aufklappte, hineinlangte ... Aha, sie war es also! Da sie den Ruf der

Übeltäterin wahren wollte, plante Sun Xiaogang, die Frau, sobald sie diese treffen würde, freundlich davon zu überzeugen, das Geld zurückzugeben, und sie dabei wissen zu lassen, dass sie niemandem etwas verraten würde. Doch die Diebin verlegte sich aufs Leugnen.

Da kam Sun Xiaogang eine Idee. »Ich weiß es jetzt wieder. Gestern abend kehrte ich um elf Uhr vierzig von der Arbeit zurück, und um elf Uhr dreißig bist du hier herein gekommen und hast meine 100 Yuan genommen. Du wolltest wohl meine EHF testen, was?«

Auf diese Worte hin gab die Frau schnell zurück: »Genossin Xiaogang, alle sagen, deine EHF könnten alles bewirken, aber ich konnte es nicht glauben. Deshalb nahm ich dein Geld – ich wollte deine Fähigkeiten prüfen. Jetzt bin ich überzeugt.« Und damit gab sie Sun Xiaogang das Geld sofort zurück.

Diese Dame mit ausgeprägten EHF machte von ihrem besonderen Vermögen Gebrauch, Informationen aus hinterlassenen Spuren zu ziehen, um so für die Vollzugsbehörden einen Fall nach dem anderen zu lösen! Sun Xiaogang ist bei der Polizei von Zehngzhou nicht die einzige Person mit beeindruckenden EHF. Außer ihr gibt es noch Guo Yanqin (zu dem Zeitpunkt, zu dem dieses Buch verfasst wird, zweiundzwanzig Jahre alt) und Dong Hongxia (dreiundzwanzig). Sie alle sind Frauen, und die Leute nennen sie »die drei seltsamen Blumen.« Eine hat größere Kräfte als die andere. Guo Yanqin kann Objekte sehen, die einen Meter tief in der Erde vergraben sind und kann Uhren schneller oder langsamer gehen lassen. Wenn sie zu sich selbst »Geh, geh, geh« sagt, geht die Uhr schneller, und wenn sie sagt: »Zurück, zurück, zurück«, so stellt die Uhr sich wieder zurück.

Einmal wurde sie gebeten, die besondere Fähigkeit unter Beweis zu stellen, »durch Gedankenkraft einen Brief wiederzubeschaffen.« Nachdem man ihr einen Brief in einem fest mit Klebstoff versiegelten Umschlag gereicht hatte, nahm sie ihn zwischen ihre Hände und musterte den Umschlag aus verschiedenen Blickwinkeln, wobei sie sehr zuversichtlich aussah. Damals hatte jemand aus dem Publikum ein Miniradio dabei, und es wurde gerade die Wettervorhersage gesendet. Eine im Auditorium befindliche Journalistin bedeutete ihm, das Radio auszustellen, doch Guo Yanqin sagte, das sei nicht nötig. Kurze Zeit später rief sie plötzlich aus: »Er ist da, er ist da!« Ehe die Reporterin wusste, wie ihr geschah, segelte die Seite aus dem Brief zu Boden. Die Journalistin besah sich den Umschlag und fand keinerlei Hinweise darauf, dass dieser aufgerissen worden war. Sie hatte den ganzen Vorgang aufmerksam beobachtet, und Sun Xiaogang hatte keine Chance gehabt, sie auszutricksen. Das Papier, das heruntergefallen war, trug die Handschrift der Journalistin: die vier Worte *Tian Jin medizinischer Experte* in großen chinesischen Schriftzeichen. Als die Journalistin das Blatt nachdenklich untersuchte, sagte eine der anderen EHF-Frauen, Dong Hongxia: »Da brauchen Sie nichts zu inspizieren. Das sind EHF, Sie werden nichts finden. Lassen Sie mich den Zettel einfach in den Umschlag zurückschicken.«

Dieser Vorschlag war ganz nach dem Geschmack der Reporterin. Die Seite herauszubekommen, war schwierig genug, wäre es nicht noch schwieriger, sie zurückzustecken? Doch Dong Hongxia sagte, sie könne das tun. Das Einzige, worum sie bat, war, dass die Seite zusammengefaltet würde. Die Journalistin erklärte sich einverstanden, erkundigte sich aber nach dem Grund. Dong Hongxia gab zurück: »Das Blatt Papier ist zu groß. Ich würde lange brauchen dafür. Wenn man es zusammenfaltet, spare ich eine Menge Zeit.« Damit faltete Dong Hongxia den Zettel mehrfach und legte ihn oben auf den Umschlag. Dann presste sie beide zwischen ihren Händen zusammen. Während sie das tat, unterhielt sie sich mit den anderen. Es dauerte nur zehn Minuten, und der Brief befand sich wieder im Umschlag, ohne dass es irgend jemandem aufgefallen war. Bei Überprüfung des Umschlags fand sich kein Hinweis darauf, dass irgendetwas durcheinandergebracht worden war, sondern es war absolut klar, dass sich der Brief im Umschlag befand. Als die Journalistin Dong Hongxia fragte, woher sie wusste, wann der Brief in den Umschlag gelangt war, gab sie eine überraschende Antwort: »Immer wenn mit dem Brief irgendetwas geschah, wurde diese Information von meiner Hand zu meinem Geist weitergeleitet. Mein Geist ist wie ein Fernsehmonitor, und ich kann all das ganz klar vor mir sehen. Doch diese Szene blitzte nur ganz kurz auf, und selbst mit Hilfe der Kurzzeitfotografie wäre es schwer, sie einzufangen.«

Eine andere Fähigkeit Dong Hongxias ist ihre Fähigkeit, die Worte abzulesen, die auf irgendeiner Seite eines beliebigen Buches stehen. Man braucht ihr lediglich die Seitenzahl und die gemeinte Zeile mitzuteilen, und schon kann sie die Zeile lesen, als hätte sie sie direkt vor Augen. Eine noch erstaunlichere EHF-Kraft ist ihre Fähigkeit, weißes Haar schwarz werden zu lassen und einen gebrochenen Zweig wieder zusammenwachsen zu lassen. Weizen, der durch ihre Hände gegangen ist, ergibt höhere und bessere Ernteerträge. Einmal erwähnte sie, dass jemand im Nebenraum eine Kumquat* hatte. Ein Journalist bat sie, ihre Fähigkeit zu demonstrieren, Kumquats wandern zu lassen. Sie setzte sich auf der Bank kerzengerade auf und konzentrierte sich. Innerhalb von ein paar Minuten hielt sie eine Kumquat in der Hand. Als sie im anderen Raum nachsahen, stellte sich heraus, dass dort dreiundzwanzig Kumquats gewesen waren, und jetzt waren nur noch zweiundzwanzig übrig. Die Zeugen dieses Vorgangs applaudierten und brachen in Beifallsbekundungen aus.

Diese drei supereinflussreichen Damen erregten natürlich das Interesse der Staatssicherheitsbehörde. Ein Forschungszentrum führte unter strikter Kontrolle Tests zu ihren Fähigkeiten durch. Berichten zufolge wurden eine Menge Instrumente aufgefahren, die man noch nie zuvor gesehen hatte, der erste Test jedoch bestand darin, ein Objekt in einem anderen Zimmer zu sehen. Die Ergebnisse waren »vollständig korrekt«. Was mir dabei in den Sinn kommt ist, dass, wenn die drei sich mit ihren Fähigkeiten zusammentun, geheime Tresorräume, wie die von der NASA in den USA verwendeten, vor ihnen nicht sicher sein werden. Leserinnen und Leser, die das hören, braucht das nicht zu überraschen. Vergessen Sie nicht, dass China über eine Bevölkerung von 1,2 Milliarden verfügt, und unter ihnen müssen wir Menschen mit immer erstaunlicheren Fähigkeiten finden. Frau Sun Chulin, 1957 in der Stadt Wuhan geboren und jetzt als Forschungsassistentin beim Human Body Science Laboratory der Chinese University of Geology beschäftigt, kann die Zusammensetzung von Materialien verändern und dies zur Erzeugung des Erdöls verwenden, das für das Leben in der heutigen Zeit von so entscheidender Bedeutung ist. Meister Li Lianyuan aus Huizhou, Provinz Guangdong, demonstrierte seine Fähigkeit, Objekte mit seiner Geisteskraft zum Wandern zu bringen, vor einem hochrangigen Beamten des chinesischen Staatsrats und entfernte dabei 10.000 Dollar aus einer Bank (Chinas ausländische Währungsreserven stehen derzeit bei 100 Milliarden US-Dollar).

Vielleicht erfüllt es Sie mit Bewunderung, wenn Sie hören, wozu diese Menschen in der Lage sind, aber ganz so neidisch brauchen Sie auch nicht zu sein: Alles in diesem Universum hat seine Grenzen. Sun Chulin kann Erdöl nur in kleinen Mengen produzieren. Könnte sie

* kleine asiatische Orange (Anm. d. Übers.)

Hunderttausende von Litern pro Tag hervorbringen, so wäre ihre berufliche Stellung bestimmt nicht die einer »Forschungsassistentin«. Vielmehr wäre sie wahrscheinlich leitende Ingenieurin oder eine Führungskraft bei einem chinesischen Ölkonzern. Was Li Lianyuans 10.000 Dollar angeht, so standen sie ihm nicht zur persönlichen Verfügung. Die chinesische Philosophie billigt es nicht, schmutziges Geld anzunehmen. Nimmt man Geld aus einer Bank, so werden viele darunter zu leiden haben. Es ist nicht richtig, sein Glück auf dem Leid anderer aufzubauen. Chinesische Buddhisten sagen, wer von unverdienten Reichtümern Gebrauch macht, wird seine Kräfte einbüßen. Niemand will das. Alles, was er also tun konnte war, mit Hilfe seiner EHF das Geld wieder zur Bank zurückzuschicken. Nach buddhistischen Glaubensvorstellungen verhält es sich auch so, dass ein Meister, wenn er seine besonderen Kräfte dazu benutzt, eine Frau zu demütigen, nicht nur seine Kräfte einbüßt, sondern zudem seine Nachkommen dafür bestraft werden. Ob das wahr ist oder nicht, es reicht jedenfalls aus, um sie vorsichtig zu machen im Hinblick auf ihre Handlungen. Selbst wenn ein Mensch über besondere Kräfte verfügt, muss es etwas geben, das dem Einhalt gebieten kann. Es gehört mit zur chinesischen Philosophie, dass alle Dinge sich wechselseitig eindämmen, eine Wahrheit, die niemand abstreiten kann.

Die moderne Guan Yin – die höchste Kraft

Ob man an übersinnliche Kräfte glauben soll oder nicht, ist eine Frage, die Verlässlichkeit übersinnlicher Kräfte eine andere, und wieder eine andere Frage wäre, ob es eine über alle anderen hinausragende Gestalt in der Welt der Meister paranormaler Fähigkeiten gibt. Lassen Sie uns, bevor wir uns um eine Beantwortung dieser Fragen bemühen, zwei uralte Gestalten vorstellen, deren Namen in China in aller Munde sind, Ji Gong und Guan Shiyin, damit Sie als Leser den Hintergrund dieser historischen Autoritäten in China kennen. Ein Göttin von ähnlich überragender Statur lebt heute unter den 1,2 Milliarden Menschen Chinas. Yan Xin ist, wie bereits in Kapitel 6 berichtet, von chinesischen Ergründern paranormaler Angelegenheiten als »Ji Gong unserer Tage« bezeichnet worden. Wer ist dann Guan Shiyin?
Vor rund 2.500 Jahren gab es eine Frau, die von den Chinesen Guan Shiyin oder Guan Yin genannt wurde. Sie war die Tocher eines kaiserlichen Prinzen ersten Grades. Man erzählt sich, sie habe ihren Geist

Buddha zugewandt, und das brachte ihr besondere Kräfte wie EHF ein. Sie war machtvoller als Ji Gong. Die Buddhisten beschreiben diese Stufe als die »sechs spirituellen Durchdringungen«, zu denen *divya-cake-sus* gehört (»das Auge des Himmels, das Durchdringen, das Dinge in den himmlischen Welten sieht«), *divya-srotra* (»das Ohr des Himmels oder das Durchdringen, das Dinge in den himmlischen Welten hört«), *paracitta-jnana* (»das Durchdringen, das die Gedanken anderer lesen kann«), *purya-nivasanusmeti-jnana* (»das Durchdringen, das frühere Leben kennt«), *rodhividhi-jnana* (»das Durchdringen, das durch alles gelangt«) und *asravaksaya-jnana* (»das Durchdringen, das alles erfüllt«). Guan Shiyin besaß diese spirituellen Kräfte allesamt.

Das Auge des Himmels ist in Kapitel 10 beschrieben worden, doch dieses Auge des Himmels ist noch mehr als das dort beschriebene Auge des Dharma. »Das Durchdringen, das durch alles gelangt« bezieht sich auf die Fähigkeit, durch Hindernisse hindurch zu gelangen (wie bei Zhang Baoshengs Fähigkeit, durch Wände zu gehen). Dazu gehört auch die Fähigkeit, sich in ein Geistwesen zu verwandeln und sich überall hin zu begeben, etwa in den Himmel oder unter die Erde. »Das Durchdringen, das die Gedanken anderer lesen kann« ist wie die Fähigkeit Zhang Yujis, die unten beschrieben wurde – zu wissen, was andere gerade denken –, mit anderen Worten: Telepathie. Zhang Yuji verfügt auch über »das Durchdringen, das frühere Leben kennt« und kann die Vergangenheit und die Zukunft sagen. »Das Durchdringen, das alles erfüllt« ist die höchste Stufe der sechs Durchdringungen, und nur die Unsterblichen erlangten diese Stufe der Kraft. Buddha und Guan Shiyin sind Beispiele für solche Unsterblichen, die dazu gelangt waren, Meister der gesamten Welt zu werden, und die alles tun konnten.

Guan Shiyin war gütig und wohlmeinend. Sie rettete gerne Menschen aus Schwierigkeiten, und sie reagierte stets auf die Hilferufe der Menschen. Deshalb nannte das chinesische Volk sie die »Göttin der Barmherzigkeit«. Wenn Sie in einer katastrophalen Lage sind, wo Sie auch sein mögen, brauchen Sie nur ihren Namen auszusprechen, und sie wird darauf reagieren und Sie erretten, da sie über das Ohr und das Auge des Himmels verfügt. Deshalb gaben die Menschen ihr den Namen Guan Shiyin, was bedeutet: »Die jede Stimme auf der Welt ausfindig machen kann, so schwach sie auch sein mag.«

Neben Buddha ist Guan Shiyin in China diejenige von den Unsterblichen, die am meisten verehrt wird. Jede Frau, die über superhohe EHF

Abb. 11-10.
Die Göttin der Barmherzigkeit, Guan Yin. Illustrationen aus John Stevenson,
Yoshitori: »One Hundred Aspects of the Moon«, San Francisco Graphic Society.
Mit Dank an den Verleger, Min Yee.

verfügt, wird als Guan Shiyin unserer Tage oder als kleine Guan Shiyin bezeichnet. Meines Wissens hat es in China bislang drei Frauen mit EHF gegeben, die als kleine Guanyins bezeichnet wurden. Eine davon ist eine Frau in der Provinz Shanxi, mittlerweile zweiunddreißig, mit Namen Zhang Yuji. Sie kann die Vergangenheit und die Zukunft sehen und sie kann äußerst akkurate Prognosen zur Entwicklung von Geschäften, an der Börse und zum persönlichen Schicksal von Menschen treffen. Sie verfügt über einen Fernblick, der es ihr ermöglicht, in das Zuhause anderer Menschen hineinzublicken, die Anordnung von Gegenständen dort zu sehen, wie die Umgebung dort aussieht und so weiter. Sie kann auch sehen, wieviel Geld jemand auf de Bank hat, und sie verfügt ferner über fundierte Fähigkeiten, mit einem Röntgenblick den Körper von Menschen zu durchleuchten und bei ihnen Krankheiten zu diagnostizieren. Auf die Frage, warum ihre Fähigkeiten so außergewöhnlich sind, sagt sie, hinter ihr stünde die Göttin der Barmherzigkeit, die sie lenkte. Die Chinesen nennen Phänomene dieser Art »Guan Shiyin besucht die Welt«. Einmal begab sich Zhang Yuji auf Einladung eines hochrangigen Beamten nach Shenzhen, auch »Klein Hongkong« genannt, eine Stadt zwischen Hongkong und Guangzhou, die damals eine rapide wirtschaftliche Expansion erlebte. Da es sich herumsprach, dass sie dorthin kam, fand sie sich von Presse und Medien umringt.

Vergleicht man ZhangYuji mit der Göttin der Barmherzigkeit, zeigt sich ein enormer Unterschied. Vereinfacht ausgedrückt, kann man vielleicht die Kräfte von Yan Xin, Zhang Baosheng und Zhang Yuji zusammengenommen mit denen der Frau vergleichen, die auf dem chinesischen Festland heute als »die Göttin der Barmherzigkeit unserer Tage« bezeichnet wird. Wir kennen ihren Namen nicht, wissen nur, dass es sich um eine Frau handelt. Das entspricht der in China anzutreffenden Tendenz, dass es unter den paranormal Begabten mehr Frauen als Männer gibt. Was ihre Fähigkeiten angeht, so sagen manche, sie sei wahrhaftig eine moderne Guan Shiyin, eine führende Gestalt auf dem Gebiet der EHF, die die Scharen der anderen haushoch überragt.

Die Fähigkeiten der modernen Guan Shiyin sind ebenso erstaunlich wie unglaublich. Dazu kommt, dass die phantastischen Dimensionen ihrer Fähigkeiten es erschwerten, diese geheim zu halten. Nehmen wir einmal an, irgendein Land hielte eine geheime militärische Präsentation ab, bei der eine Person, die als hochkarätige Magierin vorgestellt wird, sich selbst einen Flammentod sterben ließ und dann auf einem anderen Teil der Bühne wieder auftauchte? Die Zuschauer würden das unglaublich erstaunlich finden, sie würden zu Hause ihren Frauen davon erzählen, und diese würden dann wiederum umgehend ihre Eltern anrufen ... und so würde das militärische Geheimnis durchsickern.

Die Hauptfigur, um die es in diesem Abschnitt geht, hat so eine geheime Demonstration gegeben. Der Zweck dieser Demonstration war der, zu zeigen, wie machtvoll diese Frau ist, sozusagen um ihre Autorität anderen gegenüber zu beweisen.

An einem Abend im Herbst, so heißt es, versammelten sich im Auditorium eines Militärstützpunktes in Nordchina Hunderte von Menschen mit EHF aus allen Teilen des Landes. Die meisten davon waren Frauen. Während sie darauf warteten, dass die Präsentation beginnen würde, gingen im Saal alle Lichter aus. Niemand wusste, warum. Wenn es zu dem Zweck geschah, einen Film zu zeigen, so war jedenfalls keine Leinwand und kein Projektor zu sehen. Als sich alle gerade darüber zu unterhalten begannen, wehte ihnen ein zarter Duft wie von Sandelholz oder Ähnlichem um die Nase. Da sahen sie eine Ansagerin mittleren Alters und eine junge Frau herauskommen. Die ältere Frau ging ans Podium und kündigte an: »Schließen Sie bitte alle die Augen, lassen Sie Ihren Geist leer werden und konzentrieren Sie sich fünfzehn Minuten lang auf Meditation.« Qigong-Meditation war etwas, worauf sich diese Hunderte von EHF-Meisterinnen und -Meister hervorragend verstanden, zur Meditation aufgefordert zu werden, um ihre Kräfte zu sammeln, war ganz nach ihrem Geschmack. Gewöhnlich jedoch hätten sie das für eine Stunde oder noch länger getan, warum also bat man sie, es nur für fünfzehn Minuten zu tun? Das war wieder eine Frage, die allen durch den Kopf ging. Doch ihnen blieb nichts anderes übrig, als den Anweisungen Folge zu leisten.

Kaum waren die fünfzehn Minuten verstrichen, sagte die Moderatorin: »Die Meditation ist beendet. Öffnen Sie bitte langsam Ihre Augen.« Als sie die Augen öffneten, blickten alle in Richtung Podium. Dort sahen sie einen leuchtenden Schein um den Kopf der jungen Dame, um ein Vielfaches heller als den, den man im Dunkeln um die meisten Menschen sieht. Später schilderten Zeugen ihren Heiligenschein als annähernd dem gleichkommend, mit dem auf Gemälden die Göttin der Barmherzigkeit dargestellt wird. Je heller dieser Schein um einen Menschen ist, desto stärker die Kraft. Das war genauso, als hätte man allen mit Worten gesagt, dass hier die Meisterin aller Meister stand. Ihr Duft verbreitete sich noch immer unablässig überall. Dieser Duft stammte nicht von ihrer Kleidung oder ihren Make-up, sondern von ihrer Aura. Keine Frau außer Yang Meiqun konnte einen derart bezaubernden Duft verströmen, doch Yang Meiqun war zu diesem Zeitpunkt eine ältere Dame von neunzig Jahren. Die Person bei diesem Ereignis schien höchstens sechsundzwanzig.

Als diese Zusammenkunft aller EHF-Talente zum Abschluss kam, verschwand die junge Frau langsam, begleitet von der Moderatorin, und das Licht ging wieder an. Es drängte die Anwesenden dazu, auf die Uhr zu sehen, und da stellte sich etwas höchst Merkwürdiges heraus: sämtliche Uhren der Hunderte von Leuten waren stehen geblieben! Der Duft der Frau, der Schein um ihren Kopf, das Stehenbleiben der gesamten Uhren, all das verriet den Anwesenden, dass sie hier die Spitzenbegabung der chinesischen EHF vor sich hatten. Manche fragen sich vielleicht dennoch, wie man das im Vergleich zu den Kräften von Yan Xin, Zhang Baosheng und all den anderen berühmten Meistern und Meisterinnen Chinas erklären kann? Das ist nicht schwer. In der chinesischen Kampfkunst gibt es das Sprichwort: »Die wahren Meister zeigen sich nicht.« Die allermächtigsten Gestalten sind allesamt unbekannt.

Jemand erzählte mir noch etwas Merkwürdiges. Als diese moderne Göttin vor einem Feld mit Blumen stand, hob sie ihre Hand in deren Richtung, und alle Knospen sprangen auf. Nicht eine einzige Blütenknospe hatte die Kühnheit, gegen ihren Willen zu verstoßen. Noch erstaunlicher ist, dass sie ihre Kräfte auf eine andere Person übertragen kann, die sie dann bei einer Dritten wirken lassen kann, wodurch sie unter denen, die mit ihr Umgang haben, Verwirrung stiftet. Hier haben wir es mit einem Wiedererscheinen der Technik der »tausend Hände« zu tun, die von der alten Göttin der Barmherzigkeit angewandt wurde. »Tausend Hände« bezieht sich auf die Diversifizierung der Fähigkeiten, bis sie sich überall hin ausbreiten und alles tun. Die eigentümlichen Fähigkeiten der modernen Göttin der Barmherzigkeit reichen aus, um Menschen das Blut in den Adern erstarren zu lassen.

Z w ö l f

Wie Chinas Skeptiker ihren Nutzen aus amerikanischen Beobachtern zogen

Zwei Chinesen behaupten, über paranormale Fähigkeiten höchster Güte zu verfügen, doch ihre einzige Fähigkeit ist die, zu verschwinden, wenn ihnen ein Beweis dafür abverlangt wird. Mit Worten wie diesen schilderten amerikanische Skeptiker im Hinblick auf das Paranormale chinesische EHF-Größen in ihren scharfzüngigen, breitseitigen Attacken. Sobald diese hässlichen Angriffe auftauchten, griffen die gegen paranormale Fähigkeiten eingestellte Gruppen auf dem chinesischen Festland, in Taiwan und Hongkong diese sofort auf. Anti-EHF-Zeitungen und -Magazine beeilten sich, sie zu zitieren.

Die Leser und Leserinnen dieses Buches täten gut daran, sich noch einmal die Ereignisse in Erinnerung zu rufen, die in Kapitel 4 geschildert werden. Nachdem die Anti-EHF-Seite aus der Debatte als Verlierer hervorgegangen war, bestand ihre beste Taktik darin, sich internationale Unterstützung zu suchen, um ihre Position zu stützen. Also reiste auf Einladung von *Science and Technology* eine aus sechs Mitgliedern des »Committee for the Scientific Investigation of Claims of the Paranormal« (CSICOP) bestehende Gruppe nach Peking, Xi'an und Shanghai und reihte sich in die Linien der Anti-EHF-Front ein. Dieser Schritt provozierte jedoch gleichzeitig einen Gegenschlag, der sich auf den chinesischen Nationalstolz stützte. Das Einzige, was dadurch erreicht wurde, war, dass die Flammen der Kontroverse aufs Neue genährt wurden und die Anti-EHF-Seite sich der Kritik von mehr Menschen als je zuvor ausgesetzt sah.

206

Unentwegt verlor die Seite der Skeptiker in der EHF-Debatte an Boden – basierend auf der Tatsache, dass »Fakten die Rhetorik besiegen«. Sie war außerstande, mit der faktischen Situation umzugehen. Das von einem der starken Männer Chinas, Deng Xiaoping, verkündete Prinzip: »Der einzige Maßstab bei der Suche nach der Wahrheit ist die praktische Erfahrung« – ließ sich hervorragend auf die Debatte über die Existenz paranormaler Phänomene anwenden. Die Seite des Kritikers Yu Guangyuan unterstrich die herkömmlichen wissenschaftlichen Glaubenssätze (wie etwa den, dass die Augen dazu da seien, Dinge zu sehen, die Ohren dazu, sie zu hören und so weiter), weigerte sich jedoch hartnäckig, sich mit wissenschaftlichen Experimenten zu befassen, aus denen sich Daten ergaben, die Behauptungen in Richtung paranormale Phänomene stützten. Die Gegenseite griff diese Schwachpunkte erbarmungslos auf, und das führte zur gnadenlosen Niederlage der Skeptiker. Später konnten sie lediglich hie und da einige Guerillaangriffe starten und auf ihre Chance warten, zurückzuschlagen. So zum Beispiel ließen Zhang Baoshengs Kräfte ihn bei einer Demonstration in Maicheng einmal im Stich, und die Opponenten bauschten dies zu einer großen Geschichte auf, indem sie neue Berichte und Angriffe verfassten, Vorträge darüber hielten sowie Radio- und Fernsehsendungen ausstrahlten – was sie auch tun konnten, um Unruhe zu stiften. Die Schlagzeile einer ihrer Artikel lautete: »Zhang Baosheng verlässt Maicheng nach Niederlage.«

Die Tatsachen zu diesem Fall waren wie folgt: He Zuoma, eine weitere Hauptstimme auf Seiten der EHF-Gegner, brachte vier professionelle Magier mit, die eines von Zhang Baoshengs Experimenten beobachten sollten. Zweck des Ganzen war, zu zeigen, dass Zhang Baoshengs EHF Betrug waren und er lediglich Zaubertricks anwandte. Würde es in diesem Fall gelingen, einen Betrug nachzuweisen, so hieße das, dass es sich nicht um ein wissenschaftliches Experiment handelte, denn die Wissenschaft muss ja den Anspruch auf Objektivität erheben. Natürlich kamen die vier bezahlten Magier entsprechend vorbereitet zu der Demonstration und bestanden auf vielen Bedingungen und Einschränkungen. Angesichts seines Temperaments fühlte sich Zhang Baosheng hiervon beleidigt, und seine schlechte Grundstimmung wirkte sich auf sein EHF-Leistungsniveau aus. Die Folge war, dass er drei Tests nicht bestand, und zwar:

(1) einer, bei dem man für ihn eine Zeile aus einem klassischen Gedicht

aufschrieb, »Eine rote Aprikosenblüte kommt über die Mauer« (das Gedicht spielt auf eine verheiratete Frau an, die eine außereheliche Affäre mit einem anderen Mann hat), und sie in einen Umschlag steckte, und Zhang Baosheng gelang es nicht, die Zeile zu lesen;

(2) einer, bei dem Zhang Baosheng sich vergeblich bemühte, ein Stück Zucker in einen fest verschlossenen Umschlag zu befördern;

(3) einer, bei dem er es nicht schaffte, Tabletten aus einer dicht versiegelten Flasche zu entfernen.

Nach dem Ereignis kamen in ihren kritischen Artikeln die folgenden zentralen Punkte zur Sprache: Zhang Baosheng ist so anmaßend zu behaupten, dass er über diese unerklärlichen Kräfte verfügt, Dinge mit Geisteskraft zu bewegen, Objekte durch Wände hindurchwandern zu lassen, durch Dinge hindurchzusehen ... alles entgegen der Grundprinzipien der modernen Physik. Nicht allein das, er ist gewieft genug, diese großen wissenschaftlichen, politischen und militärischen Institutionen – die am stärksten wissenschaftlich ausgerichtet sind und derartigem Treiben nicht so leicht ihre Unterstützung gewähren, wie etwa das Institut für Weltraumbiologie, die Staatsicherheitsbehörde, den nationalen Wissenschaftsrat und die Kommission für Verteidigungstechnologie – davon zu überzeugen, sich zusammenzutun und EHF-Versuche und an ihm vorgenommene Beobachtungen zu fördern ... dabei hat er einen relativ simplen EHF-Test unter strenger Überwachung durch einige bekannte Wissenschaftler nicht bestanden und so seinem Land Schande bereitet (das bezog sich darauf, das er vor einem Publikum mit ausländischen Beobachtern diskreditiert worden war).

Der Artikel enthüllte ferner, dass kurze Zeit zuvor »eine internationale Expertengruppe (CSICOP) eigens eine Reise nach China unternommen hatte, um den Behauptungen auf den Grund zu geben, und sämtliche Tricks wurden aufgedeckt.« In dem Artikel hieß es ferner, das CSICOP habe 10.000 US-Dollar für denjenigen ausgesetzt, der die Existenz von EHF beweisen würde und habe über einen Zeitraum von dreiundzwanzig Jahren außerdem mehr als 800 Personen aus der ganzen Welt getestet, die behaupteten, paranormale Begabungen zu haben, doch nicht einer habe ihre Tests bestanden und das Geld gewonnen. »Wie wir sehen, haben die Mythen der Pseudowissenschaft Qigong den Zorn von Wissenschaftlerkreisen auf sich gezogen!«, schloss der Artikel.

Der gleiche Artikel erhob ferner die Anschuldigung, dass die Wirkung von Yan Xins »Vortrag unter Aussendung von Qi« auf Chinas altem

Schlachtfeld Changsha lediglich als ein psychologischer Effekt zu sehen sei und dass niemand sie reproduzieren könne. (Das bezog sich auf das Phänomen, dass Personen aus dem Publikum erfüllt von Yan Xins Qi spontane Bewegungen an ihrem Körper erlebten wie etwa die, sich hin und her zu wiegen und sich zu schütteln.)

Analysieren wir nun die Angriffe in diesem Artikel, die sich auf die internationalen Besucher stützten, um zu beurteilen, ob sie vernunftmäßig nachvollziehbar sind oder auf Verzerrungen beruhen.

Punkt eins: »Diese Chinesen behaupten, über paranormale Fähigkeiten höchster Güte zu verfügen, doch ihre einzige Fähigkeit ist die, zu verschwinden, wenn ihnen ein Beweis dafür abverlangt wird.«

Die Fakten sind Folgende:

(a) Da diejenigen, von denen diese Demonstrationen gefordert wurden, wussten, dass die Amerikaner sattsam bekannte Fürsprecher der Anti-EHF-Position waren, war ihnen nicht wohl dabei, in diesem feindseligen Licht gesehen zu werden. Außerdem zögerten sie aus Nationalstolz heraus, Sondervorstellungen nur für die Gruppe aus dem Ausland zu geben. Deshalb blieb ihnen nichts anderes übrig als zu »verschwinden« (oder genauer gesagt, die verlangten Demonstrationen für diese zu verweigern).

(b) In jedem Land und auf jedem Gebiet oder zu allen Umständen gibt es Betrüger. Immer. Weder die USA noch China bilden hier eine Ausnahme. Als die Betrüger auf diesem Gebiet hörten, dass die ausländischen Beobachter kamen, um Nachforschungen an ihnen anzustellen, waren sie natürlich die ersten, die verschwanden. Mit anderen Worten, diejenigen, die über die Fähigkeiten verfügten, waren nicht bereit, sich für die ausländischen Besucher zur Schau zu stellen, doch diejenigen ohne Fähigkeiten waren noch weniger bereit dazu. Aus einer anderen Warte betrachtet war es auch im Interesse der chinesischen Regierung, dass die US-Skeptiker in ihr Land zurückkehrten und dort verkündeten, dass es sich bei den chinesischen EHF um Fälschungen handle. Denn wenn der US-Geheimdienst und die US-Verteidigungsbehörden in dem Glauben blieben, es bestünde kein Grund zur Sorge wegen eines möglicherweise von China drohenden Krieges mit paranormalen Mitteln, würden sie keine Vorbereitungen für einen solchen treffen.

Einem anderen Bericht zufolge, der mir neulich in die Hände fiel, sprach der chinesische Skeptiker He Zuoma in Chinas Universität für

Wissenschaft und Technik über EHF. Er sagte, bei dem kurz zuvor statt-gefundenen Besuch von sechs US-Forschern in China zur Erkundung von EHF sei »einigen chinesischen EHF-Leuten die Teilnahme verweigert worden, um im Hinblick auf gewisse Aspekte für Geheim-haltung gegenüber den Amerikanern zu sorgen...« Der Bericht, erschienen in Band 158 des Nachrichtenmagazins *Xiandai Ren* (Der moderne Mensch), wurde noch einmal im *Xinwen Chuban* (Nach-richtenpublikation) abgedruckt. Die Ausgabe vom 29. April 1989 belegt hinreichend, dass »Sicherheitsgründe« eine Rolle spielten bei der fehlenden Bereitschaft einiger EHF-Befürworter, ihre eigenen Leute mit EHF mit den Amerikanern kooperieren zu lassen. Von daher fanden die Leute von der CSICOP nur einige zweit- oder drittklassige Talente sowie Betrüger, die sie testen konnten.

Meine eigenen Recherchen zu diesem Fall haben ergeben, dass die wirk-lichen Koryphäen, die sich weigerten, für die amerikanischen Skepti-ker Vorführungen zu geben, vorab gewarnt worden waren, dass die Amerikaner sehr unfreundlich seien. Man hatte ihnen gesagt, diese würden die Demonstration auf alle erdenklichen Weisen unterbrechen, etwa durch unfreundliche Bemerkungen, böse Mienen, heftige Bewe-gungen sowie zahlreiche Auflagen und Einschränkungen ... was sich auf die Gemütslage der Vorführenden auswirken würde. Ist eine Per-son beim Demonstrieren nicht in einer ruhigen und frohen geistigen Verfassung, stellen sich die EHF-Kräfte weniger leicht ein. Das ist unter Forschern auf diesem Gebiet wohlbekannt.

In Taiwans *Lao Tian Monthly* wurde über diesen Fall berichtet: »Die Gastgeber nahmen die Amerikaner (die CSICOP-Gruppe) zu ernst, und nach ihrem Dafürhalten war deren Verhalten demütigend und beleidigend.« Einer der Amerikaner jedoch, James Randi, behauptete, ihm ginge es lediglich darum, eine »simple Methode« zu finden, um ein Kind mit mutmaßlichen paranormalen Fähigkeiten zu testen. Es gab in China einmal einen Zwischenfall, bei dem eine paranormal begabte Person bei einer Demonstration, während der Pillen aus einer Arzneiflasche entfernt werden sollten, nicht in gelassener Stimmung war, und infolgedessen wanderte eine der Tabletten in den Magen eines Zuschauers. Zu viel Störung wirkt sich auf Stimmung und Leistungs-vermögen aus.

Punkt zwei: Das CSICOP hat für jeden, der die Existenz von EHF beweist, 10.000 US-Dollar ausgesetzt.

Ich würde den Standpunkt vertreten, dass niemand dieses Geld je erhalten wird. Der Grund dafür ist ganz einfach. Wenn die Tester mit einer feindseligen Einstellung hereinkommen und die Versuchspersonen auf alle erdenklichen Weisen irritieren, werden sich deren EHF-Fähigkeiten nie zeigen. Abgesehen davon steht Selbstachtung bei Chinesen sehr hoch im Kurs, und »Dollar-Diplomatie« stößt sie ab. Die Vorstellung, mit Geld ließe sich alles erreichen, gilt in China seit langer Zeit als eine niedere Angelegenheit, so, als würde man einem Hund einen Knochen zuwerfen – und wird nie akzeptabel sein. Die größte Schwäche der Wohlhabenden ist ihr Versuch, Geld dazu einzusetzen, sich als Herren über andere aufzuspielen. Es erweckt den Anschein, dass das CSICOP-Team mit diesem Aspekt chinesischen Denkens nicht vertraut war. Eine uralte chinesische Spruchweisheit lautet: »Die Reichen sollten nicht durch die Lust in Versuchung geführt werden, die Armen nicht durch Geld, und keiner sollte sich der Tyrannei beugen.«

Ein Beispiel hierfür zeigte sich neulich im Hinblick auf internationale Angelegenheiten. 1995 wollten Taiwans Diplomaten für eine Milliarde US-Dollar einen Sitz bei den Vereinten Nationen. Eine Milliarde Dollar ist eine riesige Summe, und es war eine Zeit, in der die UN das Geld wirklich brauchten, da sie finanziell in Schwierigkeiten steckten. Jedoch gingen die Vereinten Nationen nicht auf das Angebot ein, da Entscheidungen dort nicht auf einer derartigen Grundlage gefällt werden und das Ansinnen gegen das verstieß, was Einige für schicklich hielten. Neulich kritisierten Experten in den Nachrichtenmedien die Herangehensweise Taiwans, nach dem Motto: »Jeder Mensch hat seinen Preis«, seine Reichtümer dazu zu nutzen, alle erdenklichen Aktivitäten auf der ganzen Welt zu finanzieren, um sich Einfluss zu erkaufen. Punkt drei: Zhang Baosheng wurde beschuldigt, nicht nur »gegen die Grundprinzipien der modernen Physik zu verstoßen«, sondern auch »gewieft genug« zu sein, »diese großen wissenschaftlichen, politischen und militärischen Institutionen – die am stärksten wissenschaftlich ausgerichtet sind und derartigem Treiben nicht so leicht ihre Unterstützung gewähren, wie etwa das Institut für Weltraumbiologie, die Staatsicherheitsbehörde, der nationale Wissenschaftsrat und die Kommission für Verteidigungstechnologie – davon zu überzeugen, sich zusammenzutun und EHF-Versuche und an ihm vorgenommene Beobachtungen zu fördern ...«

Dieses Argument ist besonders schwach und sehr löchrig. Wie wir wissen, wurde Zhang Baosheng in einem Dorf geboren und ist in Armut aufgewachsen, er besuchte die Schule nur bis zur dritten Klasse. Welche Form von »Gewieftheit« könnte er aufbieten, um diese vier zentralen modernen Institutionen zu »überzeugen«? Das Institut für Weltraumbiologie entspricht einer Abteilung von Amerikas NASA, die Staatssicherheitsbehörde ist Chinas Gegenstück zum CIA, dem nationalen Wissenschaftsrat steht Dr. Qian Xuesen, Chinas führender Wissenschaftler vor, und die Kommission für Verteidigungstechnologie ist mit topaktuellen Technologieprojekten wie der Erprobung von Kernwaffen und Missiles beauftragt. Wieviel Gewieftheit bräuchte Zhang Baosheng denn, um sie zu überzeugen? Im Gegenteil, wenn diese vier Einrichtungen »sich zusammentun um EHF-Versuche und an ihm vorgenommene Beobachtungen zu fördern ...«, könnte man das als Beleg dafür werten, dass EHF real sind. Bittet beispielsweise das SRI in Menlo Park, Kalifornien, eine Person, sich an einem Experiment zu beteiligen, bei dem es um Fernsicht geht, so können wir mit Sicherheit davon ausgehen, dass die Wissenschaftler ihre Gründe dafür haben, genau diese Person zu wählen, nämlich deren Hellsichtigkeit. Von daher kommt mir dieses Argument albern vor. Denn schließlich verhält es sich doch so, dass es, wenn NASA, CIA und das Programm zur Erforschung zukunftsorientierter Projekte für die Verteidigung sich mit dem SRI zusammentäten, um an einem Projekt über paranormale Fähigkeiten zu forschen, ein starker Hinweis darauf wäre, dass diese Stellen davon ausgingen, dass es sich um ein echtes Phänomen handelt. Das ist das Niveau, auf dem das Ganze sich in China abspielte.

In Taiwans *Lao Tian Monthly* stand, Mr. Randi, »ein Fachmann in Sachen Enthüllung der Wahrheit«, habe zusammen mit fünf weiteren Mitgliedern an dieser Mission teilgenommen, die sich darum gedreht habe, wissenschaftliche Fakten zu ergründen, wobei sie eine zweiwöchige Reise ins ferne China unternommem hätten, »in dem Bemühen, eine Erklärung für diverse mutmaßliche Fälle von paranormalen Fähigkeiten zu finden«. Sind bloße zwei Wochen nicht eine recht kurze Zeit, um in einem derart großen Land die Fakten rund um EHF zu erforschen? Wie viele Fakten erwartet jemand bei einer solchen Stippvisite herauszufinden, oder, wie die Chinesen es ausdrücken, davon »auf dem Pferderücken durch den Blumengarten zu galoppieren?«

Punkt vier: In dem Artikel wurde die Anklage erhoben, dass die

Wirkung von Yan Xins »Vortrag unter Aussendung von Qi« in Chansha lediglich psychologischer Natur gewesen seien und dass niemand sie reproduzieren könne.

Es gibt zu diesem Aspekt zwei Punkte, die ich erklären muss.

(a) Wie in Kapitel 5 beschrieben, stellten bei mehreren Anlässen, bei denen Yan Xin oder andere Qigong-Meister Vorträge mit Ausstrahlung von Qi hielten, Wissenschaftler vom chinesischen Institut für Hochenergiephysik ohne deren Wissen Messgeräte auf, und mit diesen wies man Veränderungen im Energiefeld nach. Warum vermeiden es die CSICOP-Skeptiker, auf diese Tatsache einzugehen?

(b) Als er von 1991 bis 1993 in Amerika war, hielt Yan Xin viele Male Vorträge und Vorlesungen mit Aussendung von Qi, darunter auch welche an berühmten Universitäten. Warum stellten die amerikanischen Wissenschaftler (einschließlich der CSICOP-Mitglieder) mit all ihrem Wissen nicht wissenschaftliche Forschung an, während Yan Xin seine angeblich psychologischen Taktiken vorführte? Ohne auf andere Fälle einzugehen: Ich habe zwei von Yan Xins Vorlesungen mit Aussendung von Qi an der Stanford University besucht. Der Dolmetscher bei den Vorlesungen war ein Arzt mit westlichem medizinischen Hintergrund, und im Publikum befanden sich viele kalifornische Wissenschaftler und Professoren von Stanford, darunter auch die, von denen Yan Xin zu seinem Besuch in den USA eingeladen worden war: Dr. Kenneth M. Sancier, ein Pensionär, der ehemals am Forschungsinstitut SRI tätig gewesen war und der über einen Doktortitel in Chemie verfügt, und seine Kollegin Dr. Effie Chow. Sind diese ganzen Wissenschaftler ersten Ranges denn von Yan Xin getäuscht worden? Nun, blicken wir etwas weiter zurück in die Vergangenheit, in eine Zeit, zu der eine frühere Gruppe von US-Wissenschaftlern nach China kam, um EHF zu erforschen, und befassen wir uns mit dem, was sie herausfanden.

Im Oktober 1981 organisierte die staatliche Wissenschaftskommission eine besondere siebzehnköpfige Gruppe, darunter amerikanische und kanadische Wissenschaftler, die in China Peking, Shanghai und Xi'an besuchen würden, um EHF zu ergründen. Geleitet wurde die Gruppe von einem langjährigen Mitglied des Parapsychologieverbandes, Dr. Stanley Krippner, Dekan der Fakultät, Saybrook Institute, San Francisco. Ansonsten gehörten zu den Mitgliedern unter anderem Professor Marcello Truzzi von der University of Michigan, sowie Dr. H. E.

213

Abb. 12-1
Dr. Effie Chow (links) und Dr. Kenneth M. Sancier (rechts), von denen Chinas paranormal begabtes Supergenie Yan Xin zu einem Besuch in die USA eingeladen wurde.

Puthoff, ein Physiker von SRI International. Nach ihrer Ankunft in China wurden sie von wissenschaftlichen Instituten wie etwa dem Institut für Hochenergiephysik (Peking), dem Bejing Medical College, der Zeitschrift *Ziran Zazhi* (Shanghai), der Universität Peking sowie dem Institut für traditionelle chinesische Medizin aus Peking begrüßt. Sie reisten zwei Wochen lang durch China, führten Tests an zwölf Kindern durch und diskutierten mit den folgenden Gruppen und Organisationen über die fortlaufende Entwicklung von EHF in China:

- ○ Physikern und Biologen der Universität Peking
- ○ Institut für Hochenergiephysik
- ○ Institut für Automatisierungstechniken
- ○ Sternwarte Peking
- ○ Institut für Halbleiter
- ○ Abteilung Physik des Lehrerseminars Peking
- ○ Institut für traditionelle chinesische Medizin in Peking

Sie würdigten die Tatsache, dass China große Anstrengungen auf dem Gebiet der EHF-Forschung unternommen hat, und ebenso verhielt es sich bei den Kindern, die an den Demonstrationen beteiligt waren. Dennoch waren sie nicht in der Lage, zu bestätigen, dass diese Kinder EHF aufwiesen. Dr. Krippner beschreibt all das im Nachwort meines Buches »The Four Mysteries of Mainland China«. Dr. Puthoff schilderte dies außerdem in allen Einzelheiten in seinem »Bericht über die wissenschaftliche Erforschung *außergewöhnlicher menschlicher Funktionen* in der Volksrepublik China«, geschrieben für das Institut für Noetische Wissenschaften (Frühjahr 1983). Professor Truzzi wiederum veröffentlichte einen Bericht in *Omni* und *Zetetic Scholar*, wo er als Redakteur tätig ist.

Infolge dieses wissenschaftlichen Austauschs zwischen USA und China wurden alle gute Freunde. Bei der Fachtagung zu Ehren des 100. Jahrestages der British Society for Psychical Research am Trinity College, Cambridge, England, vom 16.-20. August 1982, waren zwei chinesische Konferenzteilnehmer vom Medizintechnischen Institut für Luft- und Raumfahrt, Peking – Professor Chen Xin und Professor Mei Lei – anwesend. Dr. Puthoffs Bericht geht auch auf die Ergebnisse dieser Tagung ein.

Besonders erwähnenswert ist Dr. Puthoff, ein sehr guter Freund von mir. Ich versuche jetzt schon seit geraumen Jahren, das Phänomen »Qi« aus westlicher Wissenschaftsperspektive zu erklären. Dr. Puthoff mit seinem breitgestreuten Wissen hat mich oft gebeten, ihm Dinge zu Qi zu erklären. Er glaubt, dass Qi die »Nullpunktenergie« sein könnte. Er hat sich seit vielen Jahren mit ihr beschäftigt und einige gute Ergebnisse erzielt.

An dem Punkt, wo wir uns nun befinden, haben wir noch immer nicht die Frage beantwortet: Hatten die chinesischen Kinder nun wirklich EHF oder hatten sie keine?

Lassen Sie uns, bevor wir uns hier um ein Fazit bemühen, zuerst eine andere Überlegung anstellen. Hatten Sie schon einmal ein Erlebnis, bei dem Ihnen auffiel, dass sich Ihre Stimmung auf das Resultat auswirkte? An früherer Stelle habe ich ja das Verhalten der CSICOP-Delegation geschildert, ihre feindselige und fordernde Haltung, die dazu führte, dass die EHF-Kinder bei ihren Demonstrationen versagten. Doch für diese freundliche Besuchergruppe war die Situation eine andere.

Ich erinnere mich noch, wie ich als Neunjähriger mein Dorf in China verließ, um in der Stadt einen Arztbesuch zu machen. Man wies mich in ein Krankenhaus ein, das von christlichen Missionaren aus England geleitet wurde. Dann wurde ich am Rücken operiert. Die ersten Tage nach der Operation musste ich jeden Morgen Schmerzmittel einnehmen. Eines Morgens besuchten mich, bevor ich meine Medizin eingenommen hatte, zwei Missionarinnen im Krankenhauszimmer: Es waren zwei Damen aus England. Nachdem sie hereingekommen waren, begrüßten sie mich, hielten meine Hand und plauderten mit mir. Sie wussten, dass ich kein Englisch verstand, aber es sollte ein Zeichen ihres guten Willens den Patienten gegenüber sein, sie wollten sie trösten. In den zehn bis fünfzehn Minuten, die sie im Krankenhauszimmer waren, verschwand mein Schmerz. Meine Mutter erzählte mir später davon.

Natürlich hatten die beiden keine EHF. Was meinen Schmerz stillte, waren keine übersinnlichen Fähigkeiten, sondern die Ablenkung. Ich war auf dem Land geboren, und das war das erste Mal, dass ich die Großstadt Guangzhou zu Gesicht bekam. Es war außerdem das erste Mal, dass mir Weiße begegneten. Sie waren größer als die Chinesen, hatten blondes Haar, blaue Augen und sehr große Nasen (verglichen mit den Chinesen). Ihre Gesichter waren blass und hatten einen leicht rosa Schimmer. Damals dachte ich im Stillen: »So schöne Menschen gibt es also auf der Welt.« Die beiden Missionarinnen sprachen Englisch, und für mich klang das wie Vogelgezwitscher ... All diese Dinge lenkten mich ab, ein Gefühl des Überraschtseins stieg in meinem Herzen auf, und so legten sich meine Schmerzen ohne jegliche Medikamente. Das oben Geschilderte ist einer der Schlüsselfaktoren, der erklärt, warum die chinesischen Kinder vor dem westlichen Publikum versagten. Natürlich gab es daneben noch weitere Ursachen. So zum Beispiel ist das, was die Chinesen am meisten fürchten, »vor Fremden das Gesicht zu verlieren«. Sie haben das Gefühl, dass es blamabler ist, vor Fremden, vor Ausländern zu versagen. Je größer die Versagensangst, desto größer die Wahrscheinlichkeit, tatsächlich zu versagen. Den aufgeklärten US-amerikanischen und kanadischen Wissenschaftlern war dieser Effekt bekannt, doch wollten sie nichts dazu sagen. Das liegt daran, dass es Zeiten gibt, in denen man, je mehr man versucht, etwas zu erklären, alles nur noch mehr durcheinander bringt und noch schlimmer macht. Vielleicht hätte es bei manchen Personen den

Verdacht geschürt, dass sie versuchten, das Versagen der Kinder zu vertuschen. Wissenschaftliche Versuche sind in der Regel schwarzweiß, sie erbringen entweder positive oder negative Resulate, und für Fehlschläge gilt keine Entschuldigung.

Was die Frage angeht, ob Chinas paranormal begabte Kinder echt oder unecht sind, so ist hier nicht der passende Ort, sich darüber zu streiten. Das Beste, was wir tun können, ist Fakten zu präsentieren und diese Fakten für sich selbst sprechen zu lassen. Im Sommer 1985, fünf Jahre nachdem sich die US-kanadische Recherchen-Mission nach China begab, und drei Jahre nach der Reise des CSICOP-Teams, organisierten Hongkong und Japan die Reise einer Journalistengruppe zum chinesischen Festland, wo diese EHF auf die Spur kommen wollten; wobei auch hier Kinder beziehungsweise Jugendliche im Brennpunkt standen. Ihre erste Station war Shanghai, wo sie unverzüglich sieben EHF-Kinder und -Jugendliche testeten. Diese Gruppe wurde von der Redakteurin der *Ziran Zazhi*, Zhu Yiyi, zusammengestellt. Sie bestand aus Li Xia (weiblich, fünfzehn Jahre), Sun Huafeng (männlich, zwanzig), Wang Xiaohong (weiblich, vierzehn), Zhao Xun (männlich, fünfzehn) und Xu Huizhen (weiblich, sechzehn).

Zuerst wurde die Fähigkeit der Jugendlichen getestet, mit dem Ohr und der Achselhöhle zu lesen. Die Versuchspersonen bei diesem Test waren Li Xia und Zhao Xun. Ihre Erfolgsquote betrug 100 Prozent. Der nächste Test bestand darin, Gegenstände durch Gedankenkraft zu zerbrechen, durchgeführt von den Versuchspersonen Zhang Jing, Xu Huizhen und Wang Xiaohong. Die drei hielten Teströhrchen in der Hand, in denen sich Eisendrähte befanden. Nach vierzehn Minuten waren sämtliche Eisendrähte verbogen. Der dritte Test, dieses Mal mit der Versuchsperson Sun Huafeng, war, »Pillen aus Flaschen entfernen.« Innerhalb von fünf Minuten fiel die erste Tablette heraus, und nach einer Pause folgten noch viele weitere.

Die obigen Tests schienen so glatt zu verlaufen, dass die japanischen Journalisten skeptisch wurden. Am nächsten Tag wurde auf ihren Vorschlag ein strengeres Vorgehen gewählt, wozu Leibesvisitation vor den Tests sowie eine strenge Überwachung sämtlicher Bewegungen der Versuchspersonen gehörten. Nach mehreren Versuchen waren die japanischen Journalisten restlos überzeugt und voll von ehrfürchtigem Staunen.

Im Zeitraum zwischen 1981 und 1988 besuchten mindestens zwanzig

Gruppen aus Hongkong, Taiwan und Japan das chinesische Festland, um EHF zu ergründen. Ob man es glaubt oder nicht, nicht eine hiervon sagte, es sei zu einem »Versagen« gekommen. Besonders bemerkenswert ist hierbei, dass die Reporter aus Hongkong und Taiwan China nicht sehr wohlwollend gesonnen waren und dass man bei ihnen nicht erwarten konnte, dass sie nette Dinge über China sagen würden.

Die Tugenden der Bescheidenheit, Aufrichtigkeit, Ehrlichkeit, Güte und Rücksicht, die das chinesische Volk schon seit Tausenden von Jahren schätzt, wurden allesamt von ein paar wenigen skrupellosen Gestalten verletzt. Um ihre einmal festgelegte Meinung zu bestätigen, griffen sie das dem Körpertraining dienende System Qigong – seit 3.000 Jahren von den Überlieferungen des Buddhismus, Taoismus und Konfuzianismus als gesundheitsfördernd anerkannt – als eine »Pseudowissenschaft« an. Zusammen mit Amerikanern veröffentlichten sie ein Buch, in dem Qigong, bei den meisten Chinesen sehr beliebt, heftig attackiert wurde. Und warum?

Im Laufe des jüngsten Jahrzehnts hat Qigong in China große Popularität gewonnen. Viele Experten, Akademiker und medizinische Forscher haben sich nach China begeben, um etwas über chinesische Medizin und Qigong zu lernen, und sie haben seinen Wert bestätigt. Aus diesem Grund sind in England und Amerika mindestens fünfzehn Qigong-Bücher erschienen. Gleichzeitig gibt es ein Buch, in dem Qigong als »Pseudowissenschaft« bezeichnet wird. Werden die Verfasser da nicht rot im Gesicht?

Die paranormalen Begabungen Taiwans

T aiwan ist eine im Südchinesischen Meer gelegene, zu China gehörige Insel, rund 150 Seemeilen vor der chinesischen Küste. Seine Bevölkerungzahl liegt derzeit bei 20 Millionen, was nur rund zwei Drittel der Bevölkerung einer typischen chinesischen Provinz entspricht. Proportional hierzu ist also auch die Zahl der Menschen mit paranormalen Fähigkeiten geringer, doch finden sich unter ihnen einige der auffälligsten Beispiele. Taiwan verfügt auch über eine Gesellschaft für parapsychologische Forschung, die rund sechshundert Mitglieder umfasst.

In Taiwan gibt es nur wenige Menschen mit angeborenen, natürlichen EHF-Fähigkeiten. Dazu kommt, dass es dort auch an Techniken mangelt, diese durch Qigong zu entwickeln. Andererseits finden sich auf Taiwan eine Menge Aberglauben und Glaubensvorstellungen spiritueller oder religiöser Natur, insbesondere in Zusammenhang mit dem Buddhismus und »lokalen Geistern«. Bei den letzten Wahlkampagnen für die Präsidentschaftswahlen in Taiwan gab es buddhistische und katholische Kandidaten. Um Stimmen zu gewinnen, besuchten letztere oft buddhistische Tempel und Schreine, um diese zu verehren. Das als Hinweis darauf, wie weit verbreitet derartige Vorstellungen in Taiwan sind.

Wie wir wissen, können auch Aberglaube und spirituelle Überzeugungen EHF entstehen lassen. Manche Menschen, die durch Derartiges EHF-Kräfte entwickeln, versuchen dabei, sich selbst zu Göttern zu machen. Mitunter behaupten sie, Inkarnationen der Götter zu sein oder Wohnsitz von Geistern der Götter, was sie sich dann zunutze machen, um auf Kosten der Allgemeinheit reich zu werden. Während dieses Kapitel entsteht, gibt es in Taiwan gerade zwei Skandale in Zusammenhang mit einer unrechtmäßigen Bereicherung, die auf genau diese Weise geschah und bei der es um Summen im Gegenwert von zig Millionen US-Dollar ging.

Obwohl Taiwan voller Buddha-Tempel ist und das Volk zu Aberglauben neigt, blicken die Menschen dort gleichzeitig auf die parapsychologische Forschung herab. Erst 1976 tat sich eine Gruppe von Wissenschaftlern zusammen, um einen Parapsychologieverband zu gründen. Sie stellten bei der Regierung einen Antrag auf Genehmigung zur Gründung der Organisation, erhielten diese jedoch Berichten zufolge nur unter Schwierigkeiten, nach einer Wartezeit von einem Jahr. Seitdem wird von ihnen die Zeitschrift ihrer Gesellschaft publiziert: *Chao Xinli Xue Yanjiu* (»Parapsychologische Forschung«).

Professor Huang Dashou, der auf eine Lehrtätigkeit an der Zentraluniversität zurückblicken kann, wurde zum Vorsitzenden der Gesellschaft sowie zum Chefredakteur ihrer Zeitschrift gewählt. Zu den weiteren Mitgliedern zählen Professor Wang Shaolun vom Lehrerseminar Taiwan, Professor Zang Guangen, der in Japan lehrt, Professor Xu Dingming, Professor Zhao Ji und Professor Shi Chaolin. Sie leiden unter Mittelknappheit und widmen sich ihrer Arbeit unter großen Schwierigkeiten und unter schlechten Bedingungen.

Nach dem Aufkommen eines weitverbreiteten Interesses an EHF auf dem chinesischen Festland begann Professor Huang Dashou sich sehr ernsthaft mit der »Wissenschaft vom menschlichen Körper« zu befassen, wie sie Dr. Quian Xuesen vertritt, und er unterhält zudem regelmäßige Kontakte mit Qigong- und EHF-Kreisen auf dem chinesischen Festland. Ferner sponserte er Besuche von Forschern des chinesischen Festlands in Taiwan. Besonders bemerkenswert ist, dass Professor Huang trotz seines fortgeschrittenen Alters und labilen Gesundheitszustands viele Reisen zum chinesischen Festland unternommen hat, um die Organisationen zu besuchen, die sich mit der Wissenschaft vom menschlichen Körper sowie Qigong-Forschung und EHF-Begabten befassen, darunter auch Zhang Baosheng.

Shi Chaolin ist schon als »Taiwans Zhang Baosheng« bejubelt worden. Eine interessante Geschichte über ihn geht auf den 25. August 1984 zurück. Shi Chaolin machte Urlaub in Las Vegas, Nevada. Er war dort zusammen mit einem Geschäftsmann namens Zhang. Gleich zu

Beginn verlor der Geschäftsmann Unsummen von Geld. Durchaus halb im Ernst fragte er Shi: »Können Sie mit Ihren übersinnlichen Fähigkeiten mein Geld zurückgewinnen?«

»Ich kann es versuchen«, antwortete Shi Chaolin. »Beginnen wir doch einmal mit dem Automaten hier.«

Und so wählten sie willkürlich einen Glückspielautomaten, der jeweils mit 25 Cents zu bestücken war. Der Geschäftsmann warf die 25-Cent-Münzen ein und bediente den Automaten, während Shi Chaolin seine Geisteskraft darauf konzentrierte, dass das Geld aus dem Gerät herauspurzeln sollte. Plötzlich ergoss sich auf einen Schlag das gesamte Geld aus dem Automaten. Die Münzen hörten gar nicht mehr auf zu rappeln.

Im Casino ist das Geräusch eines Spielautomaten, der seinen Inhalt von sich gibt, nichts Ungewöhnliches, und so erregte es nicht viel Aufsehen. In der Nähe stehende Spieler sagten allenfalls: »Glück gehabt.«

Die beiden merkten, dass das Experiment ein Erfolg gewesen war und dachten, es wäre eine gute Idee, es noch einmal zu versuchen. Sie wählten einen anderen Automaten und gingen genauso vor wie mit dem ersten. Doch dieses Mal war das Ergebnis verblüffend. Vielleicht steckten just in diesem Gerät mehr Münzen als gewöhnlich, jedenfalls purzelten sie in einem nicht enden wollenden Schwall aus ihm heraus und zogen Schaulustige an, darunter auch einige Mitarbeiter des Casinos. Ein Bankier des Casinos nahm Shi und den Geschäftsmann mit ins Büro des Managers. Dieser befragte die beiden, was sie machten, woher sie stammten und wie sie das ganze Geld aus dem Automaten bekommen hätten. Er hatte eine Reihe Fragen an sie. Dann gab Shi Chaolin dem Manager seine Visitenkarte. Sie wies ihn als »Mitglied des Parapsychologieverbandes der Republik China« aus. (Hinweis: Die Institutionen auf Taiwan tragen den Zusatz »Republik China«, nicht zu verwechseln mit der »Volksrepublik«, die sich auf dem Festland findet.) Nachdem er die Karte gelesen hatte, sagte der Manager: »Wenn Sie Experimente zu paranormalen Kräften anstellen wollen, gehen Sie in Ihr Labor. Es geht nicht, dass Sie solche Tricks bei uns im Casino anwenden.« Der Manager und der Bankier, der eine Schusswaffe trug, sahen finster entschlossen aus. Offenbar waren die beiden in Schwierigkeiten, doch gerade als sie schon ihr Los beklagen wollten, setzte mit einem Mal ein Blitzlichtgewitter ein. Ob es Zufall war oder Glück

– eine Journalistengruppe kam gerade in diesem Moment durch das Casino und half ihnen so, einer gefährlichen Situation zu entkommen. Shi Caolin wurde mit dieser Art von Fähigkeiten geboren. Er erinnert sich noch daran, wie er früher, wenn sein Großvater Karten spielte, hinter ihm stand und zusah. Sein Großvater war ständig im Begriff, zu verlieren, und immer wenn es wieder so weit kam, konzentrierte Shi sich mit all seiner Gedankenkraft darauf, dass sein Großvater gewinnen solle. Und dann gewann sein Großvater auch tatsächlich. Es funktionierte ein ums andere Mal, und dem Jungen kam das merkwürdig vor. Einmal richtete er seinen Wunsch darauf, dass ein anderer gewinnen solle, und prompt gewann diese andere Person. Von da an wusste er, dass er übersinnliche Fähigkeiten hatte. In den nachfolgenden Jahren begann er sich für Wahrsagen, Feng Shui (der chinesischen Geomantie, der Kunst, einen Ort so zu arrangieren, dass die Geister harmonisiert würden), und der aus alten Zeiten überlieferten chinesischen Numerologie zu interessieren, und er wurde ein namhafter Experte auf diesen Gebieten.

Shi Chaolin ist auch durchaus nicht der einzige Chinese, der unter Einsatz paranormaler Fähigkeiten in Las Vegas Geld gewann. Ein anderer Supermeister auf diesem Gebiet, der vom chinesischen Festland stammende Chen Zhu, begab sich ebenfalls zu den weltberühmten Casinos von Las Vegas und gewann acht Millionen US-Dollar. Einem Bericht vom 13. Mai 1997 in der in chinesischer Sprache erscheinenden US-Zeitung *Shijie Ribao* (»World Journal«) zufolge offenbarte Chen Zhu, dass er acht Millionen Dollar im Casino Monte Carlo gewonnen hatte. Das Ende vom Lied war, dass der Manager ihm die Zusage abrang, dass er nicht öfter als einmal alle vier Monate kommen würde. (Hinweis des Autors: Dass im Bericht von vier »Monaten« die Rede ist, könnte ein Druckfehler für »Jahre« gewesen sein, denn das Casino hätte es sich gar nicht leisten können, alle vier Monate acht Millionen Dollar auszuschütten.) Aus dem Artikel geht nicht hervor, bei welchem Spiel Shi Chaolin die acht Millionen Dollar gewann, doch unseres Wissens ist er sehr berühmt dafür, gerne Blackjack zu spielen. In Macao (einer Glücksspielstadt, die per Schiff eine Stunde von Hongkong entfernt liegt) gewann er vierzig Spiele hintereinander. Beim Blackjack brachte er es fertig, Tausende von Malen hintereinander zu gewinnen. Er setzt seine Geisteskraft dazu ein, die an ihn ausgeteilten Karten nach Belieben gegen andere auszutauschen. Einmal führte er ein Experiment vor laufenden Fernsehkameras durch, bei dem er sechs Personen aus dem Publikum drei Karten von einem Spiel wählen ließ. Als sie die Karten umdrehten, hatten alle eine einundzwanzig! Hätte der Manager des Monte Carlo nicht an Derartiges geglaubt, hätte sein Casino viel Geld verloren. Chen Zhu war schon zu früheren Zeiten in den USA gewesen. Er sagte oft: »Die Amerikaner glauben nicht an EHF.« War der Manager des Monte Carlo einer von ihnen? In Publikationen des chinesischen Festlands hieß es, amerikanische EHF-Skeptiker, die sein Treiben sahen, glaubten, nur Gott allein könne die Macht haben, die Dinge zu tun, die er tat.

Im Journal *Shijie Ribao* hieß es auch, Chen Zhu habe eine Einladung angenommen, aktiv bei der Zeremonie mitzuwirken, mit der man der Rückgabe Hongkongs an die Chinesen am 1. Juli 1997 gedenken wollte.

In Taiwan gibt es einen Hypnotiseur, Professor namens Yu Dingming, ebenfalls ein Mitglied des Parapsychologieverbandes. Als er noch ein Kind war, litt seine Mutter an Ischiasbeschwerden. Sie ging zu etlichen Ärzten, ohne Erfolg. Mit vierzehn Jahren las er eine Anzeige, die dazu führte, dass er sich für die Teilnahme an einem Fernlehrgang per Brief bei Dr. Bao Fangzhou anmeldete, einem damals landesweit berühmten Hypnotiseur (auch ich habe vor dreißig Jahren an einem solchen Korrespondenzkurs bei ihm teilgenommen). Innerhalb kurzer Zeit erlernte er die hypnotische Induktion, und er wandte das Gelernte auf seine Mutter an. Es funktionierte, und seine Mutter wurde gesund, ohne noch eine weitere Behandlung zu benötigen.

Von da an bemühte er sich mit großem Nachdruck darum, Hypnose zu erlernen, so dass er heute der berühmteste Hypnotiseur in Taiwan ist. Er prägte einen neuen Begriff, »ling li human electric therapy«. *Ling li*, meint die paranormale Fähigkeit oder Geisteskraft. Menschliche Elektrizität ist so etwas wie die statische Elektrizität des Körpers, ist jedoch nicht leicht zu übersetzen. Als Ganzes genommen umschreibt der Begriff eigentlich paranormale Kräfte, wird jedoch in ausgefallene Begriffe wie »human electricity« (menschliche Elektrizität) gekleidet. Wie wir wissen, werden mitunter gern neue Begriffe kreiert, wenn eine neue Errungenschaft gemacht wurde, um anderen zu zeigen, auf welch hohem Niveau das Erreichte anzusiedeln ist. Tatsache ist, dass Hypnose, Induktion, die Kraft der Glaubens und der Geisteraberglauben allesamt unterschiedliche Arten von übersinnlichen Phänomenen sind.

Professor Xu hat viele Menschen mit seiner auf hypnotischer Suggestion basierenden Therapie geheilt. Einmal fragte ihn jemand, ob alle
seine Patienten geheilt würden. Er gab freimütig zu, dass seine Erfolgsquote nicht bei 100 Prozent lag und dass der Erfolg davon abhing, wie
empfänglich die entsprechende Person für menschliche Elektrizität
(oder Qi) sei. Eine bessere Wirkung zeigt sich bei denen, die für die
Energie sensibel sind, ebenso wie bei der Qigong-Heilung. Das Problem ist, dass es einige Schwindler auf der Welt gibt, die übertriebene
Behauptungen aufstellen und sagen, sie könnten jeden heilen. Und
eben deshalb, weil es mitunter vorkommt, dass die Therapie eines
Hypnotiseurs oder Qigong-Meisters nicht wirkt, machen Skeptiker sich
diesen Umstand zunutze, um sie als Betrug oder Pseudowissenschaft zu
attackieren.

Da Professor Xu in Taiwan so großen Ruhm genießt, hat er in über vier
Jahrzehnten fünfundzwanzig Bücher verfasst, darunter drei in
Zusammenhang mit polizeilichen Aufgaben und Fragen der nationalen Sicherheit: »Spirituality in Police Training« (Spiritualität in der
polizeilichen Ausbildung), »Lectures on Spirituality for Military Police«
(Vorträge zu spirituellen Belangen für die Militärpolizei) und »The Significance of Parapsychology in Modern National Defense« (Die Bedeutung der Parapsychologie für die moderne Landesverteidigung). Im
Grund stellen die fünfundzwanzig Werke eher lange Fachaufsätze dar,
denn es handelt sich jeweils um dünne Bände ohne umfassendere Informationen zum Stand der Forschung. Sein 1984 erschienenes Buch
»Chinese Psychic Healing« wurde von Francis T. S. Hung und James
A. Decker ins Englische übersetzt, und Professor Cyrus Lee (Li Shaokun) von der Edinboro University of Pennsylvania schrieb das
Vorwort dazu.

Vom Juli bis zum September 1983 war Professor Li Gastdozent bei Professor Xu bei seinem Seminar über Geistheilung. Sie verstanden sich
prächtig, und so gründeten sie ein sino-amerikanisches Forschungsinstitut zur Erforschung paranormaler Fähigkeiten.

Neulich las ich eine Stunde lang in Professor Xus 1974 veröffentlich-
tem Buch »The Significance of Parapsychology in Modern National
Defense«. Im zweiten Kapitel, »Japan Uses Parapsychology Heavily in
National Security« (Massiver Einsatz von Parapsychologie im
Dienste der nationalen Sicherheit), wird die Behauptung aufgestellt,
im russisch-japanischen Krieg habe Japan Personen mit paranormalen

Fähigkeiten eingesetzt, die in der Meditationstechnik des »stillen Sitzens« nach Wang Yangming (ein altchinesischer Meister) unterwiesen worden waren, um Stärke und Bewegungen der russischen Flotte zu bestimmen, die Japan so lokalisieren und zerstören konnte. Dies berichtete der damalige Stabschef der japanischen Marine, Akiyama Saneyuki, einmal dem Begründer der Republik China, Dr. Sun Yatsen. Aufzeichnungen hierzu finden sich auch in den Schriften, die Dr. Sun Yat-sen hinterließ.

Während des Krieges zwischen Russland und Japan, der von Februar 1904 bis September 1905 dauerte, wurde von den Japanern das Verfahren der Hypnose angewendet, und zu den mit dieser Mission Beauftragten gehörte unter anderem bekannte Persönlichkeiten wie Frau Mifune Senzuko, Leutnant Sakurai und der Hypnotiseur Okada Yoshinori. In diesem Zeitraum wusste man nicht, wie sich paranormale Fähigkeiten trainieren ließen. Später fand man heraus, was die Sowjets sowie die USA auf diesem Gebiet erarbeitet hatten. Derzeit befasst sich Japan mit der chinesischen Qigong-Trainingsmethode. Japan hat etliche Gruppen und Einzelpersonen, Zivilisten, nach China geschickt, um alle Formen von Qigong zu studieren und die vorherrschenden Bedingungen für sowie die Entwicklung von EHF in China zu beobachten. Oft werden auch berühmte chinesische Qigong-Meister nach Japan eingeladen, um dort Demonstrationen und Vorträge abzuhalten.

In Kapitel 5 des gleichen Buches, »Red China's Research in Spiritualism and Experiments in Telepathy« (Rotchinas Forschungsarbeit in Spiritualismus und seine Experimente mit Telepathie) wird festgestellt, dass man auf dem chinesischen Festland 1971 ein Experiment in »Telepathie« zwischen den Städten Peking und Kunming durchgeführt hatte. (»Telepathie« wird hier in einem weiten Sinne verwendet und meint jegliche spirituelle Kommunikation, darunter auch das »Tausend-Meilen-Auge und -Ohr – die Fernwahrnehmung – sowie die Gedankenübertragung.) Als Quelle für diese Information wird »Telepathic Strategies in the U.S. and Russia« zitiert, herausgegeben im Dezember 1974 von der Nihon Tairiku Shobo Company und verfasst von Ichimura Toshihiko. Das Buch drehte sich offenbar um Sicherheitsfragen im Hinblick auf die USA und Russland; Chinas »Telepathie«-Experiment wurde dort möglicherweise nur kurz erwähnt, doch gleich, ob dieses nur beiläufig erwähnt oder detailliert geschildert wurde, nichts davon ist glaubwürdig. Ichimura mag die chinesische »Telepathie« zur verkaufsfördernden Sensation aufgebauscht haben, indem er dem Buch einen spannenderen Anstrich gab.

Eine andere Möglichkeit ist die, dass die japanische Regierung hinter dieser Sache stand, denn immer wenn japanische Institutionen etwas wollen, zeigen sie die Tendenz, andere zu beschuldigen, genau das zu tun, um so ihre wahren Absichten zu vertuschen. Mit den chinesischen Telepathie-Experimenten versuchten sie möglicherweise eigene Experimente mit paranormalen Fähigkeiten zu kaschieren. Ein gutes Beispiel für dieses Verhalten findet sich im Jahr 1994, als die Japaner ein Dokument veröffentlichten, das den Titel »On the Chinese Threat« (Bedrohung China) trug und die These vertrat, dass China allmählich immer mehr erstarke und im kommenden Jahrtausend die Bühne beherrschen würde, was für andere Länder im ost- und südostasiatischen Raum eine Bedrohung darstellen würde. Nachdem es erschienen war, vermeldete man auch in anderen Ländern der Region die negative Kunde von der »Bedrohung China«.

Die Chinesen konterten, indem sie darauf verwiesen, dass Japan sich in dem halben Jahrhundert, das seit seiner Niederlage im Zweiten Weltkrieg verstrichen war, zu einer wirtschaftlichen Supermacht entwickelt hatte, deren jährlicher Verteidigungsetat gleich hinter dem der USA rangierte. Sein militaristisches und nationalistisches Erbe bewirkte, dass das Land massive Streitkräfte zu Wasser, zu Land und zu Luft aufgebaut hatte, die bereits zu diesem Zeitpunkt eine schreckenerregende Bedrohung für die ost- und südostasiatischen Länder darstellten. Diese überzeugende Widerlegung zeigt, wie die japanische Seite die »Bedrohung China« lediglich zur Tarnung ihres eigenen aggressiven Vorhabens vorschob, ihr Land zur Großmacht der Region aufzubauen.

Wir würden der Position der chinesischen Regierung zu dieser Frage zustimmen. Bis 1979 hatte dem chinesischen Festland nicht allein das Wissen um die Funktionsweise paranormaler Fähigkeiten gefehlt, sondern während des Jahrzehnts, in dem die Viererbande an der Macht war, waren EHF sogar verboten. Bereichen wie diesem, die Geist und Seele betrafen, wurde das Etikett »metaphysischer Idealismus« angeheftet, und sie wurden als dekadent und pseudowissenschaftlich erklärt. Selbst bis zum heutigen Tag (1997) gibt es auf dem chinesischen Festland viele Wissenschaftler der alten Schule, die sich gegen EHF-Forschung stellen und deren Bemühungen als »pseudowissenschaftlich« denunzieren.

Auf eine Weise, die Japan nicht vorherahnen konnte, haben die Behörden auf dem chinesischen Festland, seit man dort 1979 die Existenz von EHF zur Kenntnis zu nehmen begann, mit Eifer zu diesem Thema geforscht und dabei sogar Japan selbst übertroffen, das in den vorherigen drei Jahrzehnten einen Vorsprung auf dem Gebiet der Erforschung paranormaler Fähigkeiten aufgewiesen hatte. Obwohl die Geschichte von dem chinesischen Telepathieversuch von Peking nach Kunming 1971 ein reines Phantasieprodukt gewesen sein mag, wollte es ein interessanter Zufall, dass an Silvester 1986 zwanzig Wissenschaftler von der Universität Qinghua und von anderen chinesischen Institutionen tatsächlich einen solchen Test von Peking nach Kunming durchführten, eine Entfernung von 2.000 Kilometer. Die Japaner hätten sich das dreißig Jahre zuvor nie vorgestellt.

Eine andere Geschichte aus Taiwan könnte noch faszinierender sein als diese Geschichten von Xu Dingming. 1986 schrieb der Schriftsteller Zhang Xiguo aus Taiwan *Qi Wang (Schachkönig)*, eine Erzählung über einen Jungen, der in die Zukunft sehen konnte. Er konnte vorhersagen, was am nächsten Tag geschehen würde, und er konnte auch sagen, was mit anderen Menschen gerade geschah. Mitunter sagte er die Fluktuationen an der Börse vorher. Nach dieser Erzählung wurde später ein Film gedreht, der großes Interesse weckte. Gerade als man allerorts über ihn diskutierte, wurden bei einer Sechzehnjährigen in Taizhong, Taiwan, ähnliche Fähigkeiten festgestellt. Sie wünscht anonym zu bleiben, also nennen wir sie von jetzt an Ann.

Ann wurde von einem Wahrsager entdeckt, einem Herrn Zhang. Herr Zhang war recht bekannt, da er in den Zeitungen oft Artikel zu chinesischer Astrologie oder zur Deutung persönlicher Schicksale anhand von Berechnungen auf der Basis von Geburtsdaten veröffentlichte.

Eines Nachmittags stattete Ann, die in einer Annonce Herrn Zhangs Adresse gelesen hatte, ihm einen Besuch ab. Herr Zhang dachte, sie wolle wissen, wie es um ihre Zukunft bestellt sei und bat sie, Platz zu nehmen. Da sagte Ann: »Herr Zhang, ich bin nicht gekommen, um mir von Ihnen meine Zukunft vorhersagen zu lassen. Ich bin gekommen, um Ihnen die Ihre vorherzusagen.« Sie sagte es in ernsthaftem Ton, doch kamen diese Worte von einem jungen Mädchen. Herr Zhang wusste nicht recht, was er davon halten sollte.

»Es ist nämlich so«, sagte Ann. »Ich lese immer Ihre Artikel. Nachdem ich die von gestern gelesen hatte, träumte ich von etwas, das in

Ihrer Vergangenheit geschah.« Hier wurde ihre Stimme weich und bekam einen mitfühlenden Unterton.

»Sie waren ein Geschäftsmann, scheiterten aber, und zwar elend. Da sie von irgendetwas leben mussten, wandten sie sich notgedrungen der Wahrsagerei zu.«

Der Wahrsager hörte diese Worte von einer völlig Fremden und spürte, dass das kein gewöhnliches Mädchen war. Sie musste ein Wunderkind sein!

Auf eingehenderes Befragen hin erzählte ihm Ann die ganze Geschichte. Sie träumte oft von Dingen, die Menschen widerfuhren, und später stellte sich dann immer heraus, dass sie wahr waren. So zum Beispiel hatte sie vor dem 16. Mai 1985, als das Hongkonger Filmstarlet Wenig Meiling sich mit einer Überdosis Tabletten das Leben nahm, davon geträumt. Gebrochenen Herzens sagte sie: »Herr Zhang, ich bin ja so unglücklich! Ich war ein großer Fan von ihr. Ich hätte es ihr vorhersagen und sie davon abhalten sollen. Sie hätte dieses schreckliche Ende umgehen können.«

Ann träumte auch vom Tod ihres Großvaters und von Taifunen und Überschwemmungen auf Taiwan. Das alles wurde Wirklichkeit. Zuerst glaubte man ihr nicht, und als man es tat, war es bereits zu spät. In jüngeren Jahren war Ann mitunter in der Lage, in die Zukunft zu sehen, wenn sie intensiv daran dachte. Die Fähigkeit wurde zunehmend ausgeprägter, raubte ihr jedoch den Frieden. Geldgierige Freunde und Verwandte bitten sie unentwegt, Glückszahlen für das »All Happy«-Gewinnspiel (in Taiwan eine Art Wette, ähnlich wie Lotterie oder Lotto) zu benennen. Zu viele Menschen, denen sie begegnete, baten sie um Hilfe, und sie kam nicht mehr zur Ruhe. Sie wurde zunehmend ausgelaugt und nahm mit jedem Tag an Gewicht zu.

Nachdem das ein Jahr lang so gegangen war, besuchte sie Herrn Zhang noch einmal und klagte ihm gegenüber, sie bedaure, dass sie nicht auf seine Warnung gehört hatte, anderen nichts von ihren EHF zu sagen, da zu befürchten stand, dass ihre Freunde oder schlechte Menschen sie auszunutzen versuchen würden. Da sie so jung und unerfahren gewesen war, war es ihr jedoch nicht gelungen, ihr Geheimnis für sich zu behalten.

Dieser Teenager, diese junge Miss Taiwan, knackte viermal den Jackpot beim »All-Happy«-Gewinnspiel!

PAUL DONG ist ein international renommierter Schriftsteller und Herausgeber auf dem Gebiet bislang ungeklärter beziehungsweise paranormaler Phänomene. Er wurde 1928 in Canton, China, geboren. Mittlerweile ist er amerikanischer Staatsbürger und wohnt mit Frau und Kindern in Oakland, Kalifornien, wo er sich aktiv auf journalistischem Gebiet und in der wissenschaftlichen Forschung betätigt. Seit 1976 lehrt er Qigong am YMCA von San Francisco sowie am San Francisco College of Acupuncture. Außerdem betreibt er rege Forschungsarbeit in Sachen übersinnliche und paranormale Phänomene. Herr Dong unterhält enge Verbindungen zu chinesischen Wissenschaftlerkreisen und ist Chefredakteur des *Journal of UFO Research*, einem alle zwei Monate erscheinenden Magazin, das auf dem chinesischen Festland mit einer Auflage von mehr als 300.000 erscheint. Als Journalist hat er Artikel in Hongkong, Japan, Deutschland, England und in den USA veröffentlicht. Sein Artikel »Mainland Mystery« (Geheimnis das Festlands) wurde in der Omni-Ausgabe vom Mai 1981 veröffentlicht.

Zusätzlich zu seinen Artikeln verfasste er »The Four Major Mysteries of Mainland China« (Prentice-Hall, 1984) und ist Co-Autor von »Qigong – The Ancient Chinese Way to Health« (Marlow & Company 1990) sowie »Empty Force« (Element Books, England 1996).

THOMAS RAFFILL stammt aus Oakland, Kalifornien. Als Übersetzer und Berater ist er in internationalen Angelegenheiten sowohl für Regierungsbelange als auch für die privater Unternehmen tätig. Seit 1987 studiert er bei Meister Paul Dong die Meditationspraxis Qigong. Der Absolvent der University of California in Berkeley spricht fließend Chinesisch, Japanisch und Russisch und hat bereits ausgedehnte Reisen durch Länder des Ostens unternommen, darunter Besuche in China, Japan und Russland zu Forschungszwecken.

Thomas Raffill praktiziert Qigong täglich und fördert damit seine Selbstheilung und persönliche Weiterentwicklung. Er war Zeuge zahlreicher Demonstrationen rätselhafter Energien und ist von ihrem Potential als Heilkräfte überzeugt.

Anhang

Die Resonanz, die das Buch »Die Indigo-Kinder« von Lee Carroll und Jan Tober weltweit ausgelöst hat ist überwältigend. Immer mehr Lehrer und Eltern sehen, dass das alte Schulsystem nicht mehr funktioniert und ein neues noch nicht etabliert ist. Wir lassen im Anhang Therapeuten, Autoren und Mütter aus dem deutschsprachigen Raum zu Wort kommen, weil wir alle gefordert sind, hier zusammenzuarbeiten. Damit eine neue Basis für Erziehung entsteht, die den Anforderungen und Begabungen der Kinder gerecht wird.

Der Verlag

Was ist KI?

W as ist denn KI jetzt genau? Ich versuche eine Erklärung. KI ist meine tägliche Erfahrung der letzten Jahre. Ich kann es mit Worten kaum erklären, denn KI erklärt sich am leichtesten aus sich selbst heraus. Man muss es spüren, und das ist in erster Linie eine sinnliche Erfahrung.

Dennoch versuche ich die unbeschreibliche Sache zu beschreiben.

KI ist: Absolute Neutralität – Eins sein mit dem Tun – Nicht-bewerten der Situation – Alles im Fluss – Nicht Wollen – Frei schwebende Aufmerksamkeit – Loslassen – Zulassen – Es ist so – Vollkommene Akzeptanz der Situation – Aktives Lassen – Gelassene Aktivität in der Haltung der Aufmerksamkeit – Integrales Bewusstsein – Die Wachheit des Selbstseins – Integration von Körper, Geist und Seele, ohne einen dieser Anteile zu bevorzugen – Gleichzeitige Distanz individueller Freiheit und Verbundenheit unmittelbaren Erlebens – Unmittelbare Erfahrung des Seins – Tun durch Nichttun – Vollkommene Präsenz...

Viele Punkte der vorangehenden Beschreibungen treffen zumindest in der philosophischen Beschreibung auch auf andere Systeme zu wie zum Beispiel auf das WU WEI der Taoisten, oder den Zustand, der vom Zen angestrebt wird. Was das KI-Training in diesem Zusammenhang jedoch so wertvoll macht, ist, dass es einen konkreten Übungsweg bietet, dieses »Bücherwissen« sofort in eine körperliche, sinnliche Erfahrung umzusetzen; das tut es gleichzeitig auf körperlicher, seelischer, und

---

*KI ist eine andere Schreibweise für Qi (Anm. d. Verlags).

geistiger Ebene und ermöglicht so die unmittelbare Erfahrung der absoluten Wirksamkeit spiritueller Gesetzmäßigkeiten.

KI beinhaltet das ureigene menschliche Wissen um die Gleichberechtigung von Körper, Geist und Seele, reduziert auf das Wesentliche.

KI ist ohne Wertung, Ursache und Wirkung zugleich, die dynamische Mitte aller Polaritäten.

KI zulassen heißt: Verformungen erkennen und abbauen, Situationen annehmen und angstfrei gestalten.

KI üben löst Fixationen und festgehaltene Formen; dabei wächst das Vertrauen in die in uns angelegte ganzheitliche Weisheit.

Wie sieht das nun in der Praxis aus?
Der KI-Erfahrene ist in der Lage, Situationen im Alltag in einer Art und Weise zu »meistern«, die für Außenstehende und »Partner« nicht nachvollziehbar ist: Er geht durch die Situation und sucht nicht die Auseinandersetzung mit ihr.

Ein Kind hat die Fähigkeit, Gegenstände, z. B. eine Puppe, so festzuhalten, dass man sie ihm nur unter großer Mühe wegnehmen kann. Das Wiederfinden dieser Fähigkeiten in allen Situationen ist im KI möglich.

Je nach persönlicher Veranlagung und Ausbildung neigt der Mensch dazu, nur einzelne Möglichkeiten von sich (z. B. Muskeln, Beweglichkeit, Phantasie, oder in unserer Kultur insbesondere Intellekt, etc.) zu bevorzugen und läßt so ein großes Energiepotential verkümmern. Gerade die Prägungen aus der Kindheit und die jeweiligen Erziehungsmuster spielen hier eine tragende Rolle.

In der KI-Vorstellung wird nun verlangt, dass bei einem beliebigen Vorgang die drei Komponenten des Menschen:

○ Körper (als Bewegungsanteil, Physis, Muskulatur)
○ Geist (mentaler, denkender und lenkender Anteil, Gehirn)
○ Seele (emotionaler, empfindender und fühlender Anteil, Kreativität, Phantasie)

GLEICHWERTIG und GLEICHZEITIG wirksam werden.

Dieses bedeutet, dass jeweils nur das Notwendigste von den drei Komponenten *gemacht* wird – modern ausgedrückt geht der KI-Erfahrene sehr ökonomisch mit seinem Gesamtpotential um.

Die Methode richtet sich nach der Lernfähigkeit des Menschen und setzt einen aktiven Lern- und Umlernprozess in Gang, anstatt sich vorwiegend mit mangelhaften Verhaltensmustern zu beschäftigen. Es wird gelehrt, vorgegebene Situationen im Gleichgewicht von Körper, Geist und Seele zu meistern, wobei die Übungen vorwiegend passiv geschehen. Der KI-Übende wird dabei vom Übungspartner in eine Situation gestellt und soll diese mit dem geringstmöglichen Aufwand lösen. Dabei geschieht dann meist das Überraschende, wenn man an sich selber erfährt, wie sich die Situationen durch das eigene »Nichtbewerten« verändern und auflösen.

Nicht Größe, Gewicht, Muskelquerschnitt oder Geschlecht sind für den Erfolg ausschlaggebend, sondern das Selbstverständnis im TUN und GESCHEHENLASSEN. Dadurch öffnet sich gleichzeitig der Zugang zu ungeahnter Leistungsfähigkeit, die bei einigen Übungen mehr als das Zehnfache des eigenen Körpergewichts betragen kann.

All dies muss nicht mühsam erlernt werden, sondern der Prozess gleicht eher einem *Sich-Erinnern des Körpers an vorhandene, aber verlorengegangene Fähigkeiten*. Fähigkeiten, die wir als Kinder alle besaßen, die uns aber abtrainiert wurden. So gesehen sind Kinder die größten Lehrmeister des KI, z.B. darin, in der Gegenwart zu leben, die Magie zum Alltag und das Spiel zu einer durchführbaren Lebensweise zu machen. Mit Kindern kann man nirgendwo anders als in der Gegenwart sein. Wenn sie laufen lernen, denken Kinder nicht über das Hinfallen und Aufstehen wie über Versagen und Triumphieren nach. Das spielerische Element und die Freude des Kindes sind beim Fallen ebenso groß wie beim Aufstehen. Erwachsene, die etwas Neues lernen, tun es meistens in Kategorien wie gewinnen, oder versagen, oder aufgeben. Beim Kind besteht kein Unterschied zwischen dem, was es sieht, und was es ist. Es geht vollständig in der Gegenwart auf – seine Welt ist die Gegenwart. Kinder stehen mit ihrer Umwelt perfekt in Verbindung, sie fühlen sich nicht von der Außenwelt abgeschnitten. Alles, was sie sehen oder berühren, ist ein Teil ihrer selbst. Sie erschaffen jede Art von Phantasie – wechseln ihre Realität. Auf diese Weise sehen Kinder ihre Umwelt. Sie betrachten nicht nur ihren physischen Körper, sondern auch ihre unmittelbare Umgebung, gerade so, als ob sie ihr Energiefeld kontrollieren wollten.

Wenn wir Kinder beobachten, kann uns augenblicklich klar werden, dass auch wir einmal so gewesen sind. Die Frage, an welchem Tag, zu welcher Stunde wir aufgehört haben, so zu sein, und damit angefangen haben, auf unsere großartigen Fähigkeiten zu verzichten, ist schwer zu beantworten.

Kinder sind die besten Beispiele für die Annäherung an KI in Aktion. Kinder sind und tun einfach. Wann aber ist etwas einfach? Wenn ich nichts tue außer dem, was gerade zu tun ist; die Schwierigkeit liegt also im Weglassen. Jedes Zuviel (an Angst, Zweifel, Kraft, Bewegung, Denken, usw.) nimmt uns hier an Wirkkraft, weil es zerstreut. So lernt man in der KI-Übung durch das Weglassen das Reduzieren auf das Wesentliche. Das Paradoxe daran ist die Erfahrung, dass gerade dieses Weglassen, ein Minimum an Input, zu einem größtmöglichen Output führt. Um dahin zu kommen, werden natürliche Bewegungsformen geübt, die schrittweise seit der Kindheit verlorengegangen sind. Man übt gleichzeitig den Umgang mit inneren und äußeren Spannungen, Ängsten und Aggressionen, ohne durch diese ergriffen zu werden. Dadurch können innere und äußere Verformungen erfahrbar und bewusst gemacht werden. Der Übende lernt dabei, seine gesunden Anteile zu finden und mosaikartig entsteht in ihm ein neues Selbstverständnis und Bewusstsein, wenn es gelingt, Fehlverhalten und Auslösefaktoren zu erkennen. Der KI-Übende kann dann zwar von einem Partner / Angreifer angefasst werden, aber er wird innerlich (in seiner Gesamtpersönlichkeit) nicht ergriffen. So wird er im wahrsten Sinne des Wortes »spielerisch« mit einer Situation (Angriff) fertig. Für einen Angreifer geschieht dann das Überraschende: Er erfährt seine eigene Aggressivität (= Energie) an sich selbst, da sie von einem KI-erfahrenen Übungspartner durch dessen Neutralität, Nichtbewerten, Nichttun wie von einem Spiegel reflektiert wird. Dies ist ein Zustand, in dem spezifische Techniken nicht mehr erforderlich sind, und er kann soweit gehen, dass man einen Angreifer ohne Berührung werfen kann, bevor er einen überhaupt erreicht.

KI-Übungen dienen hervorragend zur Stabilisierung und Verbesserung der persönlichen Leistungsfähigkeit, und so eignet sich diese Arbeit auch zum Zwecke der Fort- und Weiterbildung im sozialen Bereich, in der Erziehung, in Wirtschaft und Industrie. Es eröffnen sich Formen der intensiven Selbsterfahrung, Selbstverteidigung und Möglichkeiten der Anwendung in anderen Therapieformen.

Im Gegensatz zu vielen Techniken und Wissenschaften kann nur aufgrund erlebter und durchlebter Erfahrung dieses KI-Wissen begriffen werden, das dann aber aus sich heraus, selbstverständlich für immer präsent ist. Das heißt, man kann KI nur durch die Erfahrung in der Übung verstehen. Genauso wie durch Worte nur der geistige, jedoch nicht der seelische oder körperliche Zugang möglich ist, ist z. B. Musik auch nicht die Folge von Noten, oder ein Gedicht nicht die Summe von Buchstaben.

Nur an sich selbst erfahrene und wirklich *durchlebte* Übungen können an andere Personen weitergegeben werden.

N.E.T. oder KI-Training ist somit auch ein Training zur Selbstverantwortlichkeit. Durch das Beschreiten des Weges der Empfindung, des Nichturteilens und der körperlichen Erfahrung des Nichtbewertens kommt der Übende früher oder später (je nach wachsender Fähigkeit des Loslassens) zu dem Selbstverständnis, dass er sein eigenes Universum darstellt.

Er ist der Schöpfer seiner Welt und setzt sich die Ursachen für seine Lebenssituationen. Das bedeutet einerseits vollkommene Freiheit im Tun und Lassen, andererseits resultiert daraus eine vollkommene Verantwortung.

Dieses alles gilt es nicht zu glauben, sondern wird durch wiederholtes Üben zur eigenen Erfahrung. Ein solches Bewusstsein ist dann kein Zufallsprodukt, sondern führt zu der grundsätzlichen Erfahrung, dass jeder Mensch sich immer wieder neu besinnen kann, mit alten Mustern und Einschränkungen zu leben, oder sich in jedem beliebigen Augenblick davon zu lösen.

Karl Grunick, geb. 1963, Studium Englisch und Musik (Lehramt); Aus- und Weiterbildungen in Musik- und Klangtherapie, Atem- und Körpertherapie, 25 Jahre Kampfkunsterfahrung. Unterrichtet Qi Gong, Zen und Meditation. Aus diesen ganzen Erfahrungen heraus entstand N. E. T. (Neues Energie Training) oder KI-Training, das die Energieprinzipien sofort auf körperlicher Ebene erfahrbar, und somit für alltägliche und berufliche Situationen anwendbar macht.

Karl Grunick ist selbständig und unterrichtet diese KI-Prinzipien in der Selbstverteidigung, in Management-Führungstrainings, im Sozial- und Erziehungsbereich und in der therapeutischen Aus- und Weiterbildung.

Sein Hauptaugenmerk liegt auf der Vermittlung der Energieprinzipien als Werkzeug für die mühelose und freudvolle Alltagsbewältigung und für spirituelle Entwicklung. Seit einiger Zeit arbeitet er an einem Projekt, das sich mit der Umsetzung dieser KI-Arbeit als Lösungsansatz für die Probleme der »Neuen Kinder« und ihren Eltern befasst.

Adresse: Karl Grunick
Obstgartenstr. 3
D – 94551 Hunding
Tel./Fax 09904/7364
Email: Karl.Grunick@t-online.de

Eike Funk-Kroezus

KI-Arbeit mit Kindern

Seit Jahren arbeite ich als Legasthenie-Therapeutin mit Kindern in der außerschulischen Förderung. Hier erlebe ich immer häufiger ein ungewöhnliches und neues Verhaltensspektrum. Es sprengt das bisher gewohnte Erziehungsmuster unserer Kinder.

Je jünger die Kinder sind, desto auffälliger sind oft die Erscheinungsbilder von Lernbehinderungen, die sich in einem breiten Fächer sogenannter Lerndefizite definieren und dies alles bei steigenden IQ-Werten. Hyperaktives wie depressives Verhalten mit allen nur erdenklichen Zwischennormen laufen heute hauptsächlich unter ADS (Aufmerksamkeits-Defizit-Syndrom), HKS (Hyperkinese) oder ADHS (Aufmerksamkeits-Defizit-Hyperaktivitäts-Störung). Oft spielen hierbei Vererbung, Umwelt und Besonderheiten der Persönlichkeit eine entscheidende Rolle.

Bevor ich mit einem Kind anfange zu arbeiten, versuche ich mir ein Bild von der Situation seines Umfeldes zu machen. Während des Gespräches mit Eltern und Kind rollt sich oft ein langer Leidensweg auf, der schon im Kindergarten beginnt. Schon dort sind sie auffällig, was in den meisten Fällen als *nicht in die Norm passend* diagnostiziert wird. Sie sind selten in der Lage sich anzupassen, wehren sich gegen ihr Umfeld, indem sie agressiv sind oder sich in sich zurückziehen. Ihr Anderssein läßt sie unberechenbar oder auch ängstlich erscheinen.

All dies setzt sich zum größten Teil in der Schule und ihrem derzeitigen Umfeld fort. Hier kommt hinzu, dass sie nach vorgegebenen Lernstrukturen funktionieren müssen, was ihnen in den seltensten Fällen gelingt. Ein für viele Menschen völlig überholtes Bewertungssystem

237

setzt Kinder, Jugendliche und Erwachsene unter Leistungszwänge, die ihrer Entwicklung weder gerecht werden noch sie positiv unterstützt. Besonders die Kinder kämpfen mit den derzeitigen Lehrmethoden und dem daraus resultierenden Unverständnis der Lehrer, Eltern und letztendlich auch der Mitschüler. Der Wusch dieser Kinder, so sein zu wollen wie alle anderen, entsteht aus dem Bedürfnis nach Anerkennung und Akzeptanz.

So ist es verständlich, dass vor allem in den Elternhäusern auf Grund der nicht verständlichen Verhaltensmuster ihrer Kinder große Verunsicherung herrscht. Hier zeigen sie, dass sie große Schwierigkeiten haben, nach Anweisungen zu arbeiten, sie können sich nur kurzfristig auf eine Sache konzentrieren, agieren oft nach mehreren Seiten gleichzeitig, kennen keine Ordnung und verbreiten ein Chaos um sich herum und haben die größten Probleme im Einhalten von Reihenfolge und Regeln. Sie lassen sich leicht ablenken, reagieren impulsiv, sind schnell enttäuscht und ungeduldig und haben kein Zeitgefühl, um nur einige Punkte zu benennen. Eine weitere Variante sind geringe Speicherfähigkeit im Lang- und Kurzzeitgedächtnis. Die in sich gekehrten Kinder zeigen sich müde, depressiv, fühlen sich gelangweilt und flüchten in ihre Traumwelten. Sie sind oft schwer zu motivieren aus Angst vor dem erneuten Versagen.

Auf der anderen Seite beinhalten diese Muster auch neue und besondere Fähigkeiten. So zeigen diese Kinder eine außergewöhnliche Schnelligkeit und Lebendigkeit außerhalb vorgegebener Lernbereiche. Ihre Kreativität ist oft unschlagbar und ihre Ausdauer ist am Interesse gebunden unbegrenzt. Sie haben einen selbstverständlichen leichten Zugang zu technischen Bereichen wie Computertechnologien. Hier sind sie den Erwachsenen oft weit voraus. Sie arbeiten mit einem Medium, dass sie wie selbstverständlich beherrschen.

Viele dieser Kinder nehmen ihre Umwelt mit zusätzlichen Fähigkeiten wahr. Ein Bildersehen, das bei jedem dieser Kinder ganz individuell ausgeprägt ist, ermöglicht es ihnen, Situationen und auch Handlungen erheblich schneller und umfassender aufzunehmen und zu erleben. Sie sehen vieles wie in einem Film, der abläuft, sind direkt im Geschehen und in der Handlung und müssen nicht darüber nachdenken, sondern können alles mühelos und und verständlich aufnehmen. Diese Fähigkeiten werden von der Erwachsenenwelt kaum erkannt, so dass sie wenig Möglichkeiten haben, sich Rückmeldungen oder Bestätigungen zu holen. Wenn ich sie daraufhin anspreche, sind sie meistens sehr verunsichert und reagieren oft erleichtert, wenn sie darüber erzählen können. Trotz all dieser wunderbaren Fähigkeiten, die gerade zu dieser Zeit immer flächendeckender auftreten, spüren die Kinder immer mehr Druck und Frustration. Massive Versagensängste, Minderwertigkeitsgefühle und Unsicherheiten begleiten sie.

Nach mühevollen frustrierenden Schuljahren steht oft als Folge die totale Lernverweigerung. Dies geschieht wie schon erwähnt bei meist hoher Intelligenz. Um diesen Kindern und Jugendlichen sowie deren Eltern eine Möglichkeit zu geben, das Selbstwertgefühl und die Freude an den eigenen Fähigkeiten wieder zu finden und zu festigen, sehe ich in der KI-Arbeit mit und von Karl Grunick einen Weg, ihnen dieses zu vermitteln. Hier lernen sie ihre Ängste und Versagensmuster zu neutralisieren, indem sie in das Nichtbewerten und Nichtbeurteilen gehen müssen. Durch die Körperübungen bekommen sie sofort eine Rückmeldung, ob sie bewertend gehandelt haben oder nicht. Sie lernen ihre Emotionen zu akzeptieren und in den jeweiligen Situationen zu beherrschen oder umzuwandeln. Diese Körperübungen bieten einen Weg, sich auf sich selbst zu besinnen und sich der eigenen Fähigkeiten wieder bewusst zu werden

Da die Menschen gewohnt sind, aus der Wertung heraus zu handeln, geben sie einen Teil ihrer Kraft ab, indem sie sich mit dem »Ich kann nicht«, »Das geht doch nicht« oder »Ich will nicht« sofort begrenzen und blockieren. Das Sich-Nicht-Begrenzen bedeutet gleichzeitig, sich selbst in allem zu vertrauen. Die Kinder, Jugendliche mit ihren Eltern, müssen das an sich erleben, um diese KI-Kraft in sich zu akzeptieren.

Das Erleben von Eindeutigkeit und Klarheit überrascht die meisten und lässt deutlich werden, dass dieses Potential in jedem verankert ist. Die Menschen haben verlernt, mit dieser Haltung und inneren Kraft zu leben, da sie sich durch Beurteilungen und Wertungen definieren.

Eine besondere Gruppe von Kindern und Jugendlichen, auch »Kristall-Kinder« genannt, die jetzt weltweit auftaucht, lebt von Geburt an außerhalb der Polarität und spiegelt auf Grund ihrer neutralen Haltung die von den Menschen ausgesandten Energien wieder. Sie kennen keine Bedenken, uns unsere negativen Energien zurückzugeben, da sie nicht so fühlen wie wir.

Ansätze zu ähnlichen Phänomenen erlebe ich auch bei den Kindern, mit denen ich arbeite. Einen großen Teil erkenne ich als Indigo-Kinder.

Nach Rupert Sheldrake umgibt den Menschen und alles was existiert ein morphogenetisches Feld, in dem sämtliche Informationen gespeichert sind. Das bedeutet, dass wir, wo immer wir uns weltweit aufhalten, an neue Impulsen und Informationen angeschlossen sind. Unsere Kinder kommen mit neuen Impulsen und wirken somit als Katalysatoren für die weitere Entwicklung der Erde. Speziell die Kristallkinder geben ihre neuen Qualitäten an alle weiter, so dass wir mit ihrer und anderer Kinder Hilfe den Weg in eine neue Zukunft finden und gestalten werden.

1. Fallbeschreibung

Max kam mit 10 Jahren zu mir in die Legasthenie-Therapie und ging derzeit in die 4. Klasse. Er zeigte ungewöhnliche Verhaltensweisen. Beim Sprechen bekam er schwer Luft, zuckte am ganzen Körper, überschlug sich beim Erzählen, war nervös oder brachte Sätze nur stockend heraus. In der Grobmotorik hatte er Schwierigkeiten in der Koordination. Er schien unsicher, voller Aggressionen, Angst und Verzweiflung und ohne Selbstvertrauen.

Aufgrund seiner Interessen in naturwissenschaftlichen Bereichen, die den Rahmen eines Viertklässlers weit sprengten, fand er bei seinen Mitschülern keine Resonanz, geschweige denn Akzeptanz. Parallel dazu kämpfte er mit einer massiven Lese- und Rechtschreibschwäche, die ihm kein Chance gab, sich im Klassenverband zu profilieren. So erntete er bei Lehrern und Schülern nur Unverständnis, denn sein Defizit zog sich durch alle Fächer. Er wurde den schulischen Anforderungen nicht gerecht und versuchte, durch sein eigenes Wissen Anerkennung zu bekommen. Da die Erwachsenen auch nicht wussten, wie sie mit ihm umgehen sollten, wuchs seine Verunsicherung und so wurde er immer mehr zum Außenseiter. Er resignierte, blockierte oft und reagierte zunehmend mit Aggression. Wir haben viel Zeit damit verbracht, seine wertvollen Qualitäten wieder und wieder in die ihnen gemäßen Bahnen zu lenken. Er erfand ständig neue Dinge und experimentierte mit Begeisterung.

Nachdem wir die Lese- und Rechtschreibschwäche soweit aufgearbeitet hatten und auch der Schulwechsel mit viel Kampf auf die höhere

Schule gelungen war, kamen wir überein die Förderung zu beenden. Zudem hatten Tests ergeben, dass er außergewöhnlich hoch begabt ist. In der folgenden Zeit traten dann wieder erhebliche Schwierigkeiten im sozialen Bereich auf. Am wenigsten akzeptierte er die Schüler, die ihn nicht verstehen wollten oder konnten. So setzte sich seine Außenseiterrolle weiter fort, in der er sich als Opfer fühlte und andererseits für diverse negative Vorfälle mit verantwortlich war. Der Druck wurde stärker. Sein Ventil wurde zunehmend die Beschäftigung mit dem Gebiet der Atomenergie. Der Vorgang der Explosion und der damit hervorgerufenen Zerstörung faszinierte ihn. Dabei interessierte ihn in keiner Weise, welche Auswirkungen damit verbunden sind. Das Explodieren oder Abreagieren wurde für ihn zum Abwehrmechanismus. Es traten Situationen auf, in denen er blind zurückschlug, ohne sich seiner Handlungen und Konsequenzen bewusst zu sein. Trotzdem war und ist es noch immer sein größter Wunsch, so zu sein wie alle anderen Kinder.

Um ihn aus dieser Situation herauszuholen, habe ich ihn in die KI-Gruppe von Karl Grunick hineingenommen. Hier traf er auf Kinder, die ähnliche Fähigkeiten sowie Ängste und Aggressionen zeigten. Während der ersten KI-Stunden gelang es Max nur mühsam, seine Aggressionen anzunehmen, zu akzeptieren und in Anfängen aufzulösen. Immer wieder rutschte er in alte Verhaltensmuster ab und bekam in den KI-Übungen eine sofortige Rückmeldung. Trotzdem gelangen ihm viele Übungen, so dass das Vertrauen in seine Fähigkeiten schnell zunahm und er mit Freude und Engagement reagierte. In den weiteren Stunden war eine starke Veränderung zu spüren. Er ging sehr viel bewusster in die Übungen. Wenn er den Schritt schaffte, klar und eindeutig zu sein und bei sich zu bleiben, war eine deutliche Steigerung seines Selbstwertgefühls zu sehen. Auch ein Energiezuwachs war zu erkennen.

Mittlerweile haben sich bei Max erstaunliche Dinge ergeben. Laut seiner Mutter ist er erheblich ausgeglichener und blockiert nicht mehr. Er sucht das Gespräch, und das Verhältnis zu seinen Geschwistern und Eltern entspannt sich zusehens. Er muss nicht mehr der Größte sein. Auf einmal kommen seine Mitschüler und Lehrer auf ihn zu, was in seiner Schullaufbahn erstmalig ist. Seine Mutter meint, dass er sich noch nicht um 180°, aber um 120° gedreht hätte.

All diese positiven Veränderungen geschahen innerhalb von 2 Monaten, in denen KI-Übungen stattfanden.

2. Fallbeschreibung

Jan war 14 Jahre alt, als er zu mir kam. Trotz seiner Rechtschreib-schwäche hatte er den Sprung auf das Gymnasium geschafft. Mittler-weile haben wir seine Defizite in der Rechtschreibung aufarbeiten können und er hat bei mir aufgehört. Er ist ein ungewöhnlicher Junge, sehr feinfühlig und von hoher Intelligenz – Diskussionen über philo-sophische Themen oder Einsteins Theorien waren ganz selbstver-ständlich. Er erlebte sich deutlich anders als viele seiner Altersgenossen. Um so mehr war er darum bemüht, sich ihnen anzugleichen. Er wurde und wird auch jetzt noch von seinen Mitschülern auf Grund seiner sozialen Fähigkeiten sehr geschätzt und anerkannt.

Trotzdem hatte er große Probleme mit sich. Er entwickelte zunehmend Ängste und zeigte sich steigernde Verunsicherungen. Ein Schock-erlebnis während eines Urlaubs mit der Familie, bei dem Einbrecher sie im Haus ausraubten, wurde für Jan zu einer traumatischen Erfahrung. Seitdem musste er jeden Abend im Elternhaus Fenster und Türen kontrollieren, ob sie fest verschlossen waren. Bei Dunkelheit stiegen tief sitzende Ängste in ihm auf und gleichzeitig kamen Schlaf-störungen hinzu. Seine Verhaltensweise wurde für die Familie zu einem großen Problem, da sein Selbstvertrauen stetig sank. Daraufhin nahm ich ihn in die KI-Gruppe von Karl Grunick auf.

Als Jan zu den ersten KI-Stunden erschien, war er in einem Zustand völliger Auflösung. Die Körperhaltung war müde und hängend. Er wirkte resigniert, ängstlich und wollte am liebsten nicht angesprochen werden. Er war weder motiviert noch zeigte er Selbstvertrauen. Wäh-rend der ersten Stunden begann bei ihm eine erstaunliche Verände-rung. Er hatte über die Körperübungen so viel Erfolgserlebnisse, dass sein Auftreten schon nach kurzer Zeit sehr viel sicherer wurde. Seine Körperhaltung begann sich aufzurichten, sein Blick wurde fester und er schien deutlich fröhlicher. Am Ende dieses KI-Wochenendes war er aufgeblüht, wirkte optimistisch und wieder motiviert.

Beim nächsten KI-Treffen waren klare Veränderungen sichtbar. Er stieg sehr intensiv in die Übungen ein und es bereitete ihm keine Schwie-rigkeiten, diese vor der Gruppe zu demonstrieren. Außerdem kamen von ihm tiefgehende und wichtige Fragen. Er hat laut eigener Aussage begriffen, dass nur er selbst die notwendigen Veränderungen herbei-führen kann. Die Familie erlebt ihn wesentlich ausgeglichener, da er seine Ängste zusehends besser in den Griff bekommt.

Abschließend lässt sich sagen, dass die bisherigen KI-Übungen für ihn der Einstieg in die Stärkung seiner Persönlichkeit geworden sind.

Fallbeschreibung 3

Thomas kam mit 10 Jahren wegen einer schweren Legasthenie zu mir in die Förderung. Zu diesem Zeitpunkt war er schwer depressiv, wirkte melancholisch, tief traurig, ernst und fand das Leben nicht lebenswert. Er bewertete sich völlig nach den schulischen Leistungen. Hier hatte er als Legastheniker wenig Zugang zum Lesen und Schreiben gefunden. Trotz seiner hohen Intelligenz, die in vorangegangenen Tests festgestellt wurde, betrachtete er sich als minderwertig und befand sich in tiefen Versagensängsten. In der Folge entzog er sich beständig seinem Umfeld, indem er sich wegträumte. In der Schule war es ihm meistens langweilig, er driftete permanent in seine Traumwelten ab. Diese waren und sind auch jetzt noch für ihn realer. Er braucht nur ein Stichwort, um in einem anderen Film weiterzuleben. Wenn ich ihn versuche zurückzuholen, bedauert er es sehr, denn diese anderen Bereiche bieten ihm schönere, leichtere und angenehmere Möglichkeiten zu leben. Da er dem schulischen Leistungsdruck nur schwer standhalten kann, nimmt er jede Möglichkeit wahr, um sich zu entziehen. Laut eigener Aussage ist er eigentlich nie ganz da bzw. präsent. Das wirkt sich besonders im häuslichen Bereich bei den Hausaufgaben aus. Diese ziehen sich endlos in die Länge, so dass ihm dadurch keine Freizeit mehr bleibt.

Mittlerweile haben wir langsam aber sicher Buchstaben und später folgende Lese- und Rechtschreibbereiche verankern können. In der Folge konnte er den Schritt auf die höhere Schule schaffen. Thomas ist ein äußerst gutwilliger und konzilianter Junge. Aggressionen von anderen lässt er zu, wehrt sich kaum, reagiert eher erstaunt und ist stets bereit zu verzeihen. Oft spielt er den Kasper, um so die Aufmerksamkeit auf sich zu lenken. Seine besondere Verhaltensweise stößt oft auf viel Ratlosigkeit und Unverständnis. Aus diesem Grund habe ich ihn in die Ki-Gruppe von Karl Grunick aufgenommen. Sein Nichtverankertsein im Hier und Jetzt bereitet ihm die größten Schwierigkeiten. Hinzu kommt dass eine ungewöhnlich lange und schwere Geburt, bei der er zum Schluss noch mit der Saugglocke geholt wurde, zu einem erheblichen Geburtsschock geführt haben muss.

Während der ersten KI-Stunden habe ich eine erstaunliche

Beobachtung bei Thomas machen können. Ganz zu Anfang war er nicht in der Lage, sich ruhig und konzentriert hinzusetzen. Mir schien, als hätte er keine Koordination in den Körperbewegungen. Nach einer bestimmten KI-Übung, die ich gemeinsam mit ihm übte, veränderte er sich auffällig. Er musste sich aus einer embryonalen Haltung herausbewegen und sich befreien, was ihm nach anfänglichen Startschwierigkeiten mit großer Leichtigkeit gelang. Nach diesem Erfolg schien er wie befreit und wurde wach. Im weiteren Zusammensein saß er gerade, war fest und konzentriert bei der Sache. Er stellte Fragen und schien vollkommen präsent zu sein. Alle anderen Übungen gelangen auf Anhieb und zeigten, dass er nicht darüber nachdachte, was er tun sollte, sondern selbstverständlich den Vorgang beherrschte. Sein Energiezuwachs, verbunden mit großer Fröhlichkeit und Freude, war erstaunlich und verblüffend zugleich.

Eike Funk-Kroezus ist Mutter von zwei erwachsenen Kindern, ausgebildete Waldorfschullehrerin und seit 1993 in der außerschulischen Förderung (speziell Legasthenie und lese- und schreibschwache Kinder) tätig.

Jennifer Buhl

Unbequeme Kinder

Eltern von *verhaltensauffälligen* Kindern befinden sich zur Zeit in einer besonders schwierigen Situation. Wo man früher ein solches Kind mehr oder weniger akzeptieren musste (Man denke an den berühmten »Zappelphilipp« von Dr. Heinrich Hoffmann), gibt es inzwischen eine ganze Palette von Medikamenten, die eingesetzt werden, um einen »Störenfried« ruhig zu stellen. Das wohl bekannteste dieser Medikamente, Ritalin (ähnliche heißen Cylert, Dexedrine, Desoxyn) ist eigentlich ein Anregungsmittel, aber paradoxerweise hat es bei manchen hyperaktiven Kindern eine beruhigende Wirkung.

Viele Ärzte und Schulbehörden sind mittlerweile so überzeugt von Ritalin und ähnlichen Arzneien, dass Eltern zunehmend unter Druck geraten, ihrem Problemkind ein solches Medikament zu verabreichen. In den USA gibt es sogar LehrerInnen, die Kindern den Zutritt ins Klassenzimmer verweigern, wenn sie ihre Tabletten nicht eingenommen haben.

Die Nebenwirkungen und Nachteile von Ritalin & Co. dürfte man allerdings nicht außer Acht lassen: Ritalin zählt pharmazeutisch zur Arzneimittelfamilie der Betäubungsmittel, in der sich auch Aufputschmittel wie Amphetamine, Schmerz- und Betäubungsmittel wie Opiate und Kokain befinden. Die Wirkung hält nur vier Stunden an, es werden Symptome behandelt, nicht die Ursache. Ritalin kann Appetitmangel, Angstzustände, Schlaflosigkeit, Muskelzuckungen, Wachstumsstörungen, Kopf- und Bauchschmerzen verursachen und Kindern wird damit angewöhnt, regelmäßig Medikamente einzunehmen; das kann in späteren Jahren einen Missbrauch von Medikamenten begünstigen – unter Umständen muss man Ritalin das ganze Leben lang einnehmen.

Was viele Betroffene nicht wissen, ist, dass es doch sanfte, wirksame Alternativen gibt, z.B. die Klassische Homöopathie. Die Klassische Homöopathie hat nicht viel mit den homöopathischen Mitteln zu tun, die ein Hausarzt ab und zu gegen eine Erkältung verschreibt. Klassische Homöopathen gehen sehr sorgfältig auf den ganzen Patienten ein und stellen viele Fragen nach Gewohnheiten, Verhalten, Schlaf, Vorlieben und Abneigungen sowie erblichen Belastungen. So können sie das individuelle homöopathische Mittel heraussuchen, das am besten zu dem Patienten passt und den Patienten im Heilungsprozess begleiten. Das richtige (am ähnlichsten) Mittel wirkt regulierend auf den Organismus und bringt Körper, Geist und Seele wieder ins Gleichgewicht. Ein Kind mit einem Verhaltens- oder Konzentrationsproblem wird ausgeglichener und findet sich besser in der Schule und in der Gesellschaft zurecht.

Ein Beispiel aus der Praxis ist der 8-jährige Jeff. Er wurde in einer homöopatischen Praxis nahe Seattle, USA vorgestellt, weil er in der Schule nicht still sitzen konnte. Er sprang alle paar Minuten auf und wurde von allen möglichen Sinneswahrnehmungen abgelenkt. Er hatte offensichtlich eine sehr feine Antenne; seine Mutter behauptete er könne sogar »das Gras wachsen hören«. Jeff hatte auch eine ausgeprägte Phantasie und erzählte gern Geschichten, aber oft störte er den Unterricht mit seinen Märchen. Er musste die erste Klasse wiederholen, weil er am Ende des Schuljahres nicht lesen konnte, und obwohl er nun die zweite Klasse besuchte, schrieb er seine Zahlen und Buchstaben immer noch spiegelverkehrt.

Jeffs Eltern hatten sich scheiden lassen, als er 3 Jahre alt war. Die Scheidung hatte ihn schwer getroffen. Jeff konnte mit Erwachsenen und kleineren Kinder relativ gut umgehen, aber mit gleichaltrigen Kindern tat er sich schwer.

Er war ausgesprochen launisch und warf Gegenstände auf den Boden und zerriss Papier bei seinen Wutanfällen. Jeff war häufig von Durchfall, Bauchweh und Schnupfen geplagt. Seine Mutter berichtete, dass er besonders nach Zuckerkonsum aufgedreht wurde. Seine Ohren und sein Gesicht wurden darauf puterrot und er plapperte pausenlos.

Die Homöopathen verabreichten Jeff eine einzige Gabe Lycopodium (Bärlapp). Dieses Mittel passt zu Menschen, die versuchen, ihre

Minderwertigkeitsgefühle hinter einer mutigen Fassade zu verbergen. Kinder fühlen sich bei jüngeren Kindern wohl, weil sie die dominante Rolle übernehmen können. Es gibt eine Neigung zur Lese- und Rechtschreibschwäche, und man stellt oft fest, dass diese Kinder stark auf Zucker reagieren.

Zwei Monate nach der Mittelgabe bekam Jeff seine bisher besten Schulnoten. Er konnte nun länger sitzen bleiben und im Unterricht mitmachen. Er machte sogar zwei Jahre Mathematik in sechs Monaten durch, was zu der Erkenntnis führte, dass er eigentlich sehr intelligent war. Für ihn war der Förderunterricht nun nicht mehr nötig. Heute, drei Jahre später, entwickelt er sich weiterhin positiv und findet Freude am Lernen.

Ein anderes Beispiel aus der Praxis gibt die knapp zweijährige Angela aus Australien. Sie wurde in einer Praxis nahe Seattle, USA, vorgestellt, als ihr Vater in den USA auf Didgeridoo-Tournee war. (Ein Didgeridoo ist ein Rhythmikinstrument der Aborigines.) Angela konnte mit 9 Monaten laufen; mit 10 Monaten konnte sie rennen! Sie kletterte furchtlos auf alles, was sie erreichen konnte. Seit ihrer Geburt hatte sie keine Nacht durchgeschlafen. Jede Nacht wachte sie erschreckt und verwirrt auf und schrie nach ihrer Mutter. Tagsüber wollte sie auch nie schlafen. Ihre erschöpften Eltern hatten es sogar mit Schlaftabletten probiert. Angela war ausgesprochen eigensinnig und bekam oft heftige Wutanfälle. Während der Anamnese schrie sie aus Leibeskräften und war kaum zu beruhigen. Als die Homöopathen nach Angelas Beziehung zu Musik fragten, erzählte die Mutter, dass Angela immer anfing zu tanzen, sobald sie Musik hörte. Sie spielte auch gern am Klavier und an der Gitarre. Angela hatte auch eine außergewöhnliche Hautkrankheit, Dermatomyositis, die sich als spleißenartige violette und rote Flecken an ihren Fingern äußerte.

Die Homöopathen verabreichten Angela eine einzige Gabe Tarantula. Dieses Mittel wird aus der spanischen Spinne hergestellt und passt zu Kindern mit enormem Bewegungsdrang, die gern im Mittelpunkt sind, wie kleine Spinnen klettern, und Tanzen und rhythmische Musik lieben. Sie können Wutanfälle bekommen und sind oft bösartig und manipulativ. Wenn man Angelas Verhalten und ihre musikalische und rhythmische Umwelt betrachtet, ist es verständlich, dass dieses Mittel zu ihr passen konnte.

Angelas Mutter rief nach fünf Wochen aus Australien an. Angela hatte keine weiteren Wutanfälle oder extreme Launen – »Nur das, was zu jedem zweijährigen Kind gehört.« Jetzt konnte man leichter mit ihr umgehen, wenn sie sich aufregte. Fünf Monate später brauchte Angela wieder eine Gabe Tarantula, weil einige ihrer Symptome aufgetreten waren, allerdings wesentlich schwächer als vor der Behandlung. Angelas Hautarzt war überrascht, dass sich die Haut an ihren Fingern auch dramatisch verbessert hatte.

Dieser Fall und viele ähnliche zeigen uns, wie das passende homöopathische Mittel ein Kind ausgeglichener werden lässt. Das Kind erlebt keine Persönlichkeitsveränderung, wie dies oft der Fall bei Ritalin ist. Viele Kinder, die Ritalin einnehmen, klagen über ein Gefühl »nicht mehr sie selbst zu sein«. Die kleine Angela wird ein lebhaftes Kind bleiben, aber sie kann mit ihrer Energie und ihrer Umwelt besser umgehen.

Für weitere Information über die Klassische Homöopathie sowie Therapeuten in Ihrer Nähe können Sie sich an die folgenden Adressen wenden:

Homöopathie Forum
Grobmühlerfeldstraße 14 a
82131 Gauting
Tel. 089/893 41 40
http://www.homoeopathieforum.de

Verein klassischer Homöopath(inn)en Deutschlands (VKHD)
Thränstraße 29
89077 Ulm
Tel. 07 31/93 14 04 0
http://www.vkhd.de

Deutsche Gesellschaft für Klassische Homöopathie
Edelweißstr. 11
815421 München
Tel. 089/62 00 13 05, Fax 089/69 29 76 62

Literaturempfehlung:
»Ritalin Free Kids« von Judyth Reichenberg-Ullman, N.D., M.S.W.,
und Robert Ullman, N.D., Prima Publishing, Rockland, Kalifornien,
USA.

Jennifer Buhl ist Mutter von vier Kindern und kam durch die eigenen
Kinder zur Homöopathie.

Adresse:
Jennifer Buhl
Vogelherdbogen 67
D – 88069 Tettnang
Tel. 075 42/95 25 40
Email: peter.buhl@t-online.de

Vera Brandes

Indigo-Kinder und andere Hochbegabte – ein Glück für die Welt?

Deutschland ist nicht unbedingt der einfachste Aufenthaltsort für ein hochbegabtes Kind. Trotz allem Ehrgeiz, mit dem sich die deutsche Seele für den Fortschritt an die Front wirft, es muss immer erst ganz schlimm kommen, bevor Solidarität entsteht und bewundernde Anerkennung für besondere Talente an die Stelle von Misstrauen und Missgunst tritt. Es mag Sie wundern, dass ich meinen Beitrag mit diesem Statement beginne, aber ich habe versucht, mir vorzustellen, wie es den Kindern in unserer Gesellschaft ergeht, die nicht »normal« sind, die auffallen, weil sie anders sind. Sie werden erst einmal ausgegrenzt.

Kinder sind im Umgang miteinander sehr direkt. Auffällige Kinder und Kinder, die Schwächen zeigen, werden gehänselt. Sie können kaum mit Unterstützung von Gleichaltrigen rechnen. Kinder die nicht der Norm entsprechen sind also trotz ihrer oft erstaunlichen Talente einsam und unglücklich. Oft empfinden sie ihre außergewöhnlichen Begabungen als Last und sind weit davon entfernt, stolz auf sie zu sein. Da nützt auch alle Ermunterung seitens der Eltern nichts, denn die Gemeinschaft mit Gleichaltrigen können die Eltern nicht ersetzen.

Damit kommen wir zum ersten und wichtigsten Aspekt im Umgang mit hochbegabten Kindern: Stress. Die körperlichen und seelischen Begleiterscheinungen, die mit Stress einhergehen, reduzieren ja schon bei einem ganz durchschnittlichen Menschen die für geistige Prozesse wesentlichen Fähigkeiten der Wahrnehmung, Konzentration und

250

Kreativität. Wie viel von dem Potential eines hochbegabten Kindes, das in der Regel um ein vielfaches sensibler ist, geht verloren, wenn dieses Kind unter Stress, in den meisten Fällen sogar unter Dauerstress steht? Es ist daher die vordringlichste Aufgabe der Menschen, die mit solchen Kindern umgehen, für ihr emotionales Gleichgewicht zu sorgen und sie mit liebevoller Aufmerksamkeit zu unterstützen. Man darf sie nicht unter Druck setzen, indem man sie mit Erwartungen konfrontiert. Man darf sie keinen ehrgeizigen Plänen unterwerfen und sollte nicht versuchen, sie zu Hochleistungen anzuspornen. Sie entfalten ihre Fähigkeiten dann am allerbesten, wenn sie mit dem Gefühl aufwachsen, dass sie um ihrer selbst willen geliebt werden, dass sie alles sein dürfen, was sie sind. Das ist nicht immer einfach. Denn bei hochbegabten Kindern kommt es oft vor, dass sie über große Talente auf einzelnen Gebieten verfügen, aber in anderen Bereichen völlig versagen.

Auch gehen ihre Kompensationsstrategien meistens mit Begleiterscheinungen einher, die für die Umwelt oft sehr anstrengend sind. Hyperaktivität und ADD treten auf, wenn diese Kinder überfordert oder unterfordert sind, was oft nur um Haaresbreite voneinander entfernt und für einen Normalsterblichen kaum unterscheidbar ist.

Eine der segensreichsten Erkenntnisse zu diesem Thema stammt von Prof. Alfred Tomatis. Er beobachtete, dass Kinder auf Überforderungen damit reagieren, dass sie »ihre Ohren zumachen«. Das heißt, dass ihre Psyche sich damit hilft, die mit unangenehmen Assoziationen verbundenen Bereiche aus ihrer Wahrnehmung »auszublenden«. Fast achtzig Prozent aller Informationen, die das Gehirn verarbeitet, sind akustische Signale. Dieses Phänomen wird dann nachvollziehbar, wenn man sich vergegenwärtigt, dass man sich alles, was man liest, im eigenen Kopf erst einmal vorlesen (also in eine akustische Information übersetzen) muss, bevor man den Sinn und die Bedeutung des Gelesenen verstehen kann. Diese »zugemachten« Kanäle sind im Hörtest sichtbar. Tomatis konnte diese psychisch verursachten Beeinträchtigungen der akustischen Wahrnehmung sogar auf ihren Entstehungszeitpunkt hin deuten. Für ihn waren die Verläufe der Hörkurven eine Art psychologische Biographie.

Wenn Ihr Kind nicht aufmerksam ist oder wenn es »nicht folgen« kann, dann hört es also wirklich nicht, d.h. es nimmt Informationen ganz bestimmter Frequenzbereiche nicht oder nur in entstellter Form wahr. Damit fehlt ihm ein Stück realer Wirklichkeit.

Überdurchschnittliche Intelligenz, dieser im übrigen sehr unpräzise Begriff, zeichnet sich ja u.a. dadurch aus, dass man »auf Dinge kommt«, die keinem anderen eingefallen, oder besser gesagt, aufgefallen sind. Dafür braucht man aber ein möglichst uneingeschränktes, vollständiges Wirklichkeitsspektrum. Dann weiß man um alle Optionen, um alle Varianten und mögliche Wendungen. Eine gute Intuition ist also nichts anderes als die Fähigkeit, die eigenen Wahrnehmungsbereiche auszudehnen und die Dinge möglichst präzise wahrzunehmen. Aber nicht nur der Geist nimmt wahr und denkt, der Körper tut dies auch. Und damit der Geist auch das in Worte übersetzen kann, was der Körper wahrnimmt und weiß, müssen Geist und Körper entspannt sein.

Was können wir also tun, um die Intelligenz und Intuition der Kinder zu fördern und ihnen so zu ermöglichen, zu erfahren, was in ihnen steckt? Was können wir tun, um sie zu inspirieren und um sie liebevoll und respektvoll mit dem nötigen Mut und Selbstvertrauen zu versorgen, um über »sich hinauswachsen« zu können?

Aufmerksamkeit ist erlernbar. Zwei Methoden der Wahrnehmungsschulung und der Steigerung der Erinnerungskapazität werde ich am Ende dieses Beitrags vorstellen. Aber lassen Sie mich noch einmal auf die emotionalen Rahmenbedingungen eingehen.

Besondere Talente führen nicht automatisch zu herausragenden Leistungen und zu einem sinnerfüllten Leben. Hinzukommen müssen Persönlichkeitsmerkmale wie Anstrengungsbereitschaft, Konzentrationsfähigkeit auf ein Ziel, Durchhaltevermögen bei Hindernissen, soziale Kompetenz und emotionale Belastbarkeit. Das heißt aber auch, dass der womöglich entscheidende Faktor für die Entwicklung Ihres Kindes das emotionale Familien-Klima ist. Der liebe-, vertrauens- und respektvolle Umgang miteinander.

Eltern hochbegabter Kinder sind in ihrer Rolle noch stärker gefordert, als Eltern normaler Kinder. Kinder brauchen Regeln und Grenzen, das sind wichtige Orientierungspunkte für sie. Hochbegabte Kinder brauchen flexible Regeln und erweiterte Grenzen. Sie sind viel früher in der Lage, Verantwortung zu übernehmen, aber sie reagieren auch viel empfindlicher auf Rückschläge und Zurückweisungen und brauchen besonderen Schutz.

Auch ein hochbegabtes Kind hat ganz normale Seiten. Manchmal ist es auf bestimmten Gebieten sogar noch weit kindlicher als seine Altersgenossen. Oder es rutscht für eine gewisse Zeit auf eine frühere

Entwicklungsstufe zurück, weil es bestimmte Dinge noch nicht integrieren konnte oder eine emotionale Störung aufgetreten ist. Wundern Sie sich also nicht, wenn Ihnen manches paradox erscheint.

Versuchen Sie, so viele Dinge des täglichen Lebens wie nur möglich, auf eine spielerische Art zu regeln. Das macht alles viel leichter und nimmt Ihrem Kind die Angst vor dem »Ernst des Lebens« und den Anforderungen, die damit einhergehen. Versuchen Sie, so weit dies irgendwie möglich ist, Ihrem Kind einen intensiven Kontakt zur Natur zu vermitteln. Wie soll es sonst lernen, mit den Bäumen zu sprechen? Erlauben Sie ihm, ein Tier zu halten und schenken Sie ihm ein Musikinstrument. Keinen teuren Synthesizer, sondern eine Flöte, eine Trommel oder irgendein Instrument, das ihm selbst gefällt. Und singen und tanzen Sie mit Ihrem Kind jeden Tag! Musik und Kunst helfen nachweislich, Intelligenz und Phantasie zu beflügeln und sind emotionale Seelennahrung erster Güte! Kaum ein anderes Werkzeug der Kunst kann so schnell und einfach eine positive Stimmung verbreiten, optimistisch stimmen oder einfach nur glücklich machen wie die richtige Musik. Abgesehen davon stimulieren die Frequenzen der Musik bestimmte Bereiche des Gehirns und wirken unmittelbar auf das limbische System, mit dem Effekt, dass die mentalen und die körperlichen Koordinationsfähigkeiten angeregt und harmonisiert werden. Bieten Sie Ihrem Kind verschiedene Musikrichtungen an. Es wird seine Lieblingsmusik schnell selber finden.

Aber es gibt noch eine weitere Dimension. Die Dimension des Geistes und der Spiritualität. Versuchen Sie Ihrem Kind zu vermitteln, dass es jenseits der Dinge, die wir mit unseren Sinnen wahrnehmen können, noch vieles gibt, das uns verborgen ist, aber trotzdem auf uns einwirkt. Dass Phänomene wie Telepathie und Geistheilung keine Erfindungen von Phantasten sind, sondern vielleicht schon in den kommenden Jahren wissenschaftlich erklärbar sein werden. Versuchen Sie, ihm begreiflich zu machen, dass unser Wissen noch sehr begrenzt ist und die Menschheit aller Wahrscheinlichkeit nach nicht am Ende, sondern erst am Anfang ihrer Entwicklung steht. All dies ist wichtig, damit Ihr Kind seine Fähigkeiten ernst nimmt und nicht entmutigt oder verzweifelt ist, wenn es an seine Grenzen stößt.

Im Übrigen können wir davon ausgehen, dass jedes Kind, das heutzutage in einer es willkommen heißenden Umgebung zur Welt kommt, ein besonderes Kind ist. Vielleicht ist es nicht auf den ersten Blick eine

Hochbegabung, ein Indigo-Kind oder mit medialen Fähigkeiten ausgestattet. Aber jedes Kind ist ein Geschenk, von dem wir lernen können. Jedes Kind kommt mit einem natürlichen Zugang zum gesamten Wissen der Menschheit zur Welt. Wenn es uns gelingt, dass unsere Kinder angstfrei aufwachsen und keinen Anlass haben, egoistisch zu werden, weil sie mit der Gewissheit aufwachsen, dass sie nicht wegen ihrer Fertigkeiten, sondern um ihrer selbst willen geliebt werden, werden wir alle von ihrer Weisheit profitieren können.

Die amerikanische »National Academy of Child Development« hat verschiedene Programme zur Steigerung der Wahrnehmung und der Aufmerksamkeit sowie zur Verbesserung des Erinnerungsvermögens entwickelt, die inzwischen auch in Deutschland erhältlich sind:

Das »Listening Program« ist eine Weiterentwicklung der Tomatis-Methode und kann im Gegensatz zum Tomatis-Hörtraining, das nur in Instituten angeboten wird, in den eigenen vier Wänden durchgeführt werden. Hierbei hören die Kinder über einen Zeitraum von acht Wochen täglich eine halbe Stunde lang Musik, die in einer speziellen Weise gefiltert wurde, wobei sich die Filterungen von Woche zu Woche steigern. Hierdurch ensteht ein Art »Puzzle-Effekt«, bei dem das Gehirn die Frequenzbereiche wieder aktiviert, die vor Beginn der Hörkur passiv waren. Während des Hörens sollte das Kind nicht lesen oder rechnen, sondern malen oder spielen, denn dadurch wird die positive Wirkung auf die Kreativität gesteigert.

Der »BrainBuilder« ist ein interaktives Computerspiel mit dem die Fähigkeit des Gehirns, Informationen zu speichern auf spielerische Weise gesteigert wird. Bei Intelligenztests wird u.a. das sequentielle Prozessieren gemessen. Das ist die Fähigkeit, Informationen in der richtigen Reihenfolge wiederzugeben. Ein Kind von drei Jahren kann beispielsweise drei Dinge in der richtigen Reihenfolge wiederholen, wenn es vier Jahre alt ist, sind es vier, bei einem Fünfjährigen fünf, usw. Beim Faktor Sieben pendelt sich diese Fähigkeit im Durchschnitt ein. Sie lässt sich aber mit minimalem Aufwand auf den Faktor Neun oder Zehn steigern, Fleißigere schaffen auch spielend mehr. Die Wirkung steigert sich exponentiell mit dem Effekt, dass den Kindern das Lernen und Behalten aller Dinge sehr viel leichter fällt.

Aus der gleichen Reihe gibt es auch verschiedene CDs mit besonders arrangierter und produzierter Musik, die auf klassischen Kompositionen basiert. Diese CDs sind speziell zur Unterstützung beim Lernen und Konzentrieren sowie für kreatives Arbeiten, aber auch zur Entspannung und bei Einschlafstörungen geeignet. Besonders bei nervösen und unmotivierten Kindern und Erwachsenen entfalten sie eine deutlich spürbare Wirkung.

Informationen über »The Listening Program«, »BrainBuilder« und »The Sound Health Series« (von »Advanced Brain Technologies«) bei:
Soundlife
Lütticher Strasse 15
50674 Köln
Tel. (0221)529561, Fax: (0221)529563
EMail: Vera.Brandes@t-online.de

Dr. Peter Greb

GODO-Gehen

Aus der GODO-Sicht sind die sogenannten Indigo-Kinder nur die Spitze eines Eisbergs, in dem wir alle eingefroren sind. Ihre wie auch immer begründete Sensibilität lässt sie nicht länger mitspielen. Sie trotzen nicht nur ein Trotzalter lang wie wir Anderen, die wir uns offensichtlich leichter anpassen konnten. Sie verweigern sich konsequenter. Unser Trotz wie ihre Verweigerung machen nur graduell unterschiedlich große Probleme. Dass beide Formen von Problemen möglicherweise die gleichen Wurzeln haben, lässt sich mit den GODO-Erkenntnissen von der Entstehung des Trotzes leichter einsehen als durch jede mir bekannte Theorie. Da Gehen- und Sprechenlernen ganz am Anfang unser aller Entwicklung zum Menschsein stehen und da beide Fähigkeiten unser gesellschaftsrelevantes Erscheinen grundlegend bestimmen, indem sie unserem physischen und psychischen Sein Ausdruck verleihen, ist jeder geringste Mangel an ihrer Ausbildung lebenslänglich spürbar.

GODO weist auf den von uns allen mit dem Hackengang begangenen Fehler und seine Folgen hin. Eine der deutlichsten Folgen ist genau das, was wir als Trotz bezeichnen. Vor GODO gab es keine logische Erklärung für die Entstehung des Trotzalters. Es wurde mehr oder weniger, wie so vieles, dessen Entstehungsgrund nicht bekannt ist, als eine normale Entwicklungsphase des Kindes angesehen. Ja, man versteigt sich sogar dazu, zu behaupten, ohne ein Trotzalter sei keine normale Ich-Entwicklung möglich. Das ist die gleiche Art wie man bisher mit der Tatsache umging, dass, weil alle Menschen über die Hacken gehen, dieses normal sei; es wird sogar dogmatisch als das berühmte Abrollen (Von der Ferse zum Ballen) gefordert. GODO belegt, dass der Trotz nichts anderes ist als die psychische Bestätigung des im Hackengang gestisch Geübten: Ich will – Ich will nicht (siehe dazu das Buch GODO – Mit dem Herzen gehen).

Hier wird die hervorragende Bedeutung der Erkenntnisse um GODO besonders deutlich. Wie jedes Kind, wie jeder von uns ist GODO auch nur ein Stein, eine Zelle, ein Teil, eines großen Wunderbaren. Und wie alles und jedes ist auch das GODO etwas Einmaliges und etwas ganz Besonderes. Man könnte es mit dem Grundstein eines Hauses vergleichen, der vielleicht genauso aussieht, wie alle anderen Steine, aus denen das Haus besteht, der aber das Privileg hat, als erster gelegt zu werden. Ohne den ersten Stein zu legen, kann man kein Haus bauen. Für das ganze Haus, und natürlich auch für alle, die darin leben wollen, ist es wichtig, dass, wie und wo der Grundstein gelegt wird. Was für ein statisches System, wie das Haus, einmal gilt, gilt für das menschliche Haus, den Körper, der ein bewegtes System darstellt, an jedem neuen Ort, den er betritt. So legen wir mit jedem Schritt den Grundstein unseres menschlichen Hauses »Körper« immer wieder aufs Neue und deshalb ist das GODO, der Ballengang, diese spezielle Art zu gehen, so wichtig. Unser Fuß ist immer unser Grundstein und den gilt es richtig zu setzen, denn was für ein Haus die Stabilität ist, das ist dem Körper die Elastizität seiner Aufrichtung, welche mit der psychischen Instanz, die wir das ICH nennen, zu vergleichen ist. Erst aus unserer Aufrichtung heraus können wir Menschen ICH sagen. Und deshalb beginnt unser Beispiel hier zu hinken, denn einen Stein legen wir am besten flach hin, weil er eine statische Struktur stützen soll. Einen Fuß dagegen sollten wir so einsetzen, dass die höchste Form von dynamischer Aufrichtung garantiert wird. Einzig der Auftritt über den Vorderfuß gibt uns die geforderte Elastizität.

Also nicht, wie wir das gelernt haben, auf diese übertriebene Weise abrollen, bei der wir auf der Hacke/Ferse landen, und somit alle zu »Hackengängern« geworden sind, wodurch wir den Körper mit überflüssigen 50 kg pro Schritt überlasten, bei gleichzeitiger Unterbrechung der Harmonie des Muskelkettenspiels, und was bisher am wenigsten gesehen wurde, mit einer notorischen Geste der Verweigerung (ich will nicht fühlen, nicht wollen) unser jeweiliges Ankommen sabotieren. Uff! – Das war ein langer Satz!

Dafür ist er kurzgefasster Sinn, und leitet über zu einem psychologischen

Problem, welches wir, die wir uns selbst als Kinder von Ballengängern zu Hackengängern umkonditioniert haben, uns genau damit eingehandelt haben: dem sogenannten Trotz. Je höher die Intelligenz ist, desto weniger leicht wird diese Korruption der Seele ertragen. Genau hier berühren sich die Entdeckungen im Zusammenhang mit den Indigo-Kindern mit denen von GODO.

Literaturempfehlung:
Dr. Peter Greb »GODO – Mit dem Herzen gehen«,
ISBN 3-929512-72-6, Preis DM 24,80, KOHA-Verlag.

Dr. Peter Greb beschäftigt sich schon seit 25 Jahren mit der »Gangart« des Menschen und den Auswirkungen auf Körper, Geist und Seele.

Adresse:
Dr. Peter Greb
Klosterhof 5
23795 Högersdorf
Tel./Fax: 045 51-67 35

Adressen:

IPP, Ernstbergerstr. 14, 81241 München, Tel: 089-8204145,
Ikohneberg@hotmail.com
Verein Begabtenförderung Mathematik e.V., Herr Dr. Karlhorst
Meyer, Tel: 089-60600800

Interessante Webseiten:
www.institut-pp.com,
www.lernfoerderung.de
www.schulberatung-muenchen.de
www.vb-seminar.de
www.deja.com
www.forteinc.com
www.homoeopathieforum.de

Denkaufgaben
www.meome.de/app/de/portal_bookmarksub.jsp/63602.html
www.janko.at/Raetsel
www.talente-foerdern.de

Lee Carroll / Jan Tober

Die Indigo Kinder

Paperback, DM 34,00
ISBN 3-929512-61-0

Ein Indigo-Kind ist ein Kind, das eine Reihe neuer und ungewöhnlicher psychologischer Merkmale aufweist sowie Verhaltensmuster an den Tag legt, die im allgemeinen aus früheren Zeiten nicht belegt sind. Diese Muster kennzeichnen Faktoren, die so einzigartig sind, dass sie Eltern und Lehrern einen absoluten Kurswechsel beim Umgang mit diesen Kindern und deren Erziehung abverlangen, wenn sie ihnen helfen wollen, ihr inneres Gleichgewicht zu finden und Frustration zu vermeiden.

In diesem Band bringen Carrol und Tober einige hochgradig kompetente Fachleute u. a. aus Medizin, Pädagogik und Psychologie zusamen, die einiges Licht auf das Phänomen »Indigokinder« werfen. Diese Kinder sind wirklich etwas Besonderes, und sie stellen einen großen Prozentsatz der Kinder, die heute weltweit geboren werden. Sie »wissen« bei ihrer Ankunft auf diese Welt ganz genau, wer sie sind – also wollen sie auch als das erkannt werden, für ihre außergewöhnlichen Qualitäten gefeiert werden und mit Liebe und Sorgfalt angeleitet werden.

Wir planen Lee Carroll und Jan Tober nach Deutschland zu holen und ein Seminar über die Indigo-Kinder und Kryon zu organisieren. Wenn Sie Informationen darüber möchten, senden Sie bitte einen frankierten und adressierten Rückumschlag an:

KOHA Verlag GmbH
Almstr. 4
D-84424 Burgrain

Kryon

DIE REISE
NACH HAUSE

Die Geschichte von Michael Thomas
und den sieben Engelwesen

KOHA
Verlag

Lee Carroll

KRYON

Die Reise nach Hause

gebunden, 272 Seiten DM 38,00
ISBN 3-929512-71-8

In dieser faszinierenden Parabel wird die Geschichte von Michael Thomas erzählt, einem scheinbar gewöhnlichen Mann, der in Minnesota geboren wurde und nun in Los Angeles arbeitet. Er stellt das Abbild des normalen – und unzufriedenen – Amerikaners dar. Nach einem Überfall, der ihn in Todesgefahr bringt, wird Michael von einem weisen Engel besucht und gefragt, was er sich in Wahrheit vom Leben wünscht. Michael antwortet, dass er eigentlich … NACH HAUSE gehen möchte! Um sein endgültiges Ziel zu erreichen, muss Michael zunächst eine Reihe von Abenteuern und Prüfungen in einem erstaunlichen Land von Engelwesen, weisen Lehrern und finsteren Kreaturen bestehen. Michaels Suche ist so ergreifend, humorvoll und erstaunlich, wie er es sich nie hätte träumen lassen.

Wer ist Kryon?
Kryon ist eine sanfte liebevolle Wesenheit, die derzeit auf der Erde weilt, um uns zu helfen in die hohe Energie des sogenannten New Age zu wechseln. Kryons Worte haben so manches Leben verändert und Liebe und Licht in einige der dunkelsten Winkel unseres Inneren gebracht. Die Idee der Erzählung »Die Reise nach Hause« wurde von Kryon inspiriert und von Lee Carroll dem Autor der Indigo-Kinder aufgeschrieben.

Bärbel Mohr
Nutze die täglichen Wunder –
Was das Unbewusste alles mehr
weiß und kann als der Verstand
gebunden, DM 19,80
ISBN 3-929512-77-7

Dieses Buch ist eine inspirierende Quelle
von wichtigen Informationen für das tägliche Leben und Bärbel beschreibt wie sie
ihren Verstand zur Ruhe bringt wenn er
ihrer Intuition zu viel dazwischenredet.

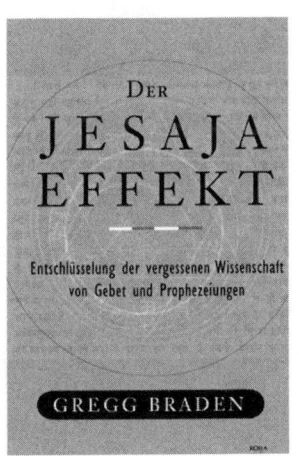

Gregg Braden
Der Jesaja Effekt

Paperback, DM 38,00
ISBN 3-929512-73-4

Uralte Vergangenheit hat einen Schimmer
von Wissen zurückgelassen in welcher
Beziehung wir zu der Welt und den anderen Menschen stehen. Es geht in diesem
Buch um machtvolle Werkzeuge die uns
erlauben den Zustand unserer Körper und
unserer Welt zu bestimmen.

Drunvalo Melchizedek

Die Blume des Lebens Band 1
228 Seiten, gebunden, DM 48,00
ISBN 3-929512-57-2

Die Blume des Lebens Band 2
240 Seiten, gebunden, DM 48,00
ISBN 3-929512-63-7

Es gab einmal eine Zeit, da kannte alles Leben im Universum die Blume des Lebens als das Muster, nach dem sich die Schöpfung vollzog. Sie ist das geometrische Muster, das uns in das physische Dasein hineinführt und wieder aus diesem heraus. Drunvalo Melchizedek präsentiert hier in Worten und Bildern das Mysterium, wie wir entstanden sind, warum die Welt so ist, wie sie ist, und welche subtilen Energien es ermöglichen, dass unser Gewahrsein voll erblüht und seine wahre Schönheit entfaltet. Heilige Geometrie ist die Form, die unserer Existenz zu Grunde liegt und auf eine göttliche Ordnung in unserer Wirklichkeit verweist. Diese Ordnung lässt sich vom unsichtbaren Atom bis zu den unendlichen Sternen verfolgen. Die Informationen in diesen beiden Bänden, das ist ein Weg, doch zwischen den Zeilen und zwischen all den Abbildungen blitzen wahre Juwelen eines weiblichen, intuitiven Verstehens auf.

Drunvalo Melchizedek
MER-KA-BA
CD DM 38,00, 60 min
ISBN 3-929512-64-5

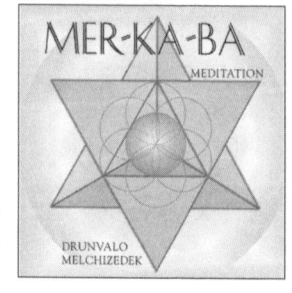

Auf dieser CD leitet Drunvalo selbst die Mer-Ka-Ba Meditation mit der Einheitsatmung an. Zuerst wird die persönliche Mer-Ka-Ba aufgebaut, stabilisiert, in Bewegung gebracht und und dann mit Mutter Erde und Vater Himmel verbunden. Die CD beinhaltet zwei Meditationen: Die Originalfassung, gesprochen von Drunvalo und die deutsche Übersetzung. Musik: Karl Grunick.

Jasmuheen
Lichtnahrung

Paperback, 190 Seiten
DM 34,00, ISBN 3-929512-26-2
6. Auflage

Dieses Buch zeigt uns einen revolutionären Ernäh-
rungs- und Lebensweg für das neue Jahrtausend.
Seit 1993 ernährt sich die Australierin Jasmuheen von
Licht. Sie beschreibt ihre Erfahrungen aus diesem sehr
tiefgreifenden und heilenden Prozess.
Schwerpunkt dieses Buches ist ein »21-Tage-Prozess«. Wer ihn durchläuft,
kann dadurch einen außergewöhnlichen Zustand des Seins erreichen, der bisher nur Heiligen vorbehalten war. In Prophezeiungen und Weissagungen wird
berichtet, dass wir vor der Zeit der großen Umwälzung Methoden finden werden, uns durch Licht zu ernähren.
Auch in Englisch: »Living On Light«, ISBN 3-929512-35-1

Jasmuheen
LICHT BOTSCHAFTER
226 Seiten, Paperback DM 34,00
ISBN 3-929512-59-9

Dies ist ein weiteres Buch zum Thema Lichtnahrung
mit vielen neuen Gesichtspunkten und Erkennt-
nissen.
Seit nunmehr sechs Jahren wird Jasmuheen von der
universellen Lebenskraft genährt. Als Botschafterin
des Lichts reist sie durch die Welt, um ihre Erfahrungen und Erkenntnisse weiterzugeben. Immer mehr Menschen lassen sich
inspirieren und entscheiden sich für ein Leben, in dem sie der Stimme ihres
Herzens folgen. Allein in Deutschland, Österreich und Schweiz haben schät-
zungsweise 5000 Personen den 21tägigen Prozess zur Umwandlung auf Prana-
Nahrung gemacht. Jasmuheen hat per Fragebogen und Internet die
Erfahrungen vieler Personen rund um den Globus gesammelt und für dieses
Buch zusammengetragen. Nachdem sie in »Lichtnahrung« ihren persönlichen
Weg beschrieben hat, geht es diesmal um die weltweite Weiterentwicklung
und den globalen Aspekt der Lichtnahrung.

Jasmuheen
Botschaft der Aufgestiegenen Meister
Paperback, 240 Seiten
DM 27,00, ISBN 3-929512-52-1

Jasmuheen arbeitet intensiv mit den Aufgestiegenen Meistern zusammen. Sie channelt in diesem
Buch Mutter Maria, Sananda, Arcturius, Kuthumi
und St. Germain.

Jasmuheen
Camelot – Spiel der Göttlichen Alchemie
288 Seiten, gebunden, DM 38,00
ISBN 3-929512-48-3

Durch moderne Magie und göttliche Alchemie wird
das Paradies enthüllt. Jasmuheens erster Roman,
eine Mischung aus Autobiographie und Visionen
unserer zukünftigen Möglichkeiten. Es zeigt uns den
Weg zu einem Leben unseres höchsten Potentials.

Uta Panhof
Gogo der Talisman
oder: wo Wünsche bereits verwirklicht sind
Paperback, 180 Seiten
DM 27,00, ISBN 3-929512-60-2

Gogo ist die bezaubernde Geschichte, in der
Belinda mit Hilfe ihres Talismans all ihre
destruktiven und nicht förderlichen Verhaltens-
und Denkmuster aufspürt und umprogrammiert.
Die Suche nach dem, was hinter den Gedanken
wirkt, ist spannend und geht uns alle an.

Peter Greb
GODO – Mit dem Herzen gehen
Paperback, DM 24,80 ISBN 3-929512-72-6

Die Auswirkung der Gangart auf Körper, Geist und Seele sind bedeutender als wir ahnen. Dr. med. Peter Greb beschäftigt sich seit 25 Jahren mit dem menschlichen Gangverhalten. GODO ist die Erinnerung an die Tatsache, dass wir genetisch angelegte Ballengänger sind. Dieses Buch hilft spielerisch, starre Bewegungsmuster loszulassen, welche Krankheiten und vorzeitige Alterungsprozesse verursachen.

Tom Kenyon / Virginia Essene
Die Hathor Zivilisation
Was wir aus unserer Zukunft lernen können
Paperback, DM 34,00 ISBN 3-929512-66-1

Die Hathoren sind Meister der Liebe und des Sounds von der aufgestiegenen intergalaktischen Zivilisation. Sie waren im alten Ägypten und Tibet und kommen jetzt als unsere älteren Brüder und Schwestern um der gegenwärtigen Evolution beizuwohnen.

Jasmuheen
In Resonanz
380 Seiten, gebunden,
DM 46,00 ISBN 3-929512-28-9

Jasmuheen studierte 22 Jahre die metaphysischen Resonanzgesetze und vermittelt uns leicht verständlich Themen wie Erhöhung der Schwingungsfrequenz, Channeln, Meditation und Fähigkeiten wie Telepathie, Hellsichtigkeit und vieles mehr. Auch in englisch: »In Resonance«, ISBN 3-929512-36-X

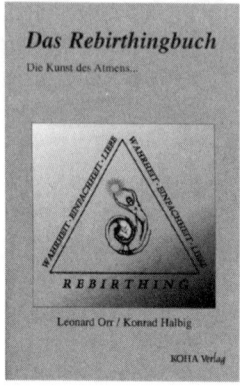

Leonard Orr / Konrad Halbig
Das Rebirthingbuch
Die Kunst des Atmens...
ISBN 3-929512-08-4, Paperback
200 Seiten, DM 27,00

Das Standardwerk für Rebirthing und Atem-
therapie. Leonard Orr, Begründer von Rebirthing
und Konrad Halbig, Rebirthingtrainer, zeigen
durch ihre Offenheit, wie sie sich selbst durch
Rebirthing heilen konnten und geben Einblick in
die Magie des Atems und der Elemente.

Orr / Halbig / Simon
Ende der Sehnsucht
Anleitung zum Leben im Paradies
ISBN 3-929512-07-6, Paperback
128 Seiten, DM 19,80

Ein wunderbares Buch über die Lebendigkeit im wahrsten Sinne des Wortes.

Hrsg.: Halbig /Schnellbach
Babaji
In Wahrheit ist es einfach Liebe
ISBN 3-929512-11-4, Paperback
200 Seiten, DM 27,00

Babaji ist der große Avatar, der in der »Autobiographie eines Yogi« von Yogananda beschrieben
wird. Zuletzt lebte er von 1970 bis 1984 in Indien,
an einem Ort, der »Kraftvollster Platz des Universums« genannt wird. Auf geheimnisvolle
Weise tritt er auch heute mit Menschen in Kontakt. Acht Autoren beschreiben ihre ganz persönliche Begegnung mit Babaji, und jede dieser
acht Geschichten ist spannend und einzigartig.

Felix M. Woschek / Konrad Halbig
Amba – A Love Chant

CD 60 min DM 38,00
ISBN 3-929512-10-6

Eine wunderbare Musik, die direkt das Herz berührt. Gesungen werden heilende Mantras aus Tibet und Indien, die die eigenen Kräfte von Körper, Geist und Seele positiv unterstützen und den Zuhörer mit seinem göttlichen Selbst verbinden.

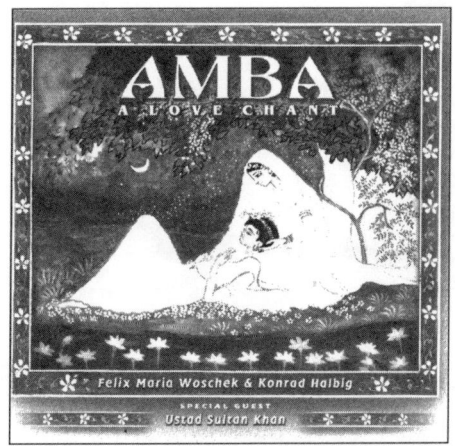

Jasmuheen, Nhanda Devi, K. Halbig, A. Brunnmeier
Tantra – Secret Love

CD 60 min DM 38,00
ISBN 3-929512-27-0

Sinnliche Musik pur! Nhanda Devi singt Jasmuheens Mantra »One Heart, One Mind«, zu dem tantrischen Vajra Sattva und Jasmuheen leitet zu Tao-Yoga-Übungen an. Dann wird die Musik zunehmend tragend und weiträumig und läßt den Hörer weich floaten.

Konrad Halbig
und dasTbilisi Symphonie Orchester
Quantum 2
CD 60 min DM 38,00
ISBN 3-929512-31-9

Quantum 2 ist eine
aktive Atemmeditation
und reines Vergnügen.

Focali / Halbig / Jauch
Chakra-Breathing
CD 60 min DM 38,00
ISBN 3-929512-49-1

Eine sehr wirkungsvolle und
dynamische Sufi-Atemmeditation
zur Reinigung aller Chakren.

Jasmuheen
Angelic Harmony
CD 60 min DM 38,00
ISBN 3-929512-53-X

Engels-Chöre und das himmlische
Orchester laden ein zu einer
Traumreise in feinstoffliche
Welten. Musik zum Schweben.

Tom Kenyon
Sound Transformations
DM 38,00 ISBN 3-929512-79-3
Tom Kenyons Stimme reicht über
vier Oktaven und er channelt magi-
sche Ton-Kreationen der Hathoren
zur Transformation und Heilung.
Wunderbare Live-Aufnahmen von
diversen Workshops.

Tom Kenyon
City of Hymns
DM 38,00 ISBN 3-929512-80-7
Eine ergreifende und betörend
schöne Interpretation von weltbe-
kannten christlichen Liedern.
Tom, seit über 30 Jahren Buddhist,
wurde durch eine Begegnung mit
Jesus zu dieser Musik inspiriert –
ein Tribut an den Geist der universellen Wahrheit in allen Reli-
gionen.

Tom Kenyon
Forbidden Songs
DM 38,00 ISBN 3-929512-81-5
Lieder der Verzweiflung, Obsession
und Erleuchtung. Aus tiefster Seele
entwachsen, während eines langen
seltsamen Prozesses der „das Selbst"
genannt wird. Diese Lieder zu veröffentlichen war ein Akt des Mutes
oder der Verrücktheit.

Jasmuheen: geleitete Meditationen

Vol.1 Lichtmeditation ISBN 3-929512-30-0
Musik: Winfried Schröpfer
Vol.2 Selbstheilung ISBN 3-929512-40-8
Klassische Musik, Tbilisi Symphonie Orchester
Vol.3 Akasha-Chronik ISBN 3-929512-41-6
Musik: Winfried Schröpfer und Yogadass
Vol.4 TAO ISBN 3-929512-43-2
Musik: Karl Grunick
Vol.5 Engelmeditation ISBN 3-929512-54-8
Musik: Franz Schmuck und Peter Wanninger
Vol.6 Prana-Atmen ISBN 3-929512-51-3
Musik: Karl Grunick
Vol.7 Integration ISBN 3-929512-67-X
Musik: Brian Vale
Vol.8 Magisches Schutzschild ISBN 3-929512-69-6
Musik: Eric Berglund

Alle CDs beinhalten zwei Meditationen. Die Originalfassung, gesprochen von
Jasmuheen, und die deutsche Übersetzung. Jeweils DM 38,00